SAINTE THÉODECHILDE
VIERGE
FILLE DE CLOVIS

FONDATRICE DU MONASTÈRE DE SAINT-PIERRE-LE-VIF,

A SENS

ET DU PÈLERINAGE DE NOTRE-DAME-DES-MIRACLES, A MAURIAC

(498 - 560)

Par l'Abbé J.-B. CHABAU,

Aumônier de la Visitation d'Aurillac.

OUVRAGE COURONNÉ PAR LA SOCIÉTÉ ARCHÉOLOGIQUE DE SENS,

ET ORNÉ DE CINQ PLANCHES.

O quàm pulchra est casta generatio cum claritate!

O qu'elle est belle la virginité, lorsqu'elle s'unit à une naissance illustre!

(*Sap.* IV. 1.)

AURILLAC,

IMPRIMERIE DE L. BONNET - PICUT,

1883.

SAINTE THÉODECHILDE

APPROBATION DE Mgr BERNADOU
Archevêque de Sens.

ARCHEVÊCHÉ
DE SENS.

Sens, le 2 juin 1883.

Monsieur l'Aumônier,

On m'a rendu le meilleur témoignage de votre *Étude sur Sainte Théodechilde*, cette fille royale qui vint fonder à Sens le monastère de St-Pierre-le-Vif. J'ai parcouru moi-même vos belles pages, et j'ai constaté l'exactitude du rapport qui m'était soumis. Votre travail a reçu ici un excellent accueil. Il y règne une critique saine, vous discutez l'authenticité des chartes, vous admettez ce que vous croyez vrai et rejetez ce qui porte la marque d'évidentes interpolations ; vous savez enfin faire la part de l'histoire et de la légende. Votre diction est généralement pure et votre rédaction se distingue par l'ordre et la logique.

Je vous remercie personnellement de votre bon livre, et j'espère qu'il aura un plein succès.

Recevez, Monsieur l'Aumônier, l'assurance de mes dévoués sentiments.

† VICTOR-FÉLIX,
Archevêque de Sens.

APPROBATION DE Mgr BADUEL,
Évêque de St-Flour.

Saint-Flour, le 1er décembre 1881.

L'ouvrage de M. l'abbé Chabau, sur sainte Théodechilde, suppose des recherches très-considérables et un travail minutieux. On y trouve réunis des documents précieux de nature à intéresser non seulement les habitants de Mauriac ou des environs, mais encore le clergé et les catholiques de tout le diocèse de Saint-Flour et des diocèses voisins.

Nous le recommandons par conséquent comme une bonne œuvre, très-sérieuse et très-utile sous le rapport religieux et au point de vue historique, et nous désirons qu'il trouve partout, auprès du clergé et des fidèles l'accueil bienveillant qu'il mérite.

† F.-M. BENJAMIN,
Évêque de Saint-Flour.

APPROBATION DE Mgr BOUANGE,
Évêque de Langres.

Langres, le 4 décembre 1882.

Monsieur l'Aumônier,

J'ai lu avec bonheur les pages si intéressantes que vous avez consacrées à la mémoire de l'illustre Vierge, sainte Théodechilde, fille de Clovis, protectrice de Mauriac, et je ne puis que vous engager à les publier. L'histoire de cette sainte princesse sera mieux connue, grâce aux documents que vous avez recueillis avec tant de soin, et ce tableau des vertus admirables par lesquelles elle s'est rendue si grande devant Dieu et devant les hommes sera, à tous ceux qui vous liront, leçon et encouragement.

Agréez, mon cher Monsieur l'Aumônier, l'assurance de mon affectueux dévoûment en Notre Seigneur.

† GUILLAUME-MARIE-FRÉDÉRIC,
Évêque de Langres,
Assistant au Trône pontifical.

SOCIÉTÉ ARCHÉOLOGIQUE DE SENS.

Sens, le 2 avril 1883

Monsieur l'Abbé,

Dans sa séance de ce jour, la Société Archéologique de Sens a entendu la lecture du rapport de la Commission chargée d'examiner les travaux présentés au concours annuel de 1883, et sur les conclusions de ce rapport, vous a décerné la plus haute récompense que son règlement lui permette d'offrir, c'est-à-dire une médaille de vermeil.

Je suis heureux, Monsieur l'Aumônier, d'avoir à vous transmettre le résultat de cette délibération. Plus tard je me ferai un plaisir de vous envoyer un extrait du procès-verbal de la séance, et une copie du rapport de la Commission.

Veuillez agréer, Monsieur l'Abbé, l'expression de mes plus sincères félicitations.

Le Président de la Société Archéologique de Sens,
Officier de l'Instruction publique,

G. JULLIOT.

Extrait de la **Semaine religieuse** *du diocèse de Sens et Auxerre, n° du 7 avril 1883.*

Au mois de février dernier, un manuscrit de 122 pages d'assez grand format était adressé, à l'occasion du concours annuel, à la Société archéologique de Sens. Voici quel en est le titre : *Sainte Théodechilde, vierge, fille de Clovis, fondatrice de Saint-Pierre-le-Vif, à Sens, et du pèlerinage de Notre-Dame-des-Miracles, à Mauriac.*

La commission immédiatement nommée par la Société archéologique pour examiner ce travail, a déposé son rapport, qui a été lu en séance, lundi dernier, par M. l'abbé Beau, doyen de Saint-Maurice de Sens. Sur la proposition du rapporteur, l'assemblée a décidé que la plus haute des récompenses qu'elle a coutume d'accorder pour le concours, — la *médaille de vermeil*, grand module, — serait décernée à l'auteur de ce travail. Le pli cacheté a été aussitôt ouvert par M. le président, qui a proclamé le nom du lauréat : c'est M. l'abbé Chabau, aumônier de la Visitation, à Aurillac (Cantal),

Nous reviendrons quelque jour sur ce travail, dont nous n'avons pas l'intention de rendre compte aujourd'hui. Nous n'avons pu que parcourir rapidement le manuscrit de M. l'abbé Chabau ; néanmoins, cet examen sommaire nous a suffi pour constater que l' « étude sur sainte Théodechilde » est un monument de grande érudition en même temps qu'un beau travail d'hagiographie. Il a mis à contribution une foule d'auteurs dont il énumère les noms ; il cite notamment M. l'abbé Carlier, doyen du Chapitre de Sens, et feu l'abbé Prunier, curé de Soucy, tous deux parfaitement au courant des traditions sénonaises. En un mot, il a fait des recherches immenses, qui ont dû, au jugement de M. le rapporteur, lui coûter « plusieurs années » d'investigations et de travail.

AVANT-PROPOS.

Voici comment le père Dominique de Jésus, carme déchaussé, commençait, au XVII⁰ siècle, la « Vie de Ste-Théodechilde » : « Si la France n'a pas été assez heu-
« reuse de pouvoir se vanter que tous les fruits qui ont
« été produits du premier mariage chrétien dans la mai-
« son royale, sçavoir, celui de Clovis et de Ste-Clotilde,
« aient été saints, entiers et sans tache, puisqu'ils eurent
« trois enfants mâles souillés de beaucoup de vices;
« néanmoins ce royaume, favorisé de Dieu par-dessus
« tous les autres, peut se glorifier qu'il est sorti de cet
« heureux mariage deux filles illustres en sainteté nom-
« mées Clotilde et Théodechilde. La première a obtenu
« la palme du martyre par sa constance invincible à
« soutenir la foi catholique jusqu'à l'effusion de son
« sang, contre son époux et ses sujets ariens, qui la
« voulaient contraindre d'embrasser leur fausse créance.
« Et la seconde, sçachant que dans l'Eglise il y a des
« couronnes aussi bien dans la paix que dans la guerre,
« se résolut d'emporter les lys blancs, qui sont les tro-
« phées de la virginité, comme sa sœur avait acquis les
« palmes dont on couronne les martyrs, afin qu'il ne
« manquât rien à la perfection de cette famille royale
« et que dans le ciel, aussi bien que sur la terre, elle fut
« dans le comble de l'honneur. » (1)

(1) P. Dominique-de-Jésus. *La monarchie sainte et histori-que de France*, 1670. T. I. p. 54.

A son tour, Montalembert, dans son remarquable ouvrage : les *Moines d'Occident*, s'exprime ainsi au sujet de la même sainte : « Clovis eut aussi une fille qui s'appelait Théodechilde et qui, à ce que l'on suppose, consacra à Dieu sa virginité. On discerne à peine son existence par quelques traits épars dans les écrits de Grégoire de Tours et les autres chroniques de son temps. Ils nous permettent de la saluer en passant comme une douce et consolante apparition au milieu des violences et des horreurs de l'époque où elle vécut. Elle voulut fonder près de la métropole gallo-romaine de Sens un monastère en l'honneur de St-Pierre et de St-Paul, à l'instar de celui que son père et sa mère avaient construit près de Paris, au midi de la Seine, et où fut enterrée sainte Geneviève. Dans cette fondation, qui a pris le nom de St-Pierre-le-Vif, Théodechilde établit des moines ; elle y choisit sa sépulture après lui avoir fait donation de tout ce qu'elle avait possédé ou acquis en France et en Aquitaine, c'est-à-dire en-deçà et au-delà de la Loire.

« Un acte de généreuse pitié, dû à la royale bienfaitrice, inaugure dignement les annales de ce fameux monastère. Basolus, que le roi des Visigots d'Aquitaine, Gessalic, avait nommé duc d'Aquitaine, fait prisonnier par Clovis dans un dernier combat, avait été conduit enchaîné à Sens. Pendant que ses gardes le conduisaient au cachot, où il s'attendait à être mis à mort, il rencontra sur son passage la fille de son vainqueur, Théodechilde. Elle résolut aussitôt de demander la vie et la liberté du captif. Clovis se refusa longtemps à ses prières; il céda enfin, mais à condition que le chef vaincu serait envoyé au monastère que sa fille venait de constituer, pour qu'on lui rasât la tête et qu'on le fit moine. Basolus paraît avoir adopté de bon cœur sa nouvelle profession, car il donna à St-Pierre toutes les terres qu'il possédait en Auvergne, et fonda ainsi le monastère et la ville de Mauriac dans les montagnes du Cantal. » (1).

Telle est la page que l'auteur des *Moines d'Occident* a consacrée à celle dont nous voulons raconter plus au long l'histoire. Théodechilde ! douce et noble figure que nous nous proposons d'étudier à loisir et de contempler aussi longtemps que possible ! Sa vie pure et calme, édifiante quoique obscure, fut contemporaine des trop nombreux forfaits qui souillent les annales de notre monarchie au VIe siècle, alors que les Francs, récemment convertis au christianisme, n'ont pas encore complètement dépouillé les mœurs barbares de leurs pères. Pendant que d'autres ne cherchaient qu'à s'élever sur des ruines et des cadavres, elle ne chercha qu'à aimer Dieu de tout son cœur et à faire du bien à son prochain. Aussi, tandis que le regard attristé se détourne des scènes de cruauté et de barbarie que nous présente cette époque ingrate et confuse, il s'arrête volontiers sur cette douce et pieuse princesse qui sut se préserver des pensées d'ambition, des sentiments de cruauté barbare et des actes de honteux libertinage dont elle ne voyait que trop d'exemples dans sa propre famille.

Une autre considération nous a touché. D'après le P. Longueval, les trois huitièmes, presque la moitié des villes et des bourgs de notre pays doivent leur exis-

---

(1) Montalembert. *Les moines d'Occident*. T. II, p. 265-266.

tence à des moines. « Mais demandez à n'importe quel habitant de ces villes ce qu'étaient leurs fondateurs ; il ne saura que répondre. Leurs noms sont inconnus, oubliés, dédaignés jusqu'au sein de ces villes ingrates qui doivent leur existence au laborieux dévouement de ces anciens fanatiques. Et cependant, les payens eux-mêmes avaient ressenti, proclamé, consacré ce doux et inoffensif respect pour les traditions locales, pour les généalogie des lieux, et cette sainte vieillesse des villes que Pline, dans un texte admirable, aimait à signaler : *Reverere gloriam veterem et hanc ipsam senectutem, quæ in homine venevabilis, in urbibus sacra est.* » (1)

Eh bien ! disons-le : c'est la faute, l'ingratitude particulière des deux villes de Sens et de Mauriac à l'égard de celle qui fut la fondatrice de celle-ci, et qui donna à celle-là son plus beau lustre par l'érection de son célèbre monastère. En entrevoyant dans le brouillard des âges cette noble et sainte figure, il nous a semblé en même temps, entendre sa voix plaintive reprocher aux habitants de ces deux cités, qui lui furent si chères, l'oubli de ses bienfaits, et nous avons résolu de redire le nom de leur bienfaitrice à ces villes oublieuses et de la leur faire connaître de nouveau. Nous avons donc prêté l'oreille le long des siècles à ces échos affaiblis qui nous parlaient d'elle ; nous avons recherché avec soin dans les historiens, les biographes et les chroniqueurs, les moindres vestiges de son souvenir, afin d'en composer une histoire aussi complète que possible.

Pour mettre un peu d'ordre et de clarté dans ce que

---

(1) *Les moines d'Occident.* T. I, p. LXX.

nous avons à dire et comme pour déblayer devant nous le terrain, nous commencerons par faire remarquer qu'il y a eu plusieurs princesses qui, sous les rois de la première race, ont porté le nom de Théodechilde.

1° *Sainte Théodechilde*, vierge, fille de Clovis et de sainte Clotilde, fondatrice de St-Pierre-le-Vif de Sens, et de la ville de Mauriac, qui vécut, mourut et fut enterrée à Sens. C'est celle dont nous écrivons la vie.

2° *Théodechilde-la-Jeune*, fille de Thierri I et de Suanegothe, petite-fille de Clovis et nièce de la précédente avec laquelle bien des auteurs l'ont confondue. Mariée au roi des Varnes, veuve de bonne heure, elle se retira à Metz, auprès de sa mère. C'est elle qu'a chantée Fortunat de Poitiers. Pour établir ces différents points, nous lui consacrerons, à la fin de l'ouvrage, une notice spéciale.

3° *Teudechilde*, fille d'un berger, troisième épouse de Charibert, fils de Clotaire et roi de Paris. Voici ce qu'en dit St-Grégoire de Tours :

« Charibert eut encore pour épouse une autre jeune fille, nommée Theudechilde, dont le père était berger, c'est-à-dire gardeur de brebis, et en eut, dit-on, un fils qui, du sein de sa mère, fut porté de suite au tombeau. Peu après le roi Charibert lui-même décéda (567). Après sa mort, Theudechilde envoya des messagers à Gontran, se proposant à lui pour épouse. Le roi lui fit répondre : « Qu'elle ne craigne pas de venir à moi avec ses trésors ; « je la recevrai, je la ferai grande aux yeux des peuples, « et elle sera plus en honneur auprès de moi qu'au- « près de défunt mon frère. » Celle-ci, joyeuse, réunit tout ce qu'elle possédait et partit pour aller le trouver.

Ce que voyant, le roi dit : « Il vaut mieux que ces tré-
« sors soient en mon pouvoir, qu'à la disposition de
« cette femme qui n'était pas digne d'être l'épouse de
« mon frère. » Et lui enlevant une grande partie de ses
richesses, il lui laissa peu de chose et l'envoya dans un
monastère d'Arles. Celle-ci, souffrant avec peine les
jeûnes et les veilles qui l'accablaient, fit, par des mes-
sages secrets, des propositions à un Goth, lui promettant
que, s'il s'engageait à la conduire en Espagne et à
l'épouser, elle sortirait du monastère avec ses trésors et
le suivrait volontiers. Celui-ci lui promit tout sans
hésiter. Déjà elle avait rassemblé ses effets, apprêté ses
valises, et se préparait à sortir de la communauté,
lorsque l'activité de l'abbesse prévint ses projets et
découvrit son manège. Après une rude correction, elle
la fit garder dans une prison où elle resta, jusqu'à la fin
de sa vie, soumise à de sévères châtiments. » (1)

4° *Teudichilde*, seconde femme de Théodebert II,
roi d'Austrasie, qui l'épousa en 610. « En cette année,
dit Frédégaire, Bilichilde, qui était femme de Théodebert, fut tuée par son mari, qui épousa ensuite une
jeune fille nommée Theudichilde. » (Fredeg. Chronic.
C. XXXVII). Théodebert fut bientôt assassiné lui-
même par l'ordre de Thierri, son frère (612).

5° *Ste Théodechilde*, ou *Teutechilde*, vierge, première
abbesse de Jouarre dans la seconde moitié du VIIe siècle.
Elle n'était point de la famille royale, mais quelques-
uns de ses ancêtres avaient eu avec elle des alliances.

Nous n'avons présentement à nous occuper que de

---

(1) Greg. Turon. *Historia Francorum* lib. IV. cap. XXVI.

sainte Théodechilde, fille de Clovis, fondatrice de Saint-Pierre-le-Vif. Voici comment nous procéderons dans ce travail. Nous suivrons autant que possible l'ordre chronologique comme le plus naturel, quoique n'étant pas le plus facile pour cette époque éloignée où la date précise des événements ne peut pas toujours être fixée avec certitude. Nous ne donnerons que peu de preuves dans le récit et nous renverrons à l'appendice pour le développement des points sujets à discussion. De la sorte, le lecteur pieux, qui ne voudra que s'édifier, ne sera pas arrêté par des discussions de textes toujours fastidieuses, tandis que celui qui désirera éclaircir les questions controversées, pourra le faire facilement en recourant aux notes. Dans le cours de l'histoire, nous donnerons le plus souvent la traduction des documents ou procès-verbaux, sauf à renvoyer à la fin du volume le texte de ceux qui seraient plus importants ou inédits. Il nous semble qu'un procès-verbal donnant les détails circonstanciés d'une cérémonie avec la date et l'énumération des témoins est beaucoup plus intéressant qu'une analyse qui ne dit pas tout. Enfin, il nous paraît utile d'indiquer dès à présent les sources principales où nous avons puisé :

St-Grégoire de Tours *Historia Francorum ; De gloria confessorum.*

Fortunat, évêque de Poitiers (530-609). Recueil de ses poésies.

Flodoard, chanoine de Reims, (894-966). *Historia ecclesiæ Rhemensis.*

Odoran, moine de Sens à la fois artiste, sculpteur, historien, peintre et musicien, mort en 1032. *Chroni-*

que de Sens, publiée par le cardinal Maï: *Spicilegium romanum*. T. IX, p. 62.

Clarius, autre moine de Sens, vivait en 1108 et écrivit jusqu'en 1124. Il fit aussi la *Chronique* de son monastère qu'il commence en 446. *Spicilegium romanum*. T. II, p. 474.

Geoffroy de Courlon, moine de Sens (1298), a laissé deux ouvrages : 1° *Tractatus de reliquiis Sancti-Petri Senonensis*. Cet opuscule n'a pas été publié. Les Bollandistes en ont seulement donné des extraits. L'autographe, croit-on, fait aujourd'hui partie de la riche collection de M. Firmin-Didot. 2° *Cronica fratris Gaufridi de Collone* qui commence à la naissance de J.-C. et finit à l'année 1298. Cette chronique a été publiée avec une traduction de M. Julliot. (Sens 1876).

Montfort, curé de Moussages, (Cantal), a écrit une *Histoire de la ville de Mauriac* qui se termine à l'année. 1564. mss.

Urbain de Reversey, chanoine de Sens (1565). *Annales ecclesiæ senonensis*, cinq volumes mss.

Baronius, *Annales ecclesiastici*.

D. Antoine de Yepès, bénédictin espagnol : *Coronica general de les orden de san Benito*. 7 vol. in-4° 1609.

P. Dominique-de-Jésus (Géraud Vigier), carme déchaussé, d'Aurillac (1638). Il est l'auteur de la vie des *Trois saints protecteurs d'Auvergne*, 1635, et de la *Monarchie sainte et historique de France*, composée en latin et traduite par le P. Modeste de St-Amable, du même ordre ; 3 vol. in-fol. Paris 1670-1672.

André du Saussay. *Martyrologium gallicanum.* Paris 1637.

Mourguyos (Louis), prêtre, pédagogue, né à St-Cernin (Cantal), mort à Mauriac en 1653, il est l'auteur d'une *Chronique de la ville de Mauriac*, s'arrêtant à l'année 1630, et d'une seconde *Chronique* rimée allant jusqu'en l'année 1644. Mss. Nous donnons un extrait considérable de cette dernière à l'*Appendice*, n° VIII.

P. le Cointe, oratorien (1681). *Annales ecclesiastici Francorum*. Paris, 1655-1683.

Dom Hugues Mathoud, prieur de Sens. *De vera Senonum origine Christiana dissertatio*. Paris, 1687. — *Catalogus archiepiscoporum Senonensium, 1688.*

Gallia christiana. T. XII. Col. 132-135.

Mabillon. *Acta sanctornm ordinis Sti Benedicti*, 1668-1701. — *Annales benedictini*, 1703.

Acta sanctorum (les Bollandistes). Le P. Papebrock (Daniel) (1628-1714), est l'auteur de la dissertation sur sainte Théodechilde insérée au tome VII de juin, publié en 1709 (Victor Palmé, 1867). Il est à remarquer que les Bollandistes ne font aucune allusion aux *Annales* de Mabillon parues cependant six ans auparavant.

Dictionnaire historique et statistique du Cantal. 1856, cinq volumes.

Montalembert. *Les moines d'Occident*. Lecoffre, 1860.

L'abbé Darras. *Histoire générale de l'Eglise catholique*. T. XIV.

Les *Archives de Mauriac*, provenant de l'ancien chartrier des bénédictins de cette ville ; elles sont aujourd'hui aux archives départementales du Cantal.

Nous devons un témoignage public de reconnaissance à M. l'abbé Carlier, doyen du chapitre de Sens, custode des saintes reliques, qui nous a généreusement accordé deux belles reliques de la sainte, l'une pour l'église de Mauriac et l'autre pour nous ; à M. l'abbé Urbain Prunier, curé de Soucy, près Sens, décédé au mois de mai 1879 ; à M. l'abbé Prêtre, curé de Molosmes, près Tonnerre ; à M. le chanoine Blondel, rédacteur de la *Semaine religieuse* de Sens, et à M. Julliot, professeur au lycée de de la même ville, pour tous les renseignements qu'ils nous ont fournis et les documents qu'ils nous ont si gracieusement communiqués touchant l'histoire de sainte Théodechilde et son culte dans le Sénonais. Nous adressons aussi l'humble témoignage de notre gratitude à la Société archéologique de Sens, qui a bien voulu honorer notre travail d'une distinction aussi flatteuse qu'inespérée. Nous garderons enfin un souvenir plein de gratitude pour les nombreux amis dont la génèreuse libéralité nous a permis de mettre au jour cet humble ouvrage dont tout le mérite consiste dans la religieuse affection avec laquelle il a été entrepris et exécuté.

En exécution du décret d'Urbain VIII, l'auteur déclare soumettre cet ouvrage, avec la doctrine et les faits qu'il contient, au jugement de l'Eglise romaine et accepter en tout ses décisions.

Ste THÉODECHILDE en Religieuse.
(Châsse de Sens 1648.)

TABLEAU GÉNÉALOGIQUE POUR L'HISTOIRE DE SAINTE THÉODECHILDE.

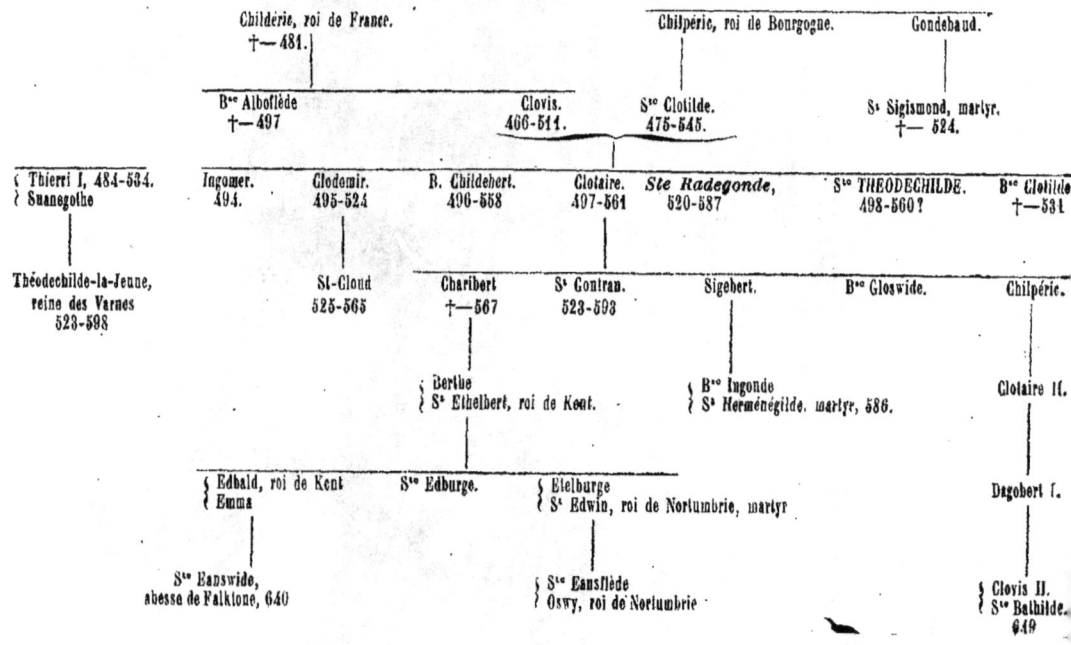

SAINTE THÉODECHILDE

VIERGE.

~~~~~~~~~~~~~

CHAPITRE Ier.

NAISSANCE DE SAINTE THÉODECHILDE.

498 ?

Sommaire : Mariage de Clovis et de sainte Clotilde. — Baptême et mort d'Ingomer. — Conversion et baptême de Clovis. — Naissance de sainte Théodechilde.

Un mendiant inconnu, la besace sur l'épaule, se présenta un jour à la porte du palais des rois Burgondes, à Genève ; il demandait l'hospitalité. Deux jeunes filles, deux sœurs, nièces du roi, l'accueillirent pour exercer à son égard, comme elles faisaient avec tous les pauvres, le devoir de la charité chrétienne. Clotilde, l'une des deux sœurs hospitalières, se mit d'abord en mesure de lui laver les pieds, selon l'usage, avant de lui servir à manger. Comme elle était agenouillée devant l'étranger pour lui rendre ce service, celui-ci, s'inclinant jusqu'à son oreille, lui dit tout bas ; « J'ai un secret à vous dire. —Parlez, répondit-elle sans bouger. — Clovis, mon maître, l'illustre roi de France, reprit le faux mendiant, m'a envoyé vers vous. Il désire, si telle est la volonté de Dieu, partager avec vous son trône et vous prendre pour épouse. Voici comme preuve authentique de ma mission, l'anneau royal qu'il ma chargé de vous remettre. » — Clotilde accepta et dit à l'envoyé : « Il n'est pas permis à une chrétienne d'épouser un payen.

Si pourtant cette union est dans les desseins de Dieu, s'il veut se servir de moi pour amener le roi des Francs à le connaître, je serai heureuse d'accomplir sa volonté. Voici mon anneau. Retournez promptement près de votre maître et dites-lui de ma part que, s'il veut m'épouser, il envoie de suite des ambassadeurs pour en faire la demande à Gondebaud, mon oncle. Aredius, le conseiller du roi, n'est pas encore de retour de Constantinople. Il faut profiter de cette circonstance, car je soupçonne qu'il serait contraire à nos projets. »

Le député de Clovis, Aurelianus, car c'était son nom, repartit aussitôt, toujours dans son costume de mendiant, et se hâta de venir rendre compte à son maître de l'heureux succès de sa mission et de tous les détails de son voyage. Au comble de ses vœux, Clovis le chargea aussitôt de retourner, non plus comme mendiant, mais comme ambassadeur près de Gondebaud, pour exiger, au nom du roi des Francs, la remise immédiate de sa fiancée. L'échange des deux anneaux donnait en effet ce titre à Clotilde. Arrivé près de Gondebaud, qui ignorait tous ces détails, Aurelianus lui dit : « Le roi des Francs m'envoie réclamer près de vous sa fiancée que vous retenez à votre cour. — Quelle est cette fiancée ? répond Gondebaud, tout surpris. Seriez-vous venu ici dans un but hostile et pour jouer le rôle d'un espion ? — La fiancée de Clovis, mon maître, dit Aurelianus, est votre propre nièce Clotilde. Le roi des Francs a échangé avec elle son anneau. Fixez donc vous-même le jour où la remise solennelle de la princesse sera faite à son royal époux. » Gondebaud, de plus en plus étonné, prit conseil des grands de sa cour, et voici l'avis qu'ils lui donnèrent : qu'on interroge la jeune fille ; qu'on sache d'elle s'il est vrai qu'elle ait reçu l'anneau de Clovis et consenti à l'épouser. Dans le cas où elle aurait réellement échangé les présents des fiançailles, il faudra la remettre sans délai aux ambassadeurs du roi des Francs, plutôt que de nous exposer à une guerre désastreuse. — Clotilde fut donc mandée ; elle déclara avoir réellement reçu l'anneau, le fit voir à son oncle, et ajouta qu'elle deviendrait volontiers l'épouse du roi des Francs. Aurelianus fut rappelé. On convint que Clotilde partirait immédiatement pour aller rejoindre Clovis, et que les deux époux reviendraient célébrer leurs noces à Châlons-sur-Saône. Les ambassadeurs francs reçurent donc des mains du roi Burgonde leur jeune reine qui prit place sur une basterne, chariot couvert, traîné par des bœufs, dans laquelle Gondebaud avait déposé comme dot une partie du trésor royal.

Clotide prit congé de son oncle et se mit en route avec son cortège. Mais ayant appris que l'on parlait du retour prochain d'Aredius : « Donnez-moi un bon cheval, dit-elle, et hâtons-nous de sortir du territoire des Burgondes. Autrement nous serons arrêtés en route. » Les Francs ne demandaient pas mieux, et la jeune fiancée, montée sur un coursier rapide, précipita sa marche. Il n'était que temps. Aredius venait en effet de débarquer à Marseille, et, galopant jour et nuit, arrivait à la cour de Gondebaud. Apprenant ce qui s'était passé; « O mon maître! qu'avez-vous fait? s'écria le ministre Burgonde. Ne vous souvient-il plus que le père et la mère de Clotilde, ainsi que ses deux frères, ont péri par vos ordres? Si elle en a jamais le pouvoir, elle vengera la fin tragique de ses parents. C'est une guerre interminable avec les Francs qui se prépare. Croyez-moi, envoyez à sa poursuite, qu'on la ramène de force ».

Gondebaud goûta cet avis. Il expédia sur le champ une bande de cavaliers pour arrêter Clotilde et la lui ramener. Mais il était trop tard. Clotide touchait déjà aux frontières des deux États, et bientôt elle put gagner Villery, près de Troyes, où l'attendait Clovis, sans avoir été atteinte par les cavaliers de Gondebaud. En abordant son royal époux, Clotilde s'agenouilla et rendit grâces à Dieu. (493) (1).

Les noces royales ne pouvaient plus être célébrées à Châlons-sur-Saône ; elles le furent au château de Soissons, résidence de Clovis. Le mariage fut béni par l'évêque saint Principius, frère de saint Remi, dans l'église dédiée à la sainte Trinité et à sainte Sophie. Clovis avait alors vingt-sept ans ; la jeune épouse n'en avait que dix-neuf.

Bientôt Clotilde devint mère (494) ; elle voulait faire baptiser son premier né et redoublait d'instances auprès de son époux. Mais le cœur du roi demeura d'abord inflexible. La pieuse reine obtint cependant à la fin ce qu'elle souhaitait. Il lui fut permis de présenter à l'église son premier né, qui reçut au baptême le nom d'Ingomer ; mais il mourut avant d'avoir quitté les vêtements blancs, c'est-à-dire dans la semaine qui suivit la cérémonie. Outré de douleur, le roi accablait Clotilde de reproches. « Si l'enfant eût été consacré à mes dieux, disait-il, il vivrait encore. Baptisé au nom du vôtre, il devait infailliblement mourir. » La pieuse reine répondait : « Je rends grâces au Dieu Tout-Puissant, créateur et souverain maître du monde, d'avoir choisi mon premier-né pour l'appeler dans son royaume. La douleur que me cause sa perte est consolée par la certitude qu'il est au ciel, où Dieu reçoit les enfants morts dans l'innocence du baptême. » Elle eut un second fils qui fut également baptisé et reçut le nom de Clodomir. Quelque temps après son baptême, il tomba malade. Clovis disait :

(1) Cf. Frédégaire, *Hist. Franc.* Cap. XVIII, XIX. — Aimon. *Hist. Franc.*, lib. 1, cap. XIII, XIV.

« Il en sera de celui-ci comme de son frère ; le nom de votre Christ lui portera malheur. » Mais la reine pria avec ferveur et Dieu rendit la santé à l'enfant. (495) (1).

Cependant Clotilde ne cessait de presser son époux d'abandonner le culte des idoles et de reconnaître le vrai Dieu ; mais elle ne pouvait rien gagner sur son esprit. Sur ces entrefaites, une guerre éclata entre les Allemands et les Francs. Au moment où les deux armées étaient aux prises dans la plaine de Tolbiac, les troupes franques furent repoussées en tel désordre que les bataillons se donnaient mutuellement la mort. A ce spectacle, Clovis ne put retenir ses larmes. Aurélien était auprès du roi ; il crut le moment favorable pour achever l'œuvre de Clotilde : « Mon seigneur et mon roi, dit-il, croyez maintenant au Dieu du ciel que prêche la reine Clotilde, et le Roi des rois vous donnera la victoire. » Le cœur brisé, Clovis lève les yeux au ciel en s'écriant : « Jésus-Christ, vous que Clotilde appelle le Fils du Dieu vivant, j'implore en ce moment votre assistance. Si vous me faites triompher de mes ennemis, je le jure, je croirai en vous et je me ferai baptiser en votre nom. » A peine eut-il parlé ainsi que le combat changea de face. Les Francs reprirent une ardeur nouvelle. Bientôt les Allemands plièrent et se mirent en pleine déroute. Clovis alors donna aux siens l'ordre de cesser le carnage et ramena ses troupes sous la tente. (496) (2).

Qui pourrait peindre le bonheur de Clotilde à l'annonce de cette conversion longtemps désirée et attendue ? Ses prières étaient enfin exaucées ; ses efforts

(1) Greg. Tur. *Hist. Franc.*, lib. II, c. XXIX.

(2) Greg. Tur. *Hist. Franc.*, lib. II, cap. XXX. — Hincmar. *Vita S. Remigii*, cap. XXXIV.

couronnés de succès, et on voyait se vérifier la parole de saint Paul : « Le mari infidèle a été sanctifié par la femme fidèle. (1 Cor. VII. 14.)

Comme il revenait plein de joie de son expédition contre les Allemands, Clovis traversa la cité de Toul et y rencontra Vedastus (saint Vaast), vénérable prêtre qui, s'étant consacré à la vie contemplative, habitait un ermitage sur les bords de la Meuse, et devint plus tard évêque d'Arras. Le roi voulut s'en faire accompagner jusqu'à Reims et profita de ses instructions pour se préparer à l'acte religieux qu'il méditait. Saint Remi acheva l'instruction du néophyte.

Le jour du baptême étant venu, une foule immense circulait aux alentours de la principale église de Reims où devait se faire la cérémonie. Le parcours, depuis la demeure royale jusqu'à l'église, avait été tendu de belles tapisseries, et les rues couvertes de riches étoffes. Le portail de la basilique étincelait de mille feux. Clovis, à cette vue, dit au pontife qui le tenait par la main : « Père saint, est-ce là le royaume de Dieu que vous m'avez promis ? Non, répondit l'évêque ; c'est l'entrée du chemin qui y conduit. » Clovis s'approcha de la piscine baptismale et demanda au pontife le sacrement de la régénération. Avec cette divine éloquence qui le caractérisait, Remi lui fit cette réponse : « Courbe la tête, doux Sicambre ; adore ce que tu as brûlé ; brûle ce que tu as adoré ! (1)

Le pontife, après avoir béni l'eau régénératrice, demanda le chrême pour l'y mêler, selon l'usage. Il ne s'en trouva point. L'affluence était telle qu'il fut impossible de fendre les rangs serrés du peuple pour rejoindre le clerc qui en était chargé. Remi, les yeux et les mains levés vers le ciel, se met en prière. Sou-

---

(1) Greg. Tur. *Hist. Franc.*, lib. II, Cap. XXI. — Hincmar. *Vita S. Remig.*, cap. XXXVII.

dain, une colombe au plumage blanc comme la neige, s'approcha de lui. Elle tenait dans son bec une petite ampoule pleine de St-Chrême. Le pontife l'ouvrit et il s'en exhala une odeur délicieuse. La colombe disparut au même instant, et le vénérable évêque répandit l'huile sainte dans la piscine baptismale (1).

Après avoir confessé sa foi à la Trinité sainte, Clovis fut baptisé, puis confirmé et sacré avec l'huile sainte. L'une de ses sœurs, Aloflède (blanche fleur), reçut également le sacrement de la régénération, et dès ce moment, renonçant au monde, elle prit le voile des vierges. Un enfant de douze à treize ans se présenta à son tour pour être baptisé ; c'était Thierri, fils aîné de Clovis, qu'il avait eu d'une première femme ; enfin trois mille guerriers francs, à la suite de leur chef, sortirent chrétiens du baptistère de l'église Ste-Marie de Reims (25 décembre 496).

Après son baptême, Clovis quitta Soissons et vint établir à Lutèce le siège de son royaume. Paris, qui avait fermé ses portes au roi payen, les ouvrit avec empressement au roi chrétien, et devint dès lors sa résidence ordinaire.

Cependant, au milieu de l'allégresse universelle causée par l'entrée de Clovis dans le giron de l'Église catholique, une mort inattendue vint jeter le deuil dans la famille royale. Aloflède mourut quelques mois à peine après avoir reçu le baptême et s'être donnée toute à Dieu. Cette mort plongea le roi dans une amère tristesse que rien ne pouvait adoucir. Il fut nécessaire que saint Remi lui adressât pour le consoler une lettre des plus touchantes que nous avons encore (2).

Mais le Ciel se chargea de consoler mieux que ne

(1) Hincmar, Cap. XXXVIII.
(2) Darras, t. XIV, p. 49.

pouvaient le faire les paroles du saint évêque, la tristesse de Clovis, par la naissance d'une fille, qui devait être, elle aussi, une enfant de bénédiction et un lis de pureté. Dieu avait enlevé une sainte à la famille royale, il lui envoie une autre sainte ; déjà Clotilde avait donné le jour à deux autres fils : Childebert, le premier fils de France qui ait été mis au nombre des bienheureux, et Clotaire, qui ne fut que trop fameux par ses débauches et ses cruautés, lorsqu'elle mit au monde une fille qui devait se rendre célèbre par sa sainteté (1). Celle dont nous écrivons la vie naquit à Paris, dans le palais des Thermes, vers l'an 498 (2). Le saint pape Symmaque venait de monter sur le trône pontifical, qu'il occupa glorieusement pendant quinze ans. Saint Remi avait soixante-un ans, sainte Geneviève soixante-seize, sainte Clotilde en avait à peine vingt-quatre. L'heureuse mère manda aussitôt au saint évêque de Reims de venir verser lui-même sur le front

(1) V. Appendice, note A.

(2) Les Bollandistes, afin de donner à Théodechilde le temps de grandir pour qu'elle fût à même d'opérer ses fondations pieuses avant la mort de Clovis, n'hésitent pas à reculer jusqu'en 486 le mariage de Clovis et de sainte Clotide fixé généralement aujourd'hui à l'année 493. Mais on ne peut admettre la date donnée par le P. Papebrock, car Clotilde n'avait que onze ans en 486 ; de plus, son mariage coïncida avec le retour d'Arédius qui avait été envoyé par Gondebaud vers l'empereur Anastase ; or, ce dernier ne monta sur le trône de Constantinople qu'en 491. Le mariage de Clovis ne put donc avoir lieu qu'après cette dernière époque. En admettant l'année 493 pour le mariage de Clotilde, nous ne pouvons placer la naissance de sainte Théodechilde avant 498 ; car Ingomer naquit en 494, Clodomir en 495 ; puis Childebert et enfin Clotaire. Ce dernier mourut en 561, âgé de 64 ans, dit Moreri, ce qui met sa naissance en l'année 497. Le P. Dominique de Jésus donne la date de 498 pour la naissance de Théodechilde. Nous ne voyons pas qu'on puisse trop s'éloigner de cette date qui nous semble être la plus approximative.

de sa fille l'onde salutaire du baptême. Il vint en effet et baptisa de ses mains vénérables la fille du converti de Tolbiac. C'est ce qui résulte du testament de saint Remi, dans lequel il assure avoir baptisé lui-même toute la famille de Clovis. La royale enfant reçut en baptême le nom de Teutechilde, par contraction Téchilde, dont on a fait plus tard Théodechilde, mot qui signifie *fille de Dieu*. Nous verrons dans la suite comment cette sainte enfant se montra digne de son nom.

En la plongeant dans la piscine sacrée, saint Remi eut-il un pressentiment surnaturel de la sainteté future de cette enfant de bénédiction? S'il en fut ainsi, il dut tressaillir de joie dans son cœur et bénir Dieu d'avoir donné à Clotilde une fille digne d'elle.

A côté de Remi, le saint archevêque, et assistant à la cérémonie du baptême, devait se trouver sans doute sainte Geneviève. L'histoire rapporte, en effet, que la reine Clotilde recevait de fréquentes visites de la vierge de Nanterre et qu'elle s'en trouvait très-honorée, la faisant asseoir auprès d'elle dans son appartement, et prenant plaisir à l'entendre parler des choses de Dieu. On peut même présumer, sans trop de témérité, que la reine choisit sainte Geneviève pour tenir sur les fonds sacrés sa première fille. Et qui sait si ce ne fut pas l'influence mystérieuse de la vierge Genovefa qui déposa dans cette jeune âme la semence de cet amour pour la virginité, qui germa si tôt, on le verra, dans le cœur de notre chère sainte.

Comment dire maintenant la joie du fier Sicambre, dont la foi avait en même temps élevé et attendri le cœur, lorsque, après ses quatre jeunes fils, il reçut dans ses bras cette fille, objet de ses vœux, que le Ciel lui donnait? Si d'ordinaire la mère a une prédilection pour son fils premier-né, il n'est pas rare de voir le père s'attacher de préférence à cette frêle et délicate créature qu'il appelle sa fille. Aussi Clovis conçut dès lors pour la jeune Théodechilde un amour plein de tendresse, dont nous verrons de nombreuses preuves dans la suite de cette histoire.

Peu après la naissance de sainte Théodechilde, la reine mit encore au monde une autre fille qui fut nommée Clotilde, comme sa mère, et qui devait, elle aussi, se faire remarquer par ses héroïques vertus. Si le lis des vierges ne brille pas dans sa main comme dans celle de sa sœur aînée, en revanche nous voyons à sa couronne les roses sanglantes des martyrs. La suite de ce récit nous fera mieux connaître et notre chère héroïne, et tous les autres saints personnages de sa famille qui viendront successivement se grouper autour d'elle (1).

(1) Nous ne connaissons pas la date de la naissance de la bienheureuse Clotilde, mais nous n'hésitons pas à la placer après celle de sa sœur, voici pourquoi : Clotilde-la-Jeune épousa dans la suite Amalaric, roi des Visigoths, né en 502 ; si la B. Clotilde était née après Clotaire et avant sainte Théodechilde, elle aurait eu quatre ans de plus que son mari, ce qui n'est pas probable. Le P. Dominique de Jésus présume que la B. Clotilde fut la première fille de Clovis, *parce que*, dit-il, *on lui donna le nom de sa mère*. Cette raison pour nous ne prouve pas grand chose.

CHAPITRE II

ENFANCE ET PREMIÈRE JEUNESSE DE Ste THÉODECHILDE

498-509

Sommaire: Maladie et guérison miraculeuse de Clovis. — Vertus naissantes de Ste-Théodechilde. — L'église de St-Pierre et de St-Paul. — Bataille de Vouillé. — Basolus pris et conduit à Sens.

Après une guerre heureuse contre les Bourguignons, Clovis fut, vers l'an 504, atteint d'une fièvre lente qui dura deux ans et fit craindre pour sa vie. Averti par ses médecins que cette maladie était incurable aux remèdes naturels, instruit du reste par la renommée des grands miracles qu'opérait S. Séverin, abbé du monastère d'Agaune, le roi envoya vers lui pour le prier de le venir voir. « J'irai trouver le roi des Francs, » répondit Séverin. Il vint, en effet, semant les miracles sur sa route.

Arrivé à Paris, le saint homme fut conduit au palais du roi : Clovis était étendu sur un lit. Séverin se prosterna devant le lit royal et fit sa prière avec toute l'assistance, dans laquelle se trouvait la sainte reine Clotilde. Puis se relevant, il détacha son manteau monastique et en couvrit le roi. A l'heure même la fièvre cessa pour ne plus reparaître. Toute la cour retentit de cris de joie et Clovis ordonna une procession générale pour remercier Dieu de la grâce qu'il venait de recevoir (1).

Théodechilde avait huit ans lorsqu'elle fut témoin, avec toute la cour, des vertus de S. Séverin et de la guérison miraculeuse de son père. La visite et la béné-

---

(1) Bollandistes, *Acta S. Severini.* XI febr.

diction du saint abbé ne firent qu'affermir sa sainteté naissante. Nous n'avons malheureusement que fort peu de détails sur son enfance et sa première jeunesse. Mais nous savons qu'instruite à l'école de sa mère, portée au bien par ses exemples encore plus que par ses exhortations, elle fit de rapides progrès dans l'amour de Dieu et la vertu.

« Or, n'étant encore qu'une toute petite enfant, nous dit son premier historien, elle s'appliqua uniquement à servir Dieu et à l'aimer de tout son cœur. Son père, charmé de voir un si grand amour de Dieu naître sitôt et croître si vite dans l'âme prédestinée de sa fille, se prit à l'aimer encore plus qu'il n'avait fait jusque-là, et à l'exhorter, avec une affection toute paternelle, à conserver fidèlement la couronne de la virginité. Aussi, la jeune Théodechilde, écoutant avec respect des conseils si désintéressés et si pieux, se consacra tout spécialement au service de Dieu en faisant le vœu de chasteté perpétuelle (1). Elle s'efforçait en même temps de mettre le comble à sa perfection en s'appliquant résolûment aux œuvres de miséricorde et en secourant les pauvres sans ménager ses fatigues ni ses sueurs. Charmé au possible de voir toutes les bonnes œuvres

---

(1) On s'étonnera peut-être de voir une enfant de neuf à dix ans faire ainsi le vœu de virginité. Mais il ne faut pas juger les saints comme les enfants ordinaires, il faut tenir compte des mouvements secrets du St-Esprit en eux. Sans parler de la T.-S. Vierge, qui se consacra à Dieu dès l'âge de trois ans, qui ne sait que Ste Geneviève avait donné l'exemple à Théodechilde, en faisant vœu de virginité à l'âge de dix ans entre les mains de saint Germain d'Auxerre. L'histoire de l'Église est là, du reste, pour constater des faits analogues. Elle nous apprend que sainte Marie-Madeleine-de-Pazzi, fit vœu de virginité à douze ans, le Bx Jean-Baptiste de la Conception, à neuf ans, le Bx Pierre de Luxembourg, à six, la Bse Marguerite-Marie et Ste Rose-de-Lima, à cinq ans.

que faisait sa fille, si jeune encore, son père lui donnait les ressources nécessaires pour satisfaire son goût pour les pieuses largesses, lui en promettant de plus grandes encore, si elle persévérait dans de si saints et si heureux commencements. » (1).

« Sa sainte mère, dit à son tour le père Dominique-de-Jésus, prit le soin de son éducation, sous laquelle elle avança si fort en la vertu, qu'elle était toujours occupée dans quelque exercice de piété, méprisant tous les petits divertissements dont les enfants d'un âge puéril ne se lassent jamais. Sa crainte et son amour pour Dieu dans son enfance crûrent à tel point, qu'elle projeta dès lors de renoncer entièrement au monde et à toutes ses pompes, consacrant sa virginité à Dieu. Ni la noblesse de son sang, ni l'amorce des plaisirs qu'elle pouvait innocemment prendre, ni les respects des courtisans, ni les tendresses qu'elle avait pour cette illustre mère, ne la purent détourner de cet héroïque dessein. Son cœur, possédé de Dieu, n'écouta ni la chair ni le sang, mais suivit le mouvement de cet amour sacré, qui avait formé en elle une résolution si généreuse et si sainte. Pour en accomplir le vœu avec plus de liberté, cette prudente vierge jugea très-sagement qu'il en fallait communiquer au Roi son père et à la Reine sa mère, espérant que leur piété empêcherait leur amour d'y mettre obstacle, et qu'assurément, après l'avoir approuvé, ils le favoriseraient. Elle ne fut pas trompée dans son attente : car Clovis et Clotilde étaient si pieux et si désintéressés dans la tendresse qu'ils avaient pour leur enfant, qu'ils n'apprirent pas plutôt le dessein de cette princesse, qu'ils l'encouragèrent à le poursuivre, et lui promirent de lui accorder ce qu'elle leur demanderait pour cela. » (2).

(1) Geoffroy de Courlon. *De reliquiis*, p 65.
(2) P. Dominique. *La monarchie sainte.* T. I, p. 55.

Tandis que sa fille grandissait en grâce et en sagesse sous l'œil de Dieu et la protection de sa mère, Clovis rêvait de nouvelles conquêtes. Rassemblant un jour les siens il leur dit : « Il me déplaît de voir les Ariens posséder une notable partie des Gaules. En avant donc et, avec l'aide de Dieu, soumettons tout le pays à notre empire. » Mais, avant de quitter Paris, il voulut donner un gage éclatant de sa piété et de sa foi. Depuis longtemps déjà, il avait témoigné sa vénération pour l'humble et glorieuse vierge Geneviève. En marchant contre Alaric, roi des Visigoths, il lui confia le soin de faire ériger, de concert avec la reine Clotilde, une basilique aux apôtres S. Pierre et S. Paul, sur le mont Leucotice (1).

L'armée se mit en marche et rencontra l'ennemi à Vouillé, dans les plaines de Poitiers, à cinq lieues de cette ville. Après avoir invoqué les Bienheureux Pierre et Martin, Clovis, appuyé sur sa lance, se retourna vers les Francs, fit le signe de la croix sur l'armée et s'écria : « En avant au nom du Seigneur ! » La bataille fut sanglante et Alaric fut tué de la main de Clovis (507).

Après cette victoire, le roi des Francs se rendit à Bordeaux pour y passer l'hiver ; mais il envoya son fils Thierri s'emparer du territoire d'Albi, des Ruthènes et des Arvernes. Le jeune prince soumit toutes ces contrées jusqu'à la frontière des Burgondes (2). Or, à l'ouest des montagnes de l'Arvernie, sur les bords de la petite rivière d'Auze, s'élevait un château fort appelé Montsélis et habité par un riche gallo-romain nommé Basolus, qui possédait sur les deux rives de la Dordogne, en Auvergne et en Limousin, des propriétés considérables. Il en avait encore de très étendues dans le Gévaudan, qui faisait alors, comme l'Auvergne, partie de l'Aquitaine. Voici le

---

(1) Bolland. *Acta S. Genovefæ*. 3 Jan.
(2) Greg. Tur. *Hist. Franc.*, lib. II, cap. XXXVII.

portrait que les chroniques locales nous ont laissé de Basolus : il était jeune, vaillant, hardi, mais en même temps bon, serviable pour ses sujets dont il était l'orgueil et faisait le bonheur. Né dans le pays, il avait accepté la domination et la religion des Wisigoths ; leur roi, Alaric II, l'avait établi, croit-on, gouverneur d'Aquitaine, ou plus vraisemblablement comte d'Auvergne. Le château fort qu'il occupait était situé sur un mamelon isolé, d'un abord difficile, et du reste bien défendu. Là il attendit de pied ferme le fils de Clovis, bien résolu à ne pas se rendre. Longtemps il résista (trois mois, dit-on), aux armes de Thierri qui, à force de ruse et d'adresse s'empara enfin du château.

Voyant que la fortune lui était contraire, Basolus se soumit, jura fidélité au roi des Francs et fut maintenu par son vainqueur dans ses possessions et son titre de gouverneur d'Aquitaine. Mais le seigneur arverne n'avait cédé qu'à la force ; aussi ne tarda-t-il pas à nouer de nouvelles relations avec les Visigoths et à soutenir contre les Francs le parti de ses anciens maîtres. Ayant éprouvé une défaite sous les murs d'Arles, Thierri avait été contraint de se retirer dans les montagnes du Vivarais et du Rouergue. Là il apprend la trahison de Basolus et il accourt de nouveau devant le château de Montselis. Vaincu une seconde fois et fait prisonnier, Basolus est traité en rebelle et sans miséricorde. Enchaîné sur un char, il est entraîné avec les siens, vers le Nord par son vainqueur et jeté dans les prisons de Sens. C'est par le dernier supplice que le fier seigneur expiera son indomptable fidélité à ses anciens maîtres.

Mais au lieu de la mort qui, selon toutes les probabilités, l'attendait à Sens, Basolus y trouva le salut, non seulement du corps, mais aussi de l'âme. Ce fut l'œuvre de sainte Théodechilde (1).

(1) Voir à l'appendice la note B sur Basolus.

CHAPITRE III

FONDATION DU MONASTÈRE DE SENS

(509-545).

Sommaire: Ste-Théodechilde à Sens. — Antiquité de cette ville. — Basolus se convertit. — Fondation du monastère de Saint-Pierre-le-Vif. — Charte de Clovis.

La ville de Sens (Agendicum), est bâtie sur la rive droite de l'Yonne, près de son confluent avec la Vanne. Sa fondation est très ancienne. C'est de Sens et de ses environs que partit, l'an 391 avant J.-C., cette armée de Gaulois senonais qui, ayant à sa tête Brennus, fit trembler Rome et prit le Capitole. Mise en déroute par Camille, l'armée gauloise se divisa: une partie s'établit dans le voisinage et y fonda, entre autres villes, Sinigaglia (*Sena-gallica*, ville bâtie par les Gaulois senonais (1). Rome eut sa revanche. La Gaule devint une province romaine et Sens, pris par César, fut bientôt une cité romaine importante. Clovis s'en empara à son tour en 486.

Le christianisme s'était établi à Sens dès son apparition dans les Gaules, c'est-à-dire dès le premier siècle de l'ère chrétienne (2).

---

(1) C'est à Sinigaglia que naquit, le 13 mai 1792, un des plus grands papes, l'immortel Pie IX.

(2) Voir sur les origines apostoliques de la foi chrétienne dans les Gaules: *Acta sanctorum* des Bollandistes modernes. (T. VIII, octob. p. 16 et seqq.

Histoire générale de l'Église, par l'abbé Darras, T. VI, p. 387 et seqq.

L'irréfutable dissertation de dom Chamard, bénédictin de Ligugé: *Revue des questions historiques*, T. XIV, p. 129, 349 et seqq.

St Savinien et St Potentien, deux des soixante-douze disciples de N.-S., furent envoyés en Gaule par St Pierre, la deuxième année de son arrivée à Rome (45). Ils vinrent jusqu'à Sens et s'établirent d'abord dans un faubourg situé à l'Est de la ville, appelé *vicus*, le *bourg*, et plus tard, par corruption *vivus, le vif*. Là, les nouveaux apôtres commencèrent à prêcher la foi de Jésus-Christ, et bientôt Savinien, qui avait été ordonné évêque par St Pierre, eut la consolation de baptiser Victorin, son hôte, avec son jeune fils et une foule d'autres personnes. Or, il y avait dans le bourg un temple des faux dieux ; Savinien en renverse les idoles et le consacre en l'honneur du Sauveur. Puis il entre plein de confiance dans la ville et annonce aux habitants la religion qu'ils ne connaissaient pas encore. Là aussi, il a le bonheur de convertir et de baptiser un grand nombre de païens. Là aussi, il détruit le culte des faux dieux, en renversant le temple dédié à Mercure. Sur ses ruines, il élève trois oratoires, l'un en l'honneur de Notre-Dame, le second en l'honneur de S. Jean-Baptiste et le troisième sous l'invocation de S. Étienne, premier martyr. Ce dernier, agrandi, est devenu la cathédrale et a absorbé les deux autres.

Cependant, Sévère, gouverneur de Sens pour les Romains, fait saisir l'apôtre intrépide et le condamne à mort. Savinien subit son martyre par le glaive en compagnie de son hôte Victorin et de son jeune fils, le 31 décembre 74. Les martyrs furent ensevelis dans l'oratoire de Saint-Sauveur, qui porta depuis le nom de Saint-Savinien. Son fidèle compagnon, Potentien, fut le second évêque de Sens et ne devait pas tarder à cueillir, lui aussi, la palme du martyre. En effet, comme il continuait à prêcher l'évangile avec ses deux compagnons, Eodald et Altin, le gouverneur Sévère les cita à son tribunal et les condamna à mort. Ils eurent tous trois la tête tranchée, hors de la ville, non loin de l'oratoire de Saint-Savinien et furent ensevelis par les fidèles auprès du premier apôtre et du premier martyr de Sens (1).

Attirée sans doute par ces souvenirs et par les précieuses et nombreuses reliques de martyrs renfermées dans ses sanctuaires, Ste Clotilde venait souvent à Sens. Elle y fit même construire, au-dessous de la ville, en l'honneur du prince des apôtres, une église appelée St-Pierre-le-Donjon (2). Théodechilde accompagna un jour sa mère dans son pèlerinage à Sens, et, pendant tout le temps qu'elle y passa, elle se faisait un bonheur de visiter fréquemment et avec la plus grande dévotion, les tombeaux de S. Savinien et des autres martyrs ses compagnons. Elle visitait aussi l'église de St-Pierre-le-Donjon, bâtie avec beaucoup de somptuosité et d'élégance et enrichie également de précieuses reliques (3). Dès lors, elle se prit d'une telle affection pour ce lieu, qu'elle résolut de se fixer à l'ombre de ces sanctuaires vénérables, d'y bâtir un monastère en l'honneur de S. Pierre, pour lequel elle avait une dévotion spéciale et d'y passer sa vie dans la retraite et la prière.

Pendant son séjour à Sens, la digne fille de Ste Clotilde continuait à exercer les œuvres de miséricorde qu'elle avait coutume de pratiquer à Paris, visitant les pauvres, les malades et les prisonniers, selon la recommandation de nos saints livres. Or, c'est dans l'accomplissement de ces œuvres de piété, qu'elle rencontra Basolus. La première fois que Théodechilde le vit dans sa prison, elle se sentit touchée de compassion pour ce

---

(1) Geoffroy de Courlon, *Cronica*, p. 51-93.

(2) Cette église fut démolie au XVIII° siècle, comme menaçant ruine ; elle avait toujours été en grande vénération. Il y a encore dans le voisinage, une petite rue appelée *St-Pierre-le-Donjon*.

(3) Reversey : *Annales ecclesiæ senon.* T. I.

duc infortuné, destiné à la mort, et résolut immédiatement de l'arracher au supplice d'abord, à l'arianisme ensuite. Elle commença de le gagner par ses bons services, adoucissant pour lui, autant que possible, les rigueurs de la captivité. Puis, elle lui parla de son âme et se mit à l'instruire de la vraie foi, car Basolus, comme nous l'avons dit, était arien. Le cœur du captif se laissa toucher par la parole pleine de charme de cette jeune fille si pure et si charitable. « De fier, devenu humble et soumis, Basolus fit résolution de donner terres, vignes et champs, places et forteresses pour suivre J.-C., si par sa douce bonté il daignait l'affranchir de sa captivité. Théodechilde, qui était très-charitable et avait grand pitié des malheureux, le visitait dans sa prison pour le consoler et sonder s'il voulait, en se tirant de peine, se rendre moine dans le couvent royal qu'elle voulait bâtir. Comme Basolus entrait dans ses desseins, elle résolut de le demander à son honorable père, lequel la chérissait d'un amour singulier, pour le prier humblement d'avoir compassion de cet illustre duc » (1).

De retour à Paris, Théodechilde n'eut rien de plus empressé que d'aller trouver son père et de le supplier, avec de grandes démonstrations de piété filiale, de lui donner au moins une partie de ce qui devait lui revenir dans l'héritage paternel, parce qu'elle avait résolu de se fixer auprès des sanctuaires de Sens, pour y servir Dieu jour et nuit et honorer de son mieux la bienheureuse vierge Marie, le bienheureux Pierre et les SS. martyrs dont les reliques reposaient en ce lieu. Clovis écouta avec bienveillance la demande de sa fille chérie, et lui donna volontiers et en toute propriété, plusieurs domaines, villas et autres biens-fonds, pour qu'elle pût accomplir, avec l'aide de Dieu, ce que son

---

(1) L. Mourguyos. *Chronique de 1644.*

cœur lui avait inspiré d'entreprendre (1). Enhardie par les bonnes dispositions de son père, Théodechilde profita de l'occasion favorable pour lui parler du prisonnier arverne, retenu à Sens, et demander en même temps sa vie et sa liberté. Clovis, irrité par la seconde révolte de ce chef ennemi, se fit longtemps prier. Mais, vaincu enfin par les prières réitérées de sa fille, à laquelle il ne pouvait rien refuser, il lui accorda la vie du prisonnier, mais toutefois à une condition : c'est que Basolus entrerait dans le monastère qu'elle voulait fonder, qu'il serait rasé et se ferait moine. En accordant à sa fille la grâce de Basolus, Clovis lui donna en même temps tous les biens et possessions que celui-ci avait eus soit en Auvergne, soit ailleurs, et qui avaient été confisqués par le droit de conquête (2).

Théodechilde, au comble de ses vœux, témoigna toute sa reconnaissance à son père, qui s'empressa de délivrer à sa fille chérie un diplôme pour la fondation du monastère de Sens, comme il en avait déjà donné un pour celle du monastère de Micy. Voici cette charte, sur l'authenticité de laquelle on a longtemps discuté, mais qui nous semble authentique, au moins quant à la substance, comme nous essaierons de le démontrer à l'appendice. Nous écrivons en italique les passages altérés ou douteux.

CHARTE DE CLOVIS

Pour la fondation du monastère de St-Pierre-le-Vif de Sens (509 ?)

1 « Au nom du Christ, Clovis, roi des Francs, à tous les fidèles du Christ qui se trouvent dans l'étendue de mon royaumne, que la paix et la vérité soient toujours avec vous.

---

(1) Urbain Reversey, *annales eccl. sen.* T. I.
(2) Geoffroy, *Cronica*, p. 192. Reversey, *loc. cit.*

« La (X) IIIe année depuis que j'ai reçu la grâce du baptême par les mains de mon père Remy, évêque de Reims, et que j'ai été instruit des principes de la foi chrétienne et catholique ; demeurant à Paris avec mon épouse Clotilde, qui par ses exhortations m'a fait embrasser la foi chrétienne, avec mes fils Théoderic, Clodomir, Childebert et Clotaire, et les autres chefs des Francs ; ma très chère fille Théodechilde, qui depuis peu a voué sa virginité à J.-C., s'est présentée devant moi me demandant et me priant de lui donner une part quelconque de mon héritage, ou de celui de sa mère, et de lui permettre d'y édifier un monastère de religieux en l'honneur des apôtres. Ecoutant donc une si juste demande, je lui ai donné une partie de mon héritage *qui me revient du côté de mon épouse, lequel héritage a autrefois appartenu à Childéric, roi des Burgondes.*

2 « Je lui donne donc, en premier lieu, deux églises qui m'appartiennent, l'une en l'honneur des bienheureux martyrs Savinien et Potentien, l'autre en l'honneur du bienheureux Serotin, martyr, avec leurs dîmes et tout ce qui leur appartient. Ces deux églises sont éloignées d'un mille de la ville de Sens, à cinq cents pas l'une de l'autre. Je veux et j'approuve que dans le cimetière qui est entre ces deux églises, d'après ma volonté et celle de mon épouse, de mes fils et des grands de France, ma très-chère fille élève son monastère à l'instar de la première basilique que mon épouse et moi avons commencé à édifier en face de la ville de Paris, en l'honneur des saints Apôtres. Dans ces églises des bienheureux martyrs il y a la sépulture des évêques de Sens, des clercs de l'église de St-Etienne, des plus notables de la ville et des habitants de l'endroit, à cause des corps des martyrs et de leurs successeurs, les vénérables évêques de Sens, savoir : Léonce, Séverin, Audat, Eracle, Lunane,

Simplice, Théoderic, archidiacre, et autres saints personnages. Je lui donne aussi le village appelé Vic, qui est de mon domaine, dans lequel, comme nous avons dit, ma très chère fille désire édifier son monastère, avec toutes ses dépendances, c'est-à-dire : La Planche (aujourd'hui La Planche-Barraud); Malfiac-Bas (aujourd'hui Maillot, village); la rivière da la Vannes qui y coule, avec le moulin et la forêt; de plus la terre qui est à Spinet (la Belle-Epine), et tout ce que je puis avoir ou posséder aux environs du bourg, (appelé plus tard bourg) de St-Pierre. Je lui accorde aussi un marché qui se tiendra le jeudi dans le même bourg, et de plus une foire annuelle qui se tiendra le jour de la fête des bienheureux apôtres Pierre et Paul, le III des calendes de juillet (29 juin) (1). Qu'aucun de mes ministres ou employés, soit comte, soit vicomte, ou juge, ne perçoive, dans ce marché et dans cette foire annuelle, aucun droit d'usage ; mais que ce droit soit perçu par les moines qui y serviront Dieu ; qu'on n'exige aucune corvée des hommes ou des animaux, mais que les religieux tiennent ces lieux en toute sécurité et sans contradiction, *comme mes prédécesseurs les rois Burgondes les ont tenus.*

3 « Je lui donne aussi la terre appelée Château-de-Briton * (2) et Ville-Mari * ; l'église qui m'appartient, élevée en l'honneur des bienheureux martyrs Sanctien et ses Compagnons, avec toutes les dîmes; le village appelé Sauceris (Ste-Béate), avec la forêt qui s'y trouve ; je lui donne également le village appelé Sélignac-le-Grand (Malay-le-Grand ou Malay-le-

---

(1) Cette foire n'avait plus lieu depuis longtemps. Vers 1660, ou essaya de la rétablir, mais elle ne fut pas suivie. (Note de M. Urbain Prunier.)

(2) Les lieux aujourd'hui inconnus sont marqués d'un astérisque.

Vicomte), avec la forêt qui est auprès, et le village appelé Selignac-le-Petit *. Et afin que tout le monde connaisse que je suis devenu chrétien catholique et que je fais cette donation de grand cœur, je lui donne, dans la ville même (de Sens), près de la porte qui est du côté du levant, la chapelle qui dépend de mon domaine, dédiée en l'honneur de saint Pierre (St-Pierre-le-Donjon) que mon épouse Clotilde a fait bâtir, et de plus soixante ayrals ou places dans la ville. Au-delà de l'Yonne, les terres cultes et incultes avec les vignes ; de même le pont qui est sur la rivière et les terrains vagues qui sont au-dessous du pont, ainsi que le droit de pêche qui s'étend à quarante-six perches, deux pieds. Mais je garde pour moi la plupart des ayrals qui sont dans la ville et Massiliac-le-Grand *, avec ses dépendances.

4 « En outre je donne par cette charte à ma fille les lieux dont les noms suivent : l'église qui est dans le village appelé Vianaret *, avec la dîme, tout le village avec ses dépendances et la forêt qui s'y trouve ; de même l'église appelée Villa-Jaso (Ville-Chat), avec toute la dîme, tout le village et les forêts qui en dépendent. Aussi l'église appelée Siconias (Sôgnes), dédiée en l'honneur de saint Pierre, toute la dîme, tout le village lui-même avec les forêts qui en dépendent, et toutes ses dépendances dont voici les noms : le village appelé Bardelle (château de Bardeaux), sur l'Yonne, avec les moulins et le droit de pêche, avec les prés, vignes, terres cultes et incultes. Tout cela avec les serfs qui y restent, les manses, maisons, édifices, cours, campagnes environnantes, vignes, forêts, champs, prés et pâturages, étangs et cours d'eaux ; le tout, avec toutes ses parties, nous le donnons au monastère (qui sera) fondé en l'honneur de notre patron particulier, l'apôtre S. Pierre, pour ceux qui dans la suite doivent y servir Dieu jour et nuit,

et pour que la prospérité de ce monastère aille toujours croissant. Nous avons donc placé et plaçons ce monastère, que notre chère fille désire fonder, avec tout ce qui lui appartient, sous notre défense et la confirmation de notre autorité royale, et nous le déclarons libre et exempt de tout tumulte et de toute autorité de puissance judiciaire, en sorte qu'aucun juge public, ni aucune autre personne appuyée de la puissance judiciaire, n'ait la présomption d'entrer dans les églises, les lieux, les champs ou les autres possessions que ledit monastère tient à présent légalement et justement, dans quelque partie que ce soit du territoire soumis à notre domination, ou qui pourront appartenir dans la suite au domaine dudit monastère, pour y entendre les causes, exiger des amendes, des tributs, des droits d'hôtellerie, ni impôts d'aucune sorte, ou aient la témérité de saisir les fondés de pouvoirs ou les hommes du monastère, soit libres, soit serfs qui restent sur ses terres ; non plus que de requérir aucun impôt, aucune exaction illicite, aucun droit de douane, aucune corvée avec des chariots, aucun droit sur les portes ou sur les rivières ; et cela dans les temps présents et à venir, et que personne n'ait l'audace d'en rien enlever ; mais que tous ces biens soient en paix et en sûreté et dans une protection parfaite, et que les moines les possèdent en sécurité, tranquillité et liberté pleine, sans aucune contradiction, *comme les ont tenus mes prédécesseurs les rois Burgondes.*

5 « Je lui livre aussi le duc Basolus, jeune homme superbe et enflé d'orgueil, mais maintenant humilié, que je retiens dans les fers avec tous les siens. Je donne dès aujourd'hui, et pour toujours, au susdit monastère de St-Pierre de Sens, les châteaux, bourgs, terres, églises qui ont appartenu à Basolus, enfin tout ce qu'il a possédé, pour être employé à perpétuité à faire l'aumône aux serviteurs de Dieu qui s'y succé-

deront dans la suite, pour la réception assidue des pauvres, pour l'entretien du luminaire, pour l'offrande du saint sacrifice, et pour l'entretien de la maison du Seigneur. Or, les biens de Basolus sont situés dans les provinces d'Auvergne, du Limousin, du Quercy et du Gévaudan.

6 « En conséquence, moi Clovis, roi des Francs, invite les rois mes successeurs, à faire respecter et exécuter à perpétuité la présente donation que j'ai faite à Dieu et à ses bienheureux apôtres, à ma très chère fille Théodechilde et aux moines consacrés au service de Dieu dans le monastère de Sens, Ainsi soit-il. Si cependant quelqu'un tentait d'aller contre le présent acte, qu'il encoure la colère de Dieu et qu'il ne puisse se faire absoudre par aucun moyen. Que le Dieu tout puissant qui a dit : » c'est à moi qu'appartient la vengeance et c'est moi qui punirai, » condamne lui-même celui qui fera quelque changement à cette charte. Ainsi soit-il.

7 « Fait publiquement à Paris, en présence de mes fils, *l'an du Seigneur cinq cent (neuf)*.

† Moi, CLOVIS, au nom de Dieu, roi des Francs, ai confirmé le présent acte et l'ai signé de ma propre main.

† Moi, au nom de Dieu, CLOTILDE, reine.

† Moi, au nom de Dieu, THÉODORIC, son fils, roi.

† Moi, au nom de Dieu, CLODOMIR, son fils, roi.

† Moi, au nom de Dieu, CHILDEBERT, son fils, roi.

† Moi, au nom de Dieu, CLOTAIRE, son fils, roi.

† Moi, au nom de Dieu, THÉODECHILDE, sa fille très chérie, reine.

† Moi, au nom de Dieu, HÉRACLIUS, *archevêque* de Sens.

† Moi, au nom de Dieu, REMI, déjà vieux, évêque de Reims.

† Moi, au nom de Dieu, PRINCIPIUS, évêque de Soissons.

(1) † Moi, au nom de Dieu, Médard, évêque de Noyon.

† Moi, au nom de Dieu, Védaste, évêque d'Arras.

† Moi, au nom de Dieu, Germain, évêque de Paris.

† Moi, au nom de Dieu, Austresigile, archevêque de Bourges.

† Moi, au nom de Dieu, Génebaud, premier évêque de Laon.

† Moi, au nom de Dieu, Aurelianus, conseiller du roi.

Gellibert a écrit et signé ce testament.

† Donné au mois d'octobre, *indiction première*, au nom de Dieu, à Paris ville royale. » (2)

A peine eut-elle obtenu l'agrément de son père, que Théodechilde s'empressa de retourner à Sens pour annoncer au prisonnier la nouvelle de sa délivrance, et jeter sans retard les fondements du monastère projeté. Elle en fixa l'emplacement à l'est de la ville, dans le faubourg dit le *Vif*, sur la route de Sens à Troyes, non loin du célèbre aqueduc romain qui conduisait les eaux de la campagne dans la ville. Le monastère fut établi auprès des deux célèbres églises de St-Savinien et de St-Sérotin, de telle sorte que ce dernier oratoire se trouvait toucher presque au chevet de la nouvelle église qui devait être dédiée à saint Pierre. L'église, le monastère et le bourg lui-même ne tardèrent pas à être désignés sous le nom de St-Pierre-le-Vif (510 ou 511) (3).

---

(1) Les cinq évêques qui suivent n'ont souscrit que plus tard, à mesure qu'on leur présentait la charte à ratifier.

(2) Voir aux Preuves, n° 1, le texte latin de la charte avec une dissertation sur son authenticité.

(3) Nous fixons la fondation de St-Pierre-le-Vif vers l'an 510 ou au commencement de 511. Clarius dit, en effet, que Théodechilde commença à édifier son monastère du vivant de son père, aidée par sa mère et ses frères. Geoffroy dit aussi que « par la volonté de son père, elle commença à édifier le monastère de

CHAPITRE IV

SAINTE THÉODECHILDE EN AUVERGNE

Sommaire: Valeur des légendes. — Ste-Théodechilde vient en Auvergne. — Lumière dans la forêt. — La lionne et les lionceaux. — Apparition de la Ste-Vierge à Ste Théodechilde. — Fondation de la chapelle de Notre-Dame-des-Miracles, du Monastère et de la ville de Mauriac. — Vérité quant au fond de la légende mauriacoise. — Le collecteur Nunninus et la relique de St-Germain.

Ayant jeté les fondements de son monastère, tandis qu'il se bâtissait, Ste Théodechilde voulut aller en Auvergne, visiter les possessions de Basolus, dont elle pouvait maintenant disposer. Là, comme à Sens, elle laissa des traces durables de sa piété et de sa bienfaisance. Les fondations importantes qu'elle y fit, furent

St-Pierre dans le faubourg de Vif, aidée par sa mère et ses frères, vers l'an 507, du temps du pape Hormisdas et de St-Héracle, archevêque de Sens. » Cette indication est contradictoire, puisque Clovis est mort en 511 et que le pape Hormisdas n'a commencé à régner qu'en 514. Geoffroy-de-Courlon admettait sans doute, comme beaucoup d'anciens historiens, que Clovis n'est mort qu'en 514. Nous croyons comme plus probable que la fondation du monastère eut lieu en 510 ou 511, sur la fin du règne de Clovis, nous appuyant sur les deux chroniqueurs cités plus haut et sur la charte de Clovis discutée ailleurs. Odoran sans doute dit que Théodechilde bâtit son monastère au temps où Clotaire régnait seul en France (558-561), après la mort de ses trois frères ; mais il a dû vouloir dire que le monastère ne fut complètement terminé qu'à cette époque. On objectera encore que Théodechilde n'avait que treize ans en 511 ; mais ceci ne constitue pas une impossibilité. Est-ce que le berger saint Bénezet ne commença pas à douze ans la construction du fameux pont d'Avignon ? Est-ce qu'une jeune fille de Domremy, Jeanne d'Arc, n'a pas fait des merveilles encore plus grandes à peine âgée de dix-sept ans? Les saints ne sont pas seuls : Dieu est visiblement avec eux, et quand Dieu veut agir, il se sert d'ordinaire des plus faibles instruments.

entourées de circonstances merveilleuses, que nous trouvons relatées dans d'anciennes et respectables légendes. « La dignité de l'histoire, dit Montalembert, n'a rien à perdre en s'arrêtant à ces récits et aux pieuses croyances qu'ils entretenaient. Ecrite pour des chrétiens par un chrétien, l'histoire se mentirait à elle-même, si elle affectait de nier ou d'ignorer l'intervention surnaturelle de la Providence dans la vie des saints choisis par Dieu pour guider, pour consoler, pour édifier les peuples fidèles, pour les élever par leur exemple au-dessus des liens et des besoins de la vie terrestre. Sans doute, la fable s'est quelquefois mêlée à la vérité ; l'imagination s'est alliée à la tradition pour l'altérer ou la remplacer..... Mais l'Église ne saurait répondre des erreurs qui se sont glissées dans quelques légendes. Elle n'oblige de croire à aucun des prodiges, même les mieux avérés, dont on y trouve le récit. Cependant, lorsque de pareils faits sont rapportés par des auteurs graves, l'Eglise, qui est elle-même fondée sur les miracles, fait profession de les reconnaître et de les recommander à l'admiration des chrétiens..... Il est donc juste et naturel d'enregistrer ces pieuses traditions sans prétendre assigner le degré de certitude qui leur appartient, mais sans prétendre non plus poser des limites à l'omnipotence de Dieu. Echos touchants et sincères de la foi de nos pères, elles ont nourri, charmé, consolé vingt générations de chrétiens énergiques et fervents, pendant les époques les plus brillantes et les plus fécondes de la société catholique. » (1)

Mû par ces considérations dont tout le monde reconnaîtra la justesse, nous donnerons d'abord la légende mauriacoise avec ses différentes versions ; nous l'apprécierons ensuite, la retenant quant à sa substance et

---

(1) Montalembert. *Les moines d'Occident*, T. II, p. 371-375.

en abandonnant volontiers aux justes condamnations de la critique les détails trop facilement admis et ajoutés par les naïfs chroniqueurs. Commençons par la traduction d'un manuscrit latin, conservé autrefois dans les archives du monastère de Mauriac et publié par le P. Dominique-de-Jésus.

« Il ne faut pas se lasser de rappeler les antiques traditions conservées dans les archives de l'illustre monastère de la ville de Mauriac, au diocèse de Clermont, en Auvergne, de peur que la mémoire des événements ne périsse de vétusté avec les chartes qui les constatent, et qu'on ne vienne à les mettre en doute. Au lieu où est située la ville de Mauriac, était une forêt si épaisse, qu'elle servait de refuge aux hommes silvestres et aux bêtes fauves. A une distance d'environ un mille, sur une éminence qui domine la vallée de l'Auze, s'élevait un château inexpugnable, que l'infidèle et puissant Basolus tenait en baronie. En ce temps-là, Clovis, roi très-chrétien, gouvernait l'empire des Francs; afin de propager et d'étendre la foi qu'il avait embrassée, il chassa de l'Aquitaine Alaric le Goth et le Turc ; sa royale fille Clotilde (Théodechilde), agit de la même manière à l'égard du Duc, ennemi du nom chrétien, en s'emparant par ruse de son château. La princesse, chassant dans la forêt, tomba dans une fosse ; effrayée d'y trouver une lionne avec trois lionceaux, elle voua au seigneur de bâtir en ce lieu un monastère en l'honneur de St-Pierre-le-Vif, et de le doter à l'instar de celui que son père avait érigé sur le mont Leucotice, qui maintenant s'appelle Ste-Geneviève de Paris. Par la protection divine, la lionne et les lionceaux s'éloignèrent, et la princesse, miraculeusement sauvée, retourna dans sa comté. Bientôt après elle édifia, des pierres du château, avec une royale magnificence, un monastère qu'elle dota des biens de Basolus. Elle y établit, en place du baron, un doyen avec des religieux, portant l'habit des moines de saint Benoît. Le peuple affluant de toute part, par un dur labeur, extirpa les rochers, coupa les arbres, et, joignant une maison à l'autre, bâtit la ville et les faubourgs de Mauriac, et l'entoura de murs, de fossés et de ponts. Longues années après, frère Guy, évêque d'Auvergne, vint consacrer le monastère, (l'église du monastère nouvellement réédifiée). Tout cela se fit avec le secours du Seigneur à qui appartient toute louange, toute puissance, tout empire avec actions de grâces, dans les siècles infinis des siècles. Ainsi soit-il (1).

Montfort, curé de Moussages au XVI⁰ siècle, et L. Mourguyos, prêtre, pédagogue à Mauriac au XVII⁰, écrivirent aussi une chronique qui diffère un peu de la précédente, mais renferme beaucoup plus de détails. Montfort dit avoir puisé dans des manuscrits anciens, et particulièrement dans un *livre des Miracles de Notre-Dame;* ces documents furent détruits à l'époque des guerres religieuses. Mourguyos a suivi Montfort en mettant dans son récit plus de critique et moins d'anachronismes. Nous donnerons pourtant la chronique du premier comme plus ancienne, nous réservant de l'apprécier dans les notes.

« Avant de prendre le voile à Sens, Ste Théodechilde (2) voulut se transporter en Auvergne pour reconnaître les terres qui lui avaient été données. Per-

(1) Voir le texte latin, aux documents, n° VI.

(2) Montfort prétend que ce fut sainte Clotilde qui vint à Mauriac; mais Mourguyos dit avec justesse : « Le chroniqueur que nous suivons s'est mépris en appliquant la fondation de la chapelle et du monastère de Mauriac à Ste Clotilde, puisque c'est Ste Théodechilde, d'après toutes les histoires de Mauriac et de Sens. Ce fut donc Ste Théodechilde, bien qu'aidée de sa mère, qui fit bâtir le monastère. » L. Mourguyos, *Chronique de 1650,* chap. 8.

suadée par le saint homme Remy de Reims; elle partit donc pour l'Auvergne pour y extirper l'hérésie sarrazine, et ce, l'an 505 (?). En passant par les villes de Limousin, Saintonge, Périgord, elle faisait prêcher la foi chrétienne. Elle fit tant de journées de marche qu'elle vint en Auvergne, où elle trouva plusieurs de ses gens venus à son devant. Et pour son logis ne surent lui en trouver un plus noble que le Château-Vieux (Castrum Vetus), étant au bout de la montagne, sur la rivière d'Auze, au milieu de la forêt. La dite reine arriva jusqu'à la tour ou château d'Arches, à une lieue de Mauriac. Après dîner, elle prit la voie pour venir au Château-Vieux ; mais la forêt était si plongée d'arbres et si sauvage qu'elle s'en émerveillait en disant :

« Puisque le château où nous allons est si fort et si
« beau, est-il vraisemblable qu'il n'y ait un chemin
« plus ample et plus ouvert que celui-ci ? — Ah !
« Madame, répondirent ses gens, nous arrivons à la
« seule rue qui conduise au château, et il n'y a roi, si
« puissant fût-il, qui pût y arriver autrement que par
« là. » Et prenant les devants, ils entrèrent par un petit sentier dans la dite rue, laquelle était bâtie à chaux jusqu'à la hauteur du menton d'un homme, de çà et de là. La reine voyait dans la forêt une foison de cerfs, biches et animaux sauvages et elle avait grand plaisir à les voir prendre leurs beaux et merveilleux ébats.

« Vers le soir, quand la Reine fut au milieu de la forêt, à un mille du château ou environ, elle va voir par la forêt une clarté inaccoutumée qui lui semblait descendre des cieux, tellement qu'elle et ses gens eurent les yeux tout offusqués de cette extraordinaire lueur. La reine entrant en réflexion, son esprit lui raisonna que c'était quelque prodige divin.

« Quand la reine fut au château, comme il était déjà temps de prendre la réfection corporelle, ses gens l'y invitaient ; mais elle ne voulut manger ni boire sans être auparavant entrée seule dans un cabinet, priant ses gens de l'attendre. Là, à deux genoux, elle fit et prononça cette oraison : « O Seigneur Dieu, plasma« teur du ciel et de la terre, qui avez caché beaucoup « de choses aux sages et qui les avez révélées aux « petits, je crois vraiment que cette vision procède de « vous ; je vous prie donc de m'en accorder la con« naissance, afin que je rende gloire à vous, mon Dieu « et à la Vierge Marie, votre mère. » Après cette oraison, elle va prendre sa réfection et souper, puis elle se rendit au dormitoire, où elle ne voulut point s'endormir sans avoir quelque raison de son esprit sur la dite vision. Tout en y pensant avec délices, son esprit fut conduit au repos naturel jusqu'au matin, sous la garde de Dieu.

« Au bon matin, au lever du soleil, la princesse, pleine d'un fervent désir, voulut retourner au lieu de la vision. Elle y fut conduite et, de rechef, vit au même lieu une claire chandelle allumée, plus fulgente qu'aucune étoile, auprès de laquelle elle vit aussi une lionne et trois petits lions avec elle, très farouches ; de quoi elle s'émerveilla fort et quasi épouvantée, elle se signa du signe de la sainte croix. De rechef, elle fit sa prière à Dieu de lui vouloir élucider cette vision. Et voici que les dites bêtes s'inclinent à genoux devant la face de la dite dame et faisant comme signe de supplication. Alors la reine, plus joyeuse, fit, pour la troisième fois, sa prière à Dieu plus fervente, toutefois semblable à la première et se retira au Château-Vieux, son très-noble logis.

« Or, la nuit venue, étant au lit, la reine, de dormir vaincue non du tout, mais étant quasi entre pensée et soporation, après avoir fait son oraison à Dieu, fut ravie et eut une vision. Elle va voir la Vierge Marie, avec Jésus-Christ entre ses bras, faisant le tour de

d'après un vitrail de l'Église de Mauriac
1855.

son lit, ayant un précurseur qui lui sembla être saint Pierre, à cause des clefs qu'il avait en la main, et qui portait la chandelle allumée devant la Vierge. Et après avoir tourné son dormitoire, il lui fut avis qu'ils sortaient du château et allaient au lieu où était la lionne avec ses lions, et qu'en leur compagnie il y avait une légion de beaux anges. La reine eut de cela un si grand plaisir qu'elle demeura le matin au lit jusques à une heure fort avancée, pensant à cette vision.

« Le matin, la reine étant debout et en ordre se fit amener au lieu où elle avait trouvé la lumière et la lionne, et elle commanda à la lionne de s'en aller, ce qu'elle fit incontinent en poussant des cris joyeux. La princesse encouragée s'avance à travers les épines, les ronces, les buissons et les plongées d'arbres, et vient au lieu où était la lumière. Là elle trouva une pierre de marbre, en forme d'autel, sur laquelle était ladite chandelle allumée, et autour l'herbe qu'on appelle *palma christi*; puis, au-dessous, une épître en parchemin, écrite en lettres rouges, fermée de cire jaune avec le cachet du signe de la croix en lettre d'or. Laquelle épître la reine prit avec honneur et la porta au château; mais ni elle, ni ses archers ne surent la lire, parce qu'elle était écrite en lettres hébraïques. Cette lettre fut copiée trois fois : une copie pour envoyer au pape, l'autre au roi Clovis, et l'autre à saint Remi, archevêque de Reims, comme vous pouvez voir au préambule du *Traité des Saints*, que ledit saint Remi a fait et où est écrite la copie avec ces mots : *Hæc namque caractera hebraïca Arvernis a Deo missa miraculosè sibi voluit.* C'est-à-dire : « Voici les caractères de la lettre miraculeusement envoyée par Dieu aux habitants de l'Auvergne. » Vous y trouverez la façon au vrai des lettres hébraïques. Au bout de quinze jours après, voici que le pape envoya à ladite reine la signification des lettres interprétées par

Boëce pour lors étant à Rome ; le roi Clovis l'envoya aussi de Naples (?), et saint Remi de Reims. Ces lettres s'interprètent ainsi : *Iste locus erit cor timoris Domini et sine errore ; principium consolationis viventium.* C'est-à-dire : « Ce lieu sera le centre de la crainte du « Seigneur ; l'erreur n'y pénétrera pas ; il sera une « source de consolation pour les vivants. »

« La reine voyant cette interprétation, à la persuasion de saint Remi, fit venir et assembler plusieurs architectes et maîtres-maçons du pays pour édifier une chapelle le plus somptueusement que faire se pourrait, au lieu où était la chandelle encore allumée, et avec la pierre de marbre faire un autel en l'honneur de Dieu et de la benoîte Vierge. Ce qui fut ainsi fait ; et les maçons dirent que jamais ils n'avaient eu un si vif désir de travailler, et tandis qu'en une autre besogne ils taillaient une pierre en deux jours, en celle-ci ils en taillaient plus à loisir quatre. Et depuis, en l'église de Mauriac, s'est tenue et se doit tenir, jour et nuit, une chandelle allumée ; car au commencement elle se trouva ainsi, et la reine Théodechilde l'a institué, et le vouloir de Dieu est tel, à l'honneur de la glorieuse Vierge Marie.

« Les ouvriers travaillèrent si bien que, dans trois mois dix-huit jours, au temps vernal ou de primes (printemps), ils eurent parachevé le bel œuvre de la chapelle de Mauriac, que l'on appelait des Miracles, parce que la dite reine avait trouvé miraculeusement ce lieu. Elle fut achevée l'an de la création 4468 et de J.-C. né, l'an 507, selon le compte de Boccace, et comme on le trouve marqué en une pagine du livre des miracles de Notre-Dame en l'église de Mauriac. Alors, incontinent, la reine manda par un hérault, au roi Clovis, à Rome (?) de demander pour elle au saint pape Anastase (?), qu'il lui plût donner permission de consacrer la dite chapelle à l'honneur de Dieu et de Notre-

Dame, et de lui envoyer, pour y être placée, une image de Notre-Dame. Le roi Clovis présenta au pape la dite requête, qui lui fut entérinée. Il envoya donc à saint Remi la permission de consacrer la chapelle avec licence de déléguer tel autre qu'il voudrait. S. Remi substitua en son lieu un chanoine de Reims pour venir consacrer la dite chapelle. Le roi Clovis envoya aussi une image de Notre-Dame à l'entour d'argent, avec les armoiries de fleurs de lis, semblable à celle de N.-D. de Lorette et du Puy, et l'on dit que toutes trois furent faites par l'évangéliste S. Mathieu (?). La dite église et image furent ainsi consacrées aux fêtes de Noël, l'an 507, *quia hiems erat et magnum Arvernorum festum*, dit le traité sur ce fait.

« Après ces saintes consécrations, les ministres de l'Église, envoyés par S. Remi se mirent à y faire dévotieusement des offices, cantiques et célébrations ; et il affluait tant de peuple à la chapelle, pour les évidents miracles que faisait la glorieuse Vierge Marie, que, nuit et jour, on ne voyait qu'un nombre infini de gens entrant et sortant en ladite chapelle, tête nue, déchaux et en chemise, en grande pénitence. Or, laissons à parler de la chapelle, qui demeura quatre ans de la sorte, et parlons du monastère.

« Il est vrai qu'auprès de la dite chapelle, au milieu du bois, fut trouvé par les gens de la Reine un temple fort ancien, que les architectes voulurent ruiner, mais la reine n'y voulut point consentir jusqu'à la venue du roi Clovis. Dans ce temple, les Visigoths faisaient leur synagogue, sacrifices, et adoraient le dieu Mercure. Ce temple avait deux portes, l'une vers l'Occident et l'autre vers la chapelle, du côté du Septentrion. La reine, voulant reconnaître quel était ce temple, entra par la grande porte, du côté d'Occident. Elle alla voir bien haut, au-dessus de ladite porte, un placard somptueusement écrit en lettres d'airain, lequel contenait cette inscription en vers :

> *Intrans hoc templum, supra fastigia portæ*
> *Suspicio all'kibis mulcibris artis opus.*
> *Aurata in medio Mercurii fulget imago ;*
> *Impellitque cavam dextera docta chelym.*

C'est-à-dire : « En entrant dans ce temple, j'aperçois, au-dessus de la porte, l'ouvrage du grand dieu Vulcain. Au milieu brille la statue dorée de Mercure qui pince de ses doigts habiles le luth creux. »

« La reine, étant entrée dans le temple, trouva en effet une idole d'argent doré portant cette inscription : *All'Kibis Mercurios*, qui sont des mots arabes qui dénotent *le grand dieu Mercure*. La reine prit cette idole ainsi que plusieurs beaux joyaux qu'elle fit porter au château, où elle les garda jusqu'à l'arrivée du roi Clovis. Celui-ci, étant sur le point du retour, demanda des reliques pour la chapelle d'Auvergne, au pape Symmaque, successeur d'Anastase. Le saint pontife le conduisit à S.-Pierre *in Vaticano*, et ayant ouvert le tabernacle de S. Pierre, il prit le petit doigt de Monseigneur S. Pierre, du bois de la croix de N.-S., des cheveux et du lait de la bienheureuse Vierge Marie, des cheveux de Ste Catherine, des os de Monsieur S. Antoine, S. Barthélemy et plusieurs autres. Puis ils s'en allèrent à l'église de S.-Vital, *ad Marcellos*, et le pape lui donna des reliques de trois Innocents martyrs et puis le congé pour revenir en Auvergne.

« Le roi Clovis et là reine Clotilde vinrent ensuite en Auvergne voir leurs possessions et leur fille Théodechilde, qui en fut très-aise. Elle leur montra la chapelle de Notre-Dame. Le roi, l'ayant vue, en fut très-joyeux, et dit que le temple de Mercure serait changé en une église dédiée à Dieu et à S. Pierre, et il décida d'abattre le Château-Vieux, afin de bâtir un monastère dans lequel on ferait venir des religieux de S. Benoit d'Italie. Ayant ensuite pris l'idole et les autres joyaux, il les envoya à Reims et en fit construire la croix de Monsieur S. Pierre, telle qu'elle est à présent, et le reliquaire du même saint, ainsi que plusieurs calices et reliquaires d'or et d'argent, et des joyaux il fit faire chapes et ornements au dit temple S.-Pierre et laissa les reliquaires qu'il avait apportés de Rome en iceluy temple, lequel il fit premièrement consacrer. Il plaça le bois de la croix de N.-S., les cheveux et le lait de Notre-Dame et d'autres reliques dans la même croix. Pour les trois Innocents, ils furent placés à part avec les autres reliques, en leur ordre et sainteté, comme elles sont à présent honorablement tenues au dit monastère. Et parce que le temple était vieux, les héroïques époux firent venir des architectes et maçons pour le réparer, et furent d'avis d'y mettre des ministres de la religion étroite et sainte de Rome, qu'on nomme à présent de S. Benoit; ce qui fut fait en effet par après.....

« Or, il advint que le roi Clovis voulut s'en retourner en France avec la reine. Ils partirent donc et allèrent à Tours voir Ste Radegonde (?) et c'était l'an 513. Puis, étant arrivé à Paris, en son palais de Tournelles, le roi fut pris d'une fièvre subite et mourut l'an 514, et son corps fut enterré en l'église qu'il avait fait bâtir, appelée Ste-Geneviève-du-Mont. La reine demeura veuve pendant 40 ans pendant lesquels elle s'informait avec beaucoup de sollicitude des affaires, faits et vertus de Mauriac et d'Auvergne, et des grands miracles qui, journellement, se faisaient à la chapelle de N. D. de Mauriac. » (1)

Après cette chronique, mentionnons encore une pieuse et respectable tradition, qui n'est écrite nulle

---

(1) Montfort, *chronique de 1564*.

part, mais qui a été consignée dans une notice sur N.-D.-des-Miracles. Elle rapporte un peu différemment l'origine et la cause du pèlerinage : « Vers l'an 507, mais peut-être un peu plus tard, Théodechilde était à Montsélis. Par une sombre nuit, elle aperçut au loin, dans la forêt qu'a remplacée depuis la ville de Mauriac, une lumière qui brillait d'un éclat surnaturel. La nuit suivante, la même clarté vint encore frapper ses regards. Étonnée de la continuité du fait, elle résolut de se rendre sur les lieux. Quel ne fut pas le ravissement de la pieuse princesse lorsque, au centre d'une lumière toute miraculeuse, elle aperçut une statue en bois très-noir ! C'était la Vierge, portant l'enfant Jésus dans ses bras. Touchée de ce prodige, la reine fit à l'instant le vœu de fonder une chapelle sur le lieu même, et d'y placer la statue vénérable qui venait de se révéler si merveilleusement. » (1)

Tels sont les récits du moyen-âge, dans lesquels l'imagination, trop souvent, s'est mêlée à l'histoire, et où les chroniqueurs ont tenu à revêtir les faits eux-mêmes d'une foule d'ornements de leur façon, mais il est un principe accepté par la critique, c'est que les légendes, même apocryphes, renferment toujours un fond de vérité, quoique difficile parfois à dégager de l'erreur. Ce qui ressort indubitablement de la chronique mauriacoise, c'est que Théodechilde est venue en Auvergne (2) et qu'à la suite de quelque fait surnaturel, d'une apparition de la Ste Vierge, elle bâtit une

(1) L'abbé Delteil, *Notice sur la fête et le pèlerinage de N.-D. des-Miracles*. Clermont-Ferrand, 1855, p. 4.

(2) Montfort place le voyage de Théodechilde en Auvergne en 505, la construction de la chapelle en 507, et celle du monastère en 513. Il est évident que ces dates sont trop reculées. Montfort, du reste, a la manie d'assigner des dates à tous les faits qu'il raconte, et la plupart du temps elles sont évidemment fausses. Quoique la chronique place le voyage d'Auvergne du vivant de

chapelle en son honneur. « Le prodige de l'apparition explique le culte solennel que l'on rend à Mauriac, depuis treize cents ans, à la mère de Dieu, sous le vocable de Notre-Dame-des-Miracles. Sans un prodige, comment expliquer en effet ce concours de tous les siècles écoulés depuis Clovis? Evidemment, il faut admettre qu'à Mauriac, comme au Puy, comme à Roc-Amadour, comme à Lourdes, il y a eu au bout de cette longue procession de pèlerins, un fait miraculeux; car il n'y a pas d'effet sans cause ; si aucune intervention divine n'avait eu lieu, comment et pourquoi un pèlerinage se serait-il établi là plutôt qu'ailleurs? » (1)

Quoi qu'il en soit des différentes circonstances qui accompagnèrent le voyage de Ste Théodechilde à Montsélis, il est certain, d'après S. Grégoire-de-Tours, qu'elle avait des terres en Auvergne et qu'elle envoyait, de temps en temps, un collecteur pour en percevoir les impôts. Voici ce que raconte à ce sujet le premier historien des Francs. « Germain, évêque d'Auxerre, glorieux confesseur, mourut dans la ville de Rome (ou plutôt de Ravenne, le 31 juillet 448). Son corps fut levé au bout de soixante jours, conduit dans la cité d'Auxerre et livré à la sépulture. Or, du temps de la reine Teudechilde, un certain tribun, nommé Nunninus, revenant d'Auvergne, après avoir remis à la reine les tributs qu'il avait recueillis en France, entra dans la ville d'Auxerre, uniquement dans un but de piété. Il se prosterna devant le sépulcre du bienheureux Germain, et, après y avoir très-longtemps prié, il tira du fourreau son glaive et en frappa, tandis que personne ne

---

Clovis, il est plus probable cependant que sainte Théodechilde n'est venue à Mauriac qu'après la mort de son père, entre les années 511 et 520.

(1) L'abbé Serres : *Histoire de N.-D.-des-Miracles*. Aurillac, 1876, p. 5. — Voir à l'*appendice*, note D, une dissertation sur la valeur de cette légende.

le voyait, la pierre placée sur le sépulcre vénéré. Il en détacha ainsi un petit morceau, mais il resta roide comme du bronze, de telle sorte qu'il ne pouvait plus sentir aucun de ses membres, ni pousser un cri. Ses serviteurs, qui le virent gisant ainsi, ne savaient ce qui lui était arrivé. Un d'eux s'approcha, le questionna, et n'en reçut aucune réponse. Lui, pendant qu'il était ainsi roidi, comprenant que c'était une punition, fit un vœu dans son cœur, disant : « Je sais que je suis témé-
« raire, bienheureux confesseur, mais c'est la dévotion
« qui m'a poussé à la témérité, en sorte que si tu
« daignes me pardonner et permettre que je rentre
« chez moi avec ta grâce, je renfermerai cette relique
« dans une église et j'aurai soin de célébrer tous les
« ans ta fête en très-grande dévotion. » Le saint, comprenant son muet murmure, lui pardonna et lui permit de se retirer sain et sauf. Celui-ci, s'en revenant, plaça la relique dans une église et célébra fidèlement chaque année la fête du saint. Un jour, nous nous rendîmes avec l'évêque (de Clermont) Avitus, à cette église, où la relique était déposée. Ce saint prélat, y étant entré, se trouvant encore à jeûn, vers la dixième heure, nous tous, qui étions avec lui, sentîmes notre odorat frappé de l'odeur des lis et des roses, ce qui nous fut accordé, je n'en doute pas, par le mérite du bienheureux pontife. Or, c'était au mois de novembre. Ceci arriva au bourg de Mauzac. » (1)

Le nom de tribun, attribué par Grégoire-de-Tours au ministre de Théodechilde, signifie ici percepteur d'impôt (2). Le vieil historien ne nous dit pas à quelle époque Nunninus fit son voyage en Auvergne, puis à Auxerre, pour revenir en Auvergne ; ce fut vraisemblablement avant la donation que fit Théodechilde, en

(1) Greg. Turon. *De gloria confessorum.* C. XLI.
(2) *Tribunus dicitur qui tributa recipit.* (Gloss. de Du Cange).

520, des anciennes terres de Basolus au monastère de Sens, puisque c'est à elle que le tribun rapporte les impôts perçus et non aux moines. Il paraît aussi, par le passage de S. Grégoire, que ce collecteur percevait également les revenus des terres que Théodechilde avait en France, c'est-à-dire aux environs de Sens : c'était donc comme son intendant ou gouverneur. A cette même date (de 511 à 520), le monastère de Mauriac ne devait pas être encore bâti, et il est vraisemblable que le percepteur de la reine faisait sa résidence habituelle en Auvergne, pour y surveiller la culture des terres. Quant au bourg de Mauzac, où Nunninus déposa la relique du tombeau de S. Germain, il est situé en Basse-Auvergne, et se trouve précisément sur la route de Sens à Mauriac, par Auxerre. La visite que S. Avit et S. Grégoire firent à cette église, eut lieu vers 572, car S. Avit fut fait évêque de Clermont en 571, et S. Grégoire, qui était son diacre, fut élu évêque de Tours en 573 (1).

(1) Voici le texte, assez obscur du reste, où Grégoire de Tours mentionne Théodechilde : *Tempore autem Theudechildæ reginæ, Numinus quidam tribunus ex Arverno de Francia post reddita reginæ tributa revertens, Antissiodorensem urbem adivit.* De quelle Théodechilde l'historien des Gaules veut-il parler ici ? Ce n'est point de Theudichilde, seconde femme de Théodebert II, qui fut reine de 610 à 612, saint Grégoire étant mort en 595. Ce n'est point non plus de Théodechilde, troisième épouse de Charibert, reine de Paris de 561 à 567 ; car on ne voit pas que l'Auvergne ait jamais appartenu au royaume de Paris. Ce n'est pas enfin de Théodechilde, fille de Thierri, roi d'Austrasie, que parle l'historien, bien que dans le partage du royaume de Clovis, l'Auvergne ait échu à son fils aîné, et que ce soit l'opinion la plus généralement reçue, et en particulier celle de M. Longnon dans son ouvrage, excellent d'ailleurs, *la Géographie de la Gaule au VI° siècle*, (p. 123, 124.) En effet, Grégoire de Tours, en disant : *Du temps de la reine Théodechilde*, indique clairement que Théodechilde était déjà morte au moment où il écrivait ; or

CHAPITRE V.

FONDATION DU MONASTÈRE DE FILLES. — TESTAMENT OU CHARTE DE SAINTE THÉODECHILDE.

511 - 520.

Sommaire : Mort de Clovis. — Mort de Ste Geneviève. — Mariage de Clotilde-la-Jeune. — Fondation du monastère de filles à Sens. — Monastères doubles. — Consécration de St-Pierre-le-Vif. — Testament de Ste-Théodechilde.

De retour à Sens, Théodechilde pressa la construction de son monastère bien-aimé, aidée par son père et ses frères. La piété de Clovis se manifesta, en effet, par un grand nombre d'autres fondations ou de donations pieuses. Outre le monastère de Micy (St-Mesmin), on lui attribue encore la fondation d'autres abbayes, telles que St-Michel-de-Tonnerre, Nesles, Molosmes. Ce dernier monastère était situé sur les bords de l'Armançon, non loin de Tonnerre. La charte primitive, datée de 509, a péri depuis longtemps, mais on en montrait maintes copies. La dédicace de l'église aurait été faite en 520, par Grégoire, évêque de Langres,

Théodechilde de Metz n'est pas née avant 523 ; elle a vécu 75 ans au témoignage de Fortunat, elle a donc vécu au moins jusqu'en 598. Comment S. Grégoire, mort en 595, a-t-il pu jamais écrire : *du temps de la reine Théodechilde?* Reste sainte Théodechilde, à qui Clovis son père avait donné les possessions de Basolus en Auvergne, et qui mourut avant 561. Saint Grégoire, qui composait son livre *de Gloria Confessorum*, au fur et à mesure qu'il voyait ou apprenait quelque miracle, écrivit probablement le chapitre XLI en 572; époque de sa visite à l'église de Mauzac. A ce moment et en ce lieu il était tout naturel qu'il écrivît : *Du temps de la reine Théodechilde, le tribun Nunninus revenant d'Auvergne.*

sous le vocable de S. Pierre, à qui tous les membres de la famille de Clovis semblent avoir eu une dévotion spéciale.

Malheureusement, les dernières années de Clovis furent souillées par des usurpations sanglantes. Un jour, ayant rassemblé ses guerriers, il feignit de déplorer l'extinction de presque toutes les branches de la famille royale des Francs. C'était une ruse nouvelle pour découvrir s'il lui restait encore quelques parents à faire mourir. Cependant ce fut lui qui mourut le premier (27 novembre 511), dans la cité de Paris. Il fut inhumé dans la basilique des saints apôtres, qu'il avait élevée de concert avec la reine Clotilde. Sa mort eut lieu cinq ans après la bataille de Vouillé. Son règne en avait duré trente. Il n'était âgé lui-même que de quarante-cinq ans.

La bienheureuse vierge Geneviève ne survécut que quelques mois à Clovis. Elle était âgée de quatre-vingt-neuf ans, lorsqu'elle quitta ce siècle pour émigrer vers le Seigneur. Son corps fut déposé en paix dans la même église de S.-Pierre et S.-Paul, qui prit plus tard d'elle le nom de Sainte-Geneviève. Cette église n'était point encore achevée. La reine Clotilde termina cet édifice et en fit décorer le triple portail par des peintures représentant les patriarches, les prophètes et les martyrs. Remi, évêque de Reims, en fit solennellement la dédicace en présence des trois princes, Clotaire, Childebert et Clodomir (1).

Après la mort du roi Clovis, ses quatre fils, Thierri, Clodomir, Childebert et Clotaire avaient pris possession de son royaume et se l'étaient partagé par égales portions. Thierri avait déjà un fils nommé Théodebert, d'une beauté et d'un mérite remarquables. Or, comme les fils de Clovis étaient puissants par leur propre

---

(1) Bolland. *Act. S. Genovefœ.* 3 janv.

valeur et par la force de leurs armées, Amalaric, roi d'Espagne, fils d'Alaric II, rechercha leur alliance et demanda la main de leur jeune sœur, Clotilde. Les quatre rois accueillirent favorablement cette proposition, et la jeune princesse, comblée de présents, partit pour l'Espagne. Elle devait y trouver le martyre.

Ste Théodechilde, ayant donné des larmes à la mort de son père, à la perte de sa vieille amie, Ste. Geneviève et au départ de sa jeune sœur qu'elle ne devait plus revoir, continuait la construction de son monastère de St-Pierre-le-Vif. « Alors, dit le chroniqueur de Sens, siégeait, sur le trône apostolique, Hormisdas, saint confesseur, et l'Eglise de Sens était gouvernée par le bienheureux Héracle, dont la foi et les mérites répandaient une grande joie dans les Gaules. La vierge Théodechilde couronna l'œuvre du monastère de St-Pierre-le-Vif, en choisissant pour premier abbé Amalbert, homme agréable à Dieu, saint, religieux et riche de toutes les fleurs de la science et de la philosophie, et en ordonnant que, sous ce même abbé, les moines serviraient le Seigneur selon la règle du monastère de Luxeuil. » (1)

Parmi ces moines, un des premiers fut Basolus. Catéchisé et instruit par les soins de Théodechilde, il avait abjuré l'arianisme et était entré dans le giron de l'Eglise catholique. Bientôt même, touché de la grâce, il prit volontairement l'habit religieux dans le monastère de St-Pierre-le-Vif. Les Bollandistes pensent qu'il fit profession dans l'ordre des frères convers, comme beaucoup d'autres princes du temps, qui passaient de la milice séculière à la milice spirituelle, et cela même

---

(1) G. de Courlon. *Cronica* p. 193. Luxeuil ne fut fondé qu'en 590 par S. Colomban. Le chroniqueur se trompe donc ici nécessairement. Ce n'est qu'en 658 que Sens adopta la règle de S. Benoît combinée avec celle de Luxeuil.

dans les monastères qu'ils avaient fondés, parce qu'ils ignoraient, pour la plupart, les lettres sacrées, et souvent même les lettres humaines. Il est plus probable cependant que Basolus fit profession dans le rang des religieux proprement dits, puisque certains auteurs prétendent qu'il devint le second abbé de Sens.

« Vers ce temps-là, continue Geoffroy, S. Héracle fonda un monastère dans sa ville épiscopale, et comme il faisait grand cas de la virginité, il le fonda en l'honneur de S. Jean, apôtre, évangéliste et vierge; et y établit des religieuses, près des bornes de St-Pierre-le-Vif. Ces religieuses y demeurèrent jusqu'au temps d'un certain prévôt de la cathédrale, qui mit à leur place des chanoines réguliers. » (1) Bien que le chroniqueur ne le dise pas, il est certain que S. Héracle fut aidé dans la fondation de ce monastère de filles par Ste Théodechilde, qui lui fournit les premiers sujets. « Les premières religieuses de ce monastère semblent en effet avoir été ces jeunes filles que Ste Théodechilde avait à son service, lesquelles, après la mort de la sainte, et plus vraisemblablement encore de son vivant, reçurent le voile et la consécration religieuse des mains de S. Héracle. » (2)

D'autres auteurs, mais tous récents, font à sainte Théodechilde seule l'honneur de cette fondation. « Ayant si heureusement et si miraculeusement fondé ce monastère (celui des religieux), dit le P. Dominique, elle en fit bâtir un autre pour des filles, car Robert Cenal l'appelle fondatrice d'un couvent de filles, et André du Saussay, dans le bel éloge qu'il fait d'elle dans son martyrologe gallican, lui donne le même titre. » (3) L'office de la sainte, imprimé à Toulouse en 1658,

( ) G. de Courlon. *Cronica* p. 197.
(2) Bolland. n. 16.
(3) P. Dominique-de-Jésus : *Monarchie sainte*, p. 59.

parle aussi d'un *monastère de vierges*, fondé par elle. De tout ceci, il faut conclure que S. Héracle, évêque de Sens, fonda, de concert avec Ste Théodechilde, un monastère de filles, tout à côté du grand monastère des religieux. Cette fondation eut lieu entre 515 et 520. Ainsi, non contente d'avoir déjà consacré à Dieu une grande partie de ses richesses par la fondation du monastère de St-Pierre-le-Vif et de la chapelle de Mauriac, non contente de s'être consacrée elle-même au Seigneur par le vœu de chasteté, Ste Théodechilde fonda encore, ou du moins contribua à fonder, à Sens, un autre monastère pour les jeunes filles nobles qui formaient sa cour. C'est ainsi qu'elle réalisait le mot de S. Augustin : » Si la virginité n'enfante pas pour la terre, elle enfante pour le ciel. » (Epist. 179).

Le monastère de Sens était donc un monastère double. « Dans ces monastères, dit L. Mourguyos, les hommes et les femmes se servaient d'une seule et même église pour célébrer l'office divin et chanter les heures canoniques. Les cloîtres, néanmoins, quoique les temples fussent communs, étaient séparés et distants les uns des autres. En quelques-uns, l'abbé était le chef et supérieur des deux congrégations et gouvernait à la fois moines et religieuses. En d'autres, qui étaient particulièrement fondés pour les femmes, les fondatrices qui s'en étaient réservé le gouvernement et la souveraineté, avaient la surintendance et supériorité sur la congrégation, non seulement des femmes, mais encore des hommes et en avaient soin, comme gouvernantes de l'une et de l'autre. En ces monastères-là, les moines n'étaient que les chapelains et les ministres. D'après ce que nous venons de dire, notre sainte Théodechilde, qui, par une grande humilité, aima mieux fonder le monastère de Saint-Pierre-le-Vif pour des moines, dépendre d'un abbé et être inférieure et commandée que d'être supérieure et commander, vivait fort exemplairement en un quartier à part, avec les religieuses qui l'accompagnaient, sous le gouvernement de l'abbé de Sens. » (1)

« Aux VIe et VIIe siècles, dit à son tour Montalembert, existait une institution aussi bizarre que généralement répandue, celle des monastères doubles. Winbourne, en Angleterre, est, de tous les établissements de ce genre, celui dont l'organisation nous est le mieux connue. En France, il y en avait aussi : Poitiers, Remiremont... On en voit des exemples jusque chez les pères du désert, en Egypte, et dès le temps de S. Pacôme, qui, toutefois, avait mis le Nil entre les deux communautés soumises à son gouvernement. Il y en eut un remarquable essai en Espagne, sous l'autorité de S. Fructueux. Le témoignage irréfutable de Bède prouve qu'il y avait au moins une communauté de ce genre à Rome même, au milieu du VIIe siècle. Ce qui dut contribuer à faire prévaloir un si singulier usage, ce fut sans doute la nécessité de pourvoir aux besoins spirituels, d'abord des religieuses si nombreuses qui peuplaient ces monastères, puis de la population laïque répandue sur les vastes domaines dont la fondatrice, qui était le plus souvent une princesse de la dynastie régnante, avait fait le patrimoine de sa communauté....... Hâtons-nous d'ajouter que, même à cette époque primitive, on ne rencontre aucune trace des abus ou des désordres que l'esprit soupçonneux du critique moderne pourrait supposer. Cela s'explique par les précautions que l'on retrouve partout, lors de la construction des doubles monastères et dont il ne paraît pas qu'on se soit jamais départi. La double famille habitait séparément dans deux édifices tout à fait distincts, bien que rapprochés. En règle générale, les religieuses ne sortaient pas de leur cloître et il était

---

(1) L. Mourguyos, *Chronique* de 1630.

strictement interdit aux moines de pénétrer dans l'enceinte réservée aux religieuses, sans la permission de l'abbesse et hors de la présence de plusieurs témoins. A Winbourne, type des établissements de ce genre, les prêtres étaient tenus de sortir de l'église aussitôt leur messe célébrée. Les évêques eux-mêmes n'étaient point admis dans le monastère des femmes, et l'abbesse ne communiquait avec le dehors pour donner ses ordres à ses sujets spirituels ou temporels, qu'à travers une fenêtre grillée (1).

A Sens, les réglements étaient presque aussi sévères qu'à Winbourne. Dans le privilège accordé en 653 par l'archevêque Emmon à l'abbé Agnilenus, on lit entre autres choses : « qu'aucun évêque, à moins qu'il n'en soit prié par la communauté elle-même, ou par l'abbé, ne se permette d'entrer dans l'intérieur du monastère, c'est-à-dire dans le cloître des femmes (2). » Ces paroles, disent les Bollandistes, doivent s'entendre des religieuses ayant leur demeure contiguë à la grande église de St-Pierre-le-Vif, mais ayant en même temps un oratoire particulier et privé dédié à S. Jean, non loin de l'enceinte du grand monastère, à l'endroit où l'on voyait encore, au XVIIe siècle, une croix érigée dès les temps les plus reculés. De plus, il semble qu'elles avaient dans la grande église, au-dessus de la porte principale, un chœur suspendu ou tribune, d'où elles avaient vue sur le maître-autel pour entendre la messe et les autres offices divins, mais de telle sorte qu'elles ne pouvaient voir les religieux quand ils chantaient au chœur, ni être vues par eux. Dans un processionnal de l'an 1671, on parle encore du siège *(sedes)* que

---

(1) Montalembert : *Les Moines d'Occident*. T. V, p. 300.

(2) *Sæculum benedictinum* pars 2ᵉ sœc. 3, p. 613. Ce privilège est reconnu authentique par Mabillon.

Ste Théodechilde avait dans le chœur des religieuses. (1)

Une question se pose ici : outre le vœu de chasteté qu'elle avait fait dans le monde à la cour du roi son père, Théodechilde a-t-elle pris elle-même l'habit religieux après la fondation du monastère de filles ? Les anciens auteurs n'en parlent nullement, mais ceux du XVIIe siècle prétendent que la pieuse fondatrice prit en effet le voile dans le monastère de filles élevé à côté de celui des moines. Mourguyos s'en explique clairement dans divers passages : « Théodechilde vint, avant que de prendre le voile de religieuse, es quartiers de Mauriac. » Et plus loin : « La très-dévote et très-religieuse princesse Théodechilde se rendit religieuse et prit l'habit en ce même monastère, et y vécut et mourut telle avec beaucoup d'édification et d'exemple, militant sous l'étendard et salutaire règle du patriarche S. Benoît. » Il dit la même chose dans sa chronique rimée.

Le P. Dominique-de-Jésus pense de même : « Ce qui est constant, dit-il, c'est que cette vertueuse princesse employa le reste de ses jours dans les *exercices de la vie monastique*, avec un mépris généreux et constant de toutes les vanités du monde et avec une garde inviolable de sa virginité, qu'elle avait dès son jeune âge consacrée à Dieu. Elle ne laissait pas cependant, nonobstant sa grande retraite, de secourir le prochain dans sa nécessité. » (2)

C'est encore l'opinion qu'on s'était faite à Sens vers cette époque, puisque, sur la châsse de la sainte, dont nous donnerons plus loin la description, elle est représentée en costume de religieuse bénédictine.

Il n'est pas probable, cependant, vu le silence absolu

---

(1) Bolland. n. 15.
(2) *Monarch. sainte*, p. 59.

sur ce point de ses premiers historiens, que Théodechilde ait pris le voile religieux. Aussi, nous nous rangeons volontiers à l'opinion des Bollandistes. « Rien n'empêche, disent-ils, de croire que sainte Théodechilde ait pris elle-même le voile avant sa mort. Cependant aucun titre, aucune autorité digne de foi, ne le donne positivement à penser. Son père l'appelle, il est vrai, et elle s'intitule elle-même *vouée, consacrée à Dieu dès son enfance*, mais cette appellation n'emporte nullement l'idée de la profession religieuse, comme l'a reconnu Mabillon dans la vie de S. Ebbon (n° 60). Il ne semble donc pas qu'elle ait pris le voile, mais elle avait seulement fait vœu de virginité dans le monde, servant Dieu en dehors de la profession monastique et retenant son titre de princesse. » (1)

Quoi qu'il en soit de cette question, les deux monastères étant bâtis, sainte Théodechilde voulut faire consacrer solennellement la nouvelle église de St-Pierre-le-Vif. Ici se place un fait des plus remarquables, rapporté par le moine d'Auxerre, par André du Saussay, dans son martyrologe, par D. Yepès, et attribué par ce dernier aux mérites de la fondatrice. La sainte avait prié l'évêque de Sens, Héracle, de faire cette consécration, en même temps qu'elle avait convoqué à la cérémonie les évêques des cités voisines. Les prélats étaient tous présents et assemblés dans l'église pour y passer, selon la coutume, la nuit en prières avec le peuple, lorsque tous les assistants entendirent une musique harmonieuse et céleste produite par des voix angéliques. Le matin venu, les évêques s'approchèrent de l'autel pour commencer la consécration, lorsqu'ils aperçurent avec étonnement cinq croix gravées avec soin sur la table de marbre, une à chaque angle, et la cinquième au milieu. En y regardant plus attentivement, ils virent

(1) Bolland., n° 16.

que ces croix étaient fraîchement ointes d'huile sainte. Saisis d'admiration pour ce prodige, ils n'osèrent procéder plus avant à la bénédiction d'un lieu qu'ils voyaient miraculeusement consacré par la main des anges. Privilège glorieux pour cette église, par lequel Dieu voulut manifester clairement combien il agréait l'œuvre de sa dévouée servante ! (1)

Il semble que cette faveur extraordinaire ait encore stimulé le zèle de la sainte fondatrice et l'ait portée à faire de nouvelles faveurs à son cher monastère. Voulant assurer davantage son existence dans l'avenir, elle lui fit donation authentique de la plus grande partie de ses biens et fit écrire en sa faveur la charte connue sous le nom de *Testament de Ste Théodechilde*. Voici la traduction de cette pièce importante, dont l'authenticité a été reconnue par les Bollandistes et la plupart des historiens.

TESTAMENT DE SAINTE THÉODECHILDE (2)

520.

« 1° Au Seigneur (et) au très-saint monastère élevé et fondé par nos soins, en l'honneur des bienheureux apôtres Pierre et Paul, dans le faubourg de la ville de Sens, au nom de Dieu, moi, Théodechilde, fille de Clovis, autrefois roi.

---

(1) *Monach. Altissiod.*, cité par Le Cointe. — Du Saussay, *martyr. gallic.*, 3 junii. — Ce prodige si extraordinaire n'est point particulier à cette église. On cite encore, comme consacrées miraculeusement : l'église de St-Pierre-de-Vermoutier, la cathédrale de Ste-Croix d'Orléans, N.-D. des Doms d'Avignon, la basilique de St-Denis en France, la chambre angélique de N.-D. du Puy, la chapelle de N.-D. des Hermites, en Suisse

(2) Testamentum, *testament, attestation* : C'est le nom que l'on donnait à l'acte public par lequel on fondait, on dotait une église, un monastère.

« Chacun doit espérer que ce lui sera une augmentation de mérite et de récompense de la part de Dieu, s'il veut céder, avec une entière dévotion de cœur, sous l'inspiration divine, une partie de ses propres biens à quelque monastère, pour servir dans les temps à venir à l'entretien des serviteurs de Dieu et des pauvres. C'est pourquoi, pensant aux accidents de la fragilité humaine, pour l'amour de N.-S. Jésus-Christ, pour l'expiation de mes péchés et ceux de mes parents, par cette lettre, je cède au saint lieu mentionné plus haut et veux qu'il soit cédé à perpétuité, je transfère et transmets de mon droit au droit et au pouvoir de ladite église, les propriétés à moi appartenant et qui m'ont été léguées par mes parents ; à savoir : ce que je puis avoir à Massillac-bas (auj. Maillot) et à la Planche (la Planche-Barreau), et ce que je puis encore avoir autour ou au-dedans du Bourg ou sur le territoire de St-Pierre, aussi bien ce que je puis avoir acheté que ce qui m'appartient à un titre quelconque. De même les métairies dont voici les noms : Salignac (Fontaine-la-Gaillarde), Sauciac (Ste-Beate), Vicinia (Voisines), Cuciniac (Sognes), Fontaine-sur-Arva (Fontaines), Villecate (Villechat), Curtemaure (Courtemaux) Fusciac (Foissy-sur-Yonne), Villare (Villiers-Boneux), Trémont (*), Paride (Paray-en-Othe), Vograde (Volgré), et la moitié de Baionne (*). A Germiniac (Germigny), l'église dédiée à St-Pierre et tout ce qui, au même lieu, paraît lui appartenir intégralement ; Baniac (*) aussi en entier ; le droit de pêche sur la rivière d'Yonne, depuis le pont et au-dessous, l'espace de quarante-six perches, deux pieds ; lequel droit j'ai obtenu de mon père pour cela. Sur le territoire de Melun, la ferme qui est appelée Vieille-Ville-de-Champagne (*), Salviniac (*) en entier, et sur le territoire d'Auxerre, la petite église nommée Misciac (*). Tout cela avec les serfs qui y habitent, avec les manoirs, maisons, édifices, cours, vignes, champs, forêts, prés, paccages, étangs, cours d'eaux, nous le donnons au lieu précité, fondé en l'honneur de saint Pierre, apôtre, notre patron particulier, et à ceux qui, dans la suite, y serviront Dieu jour et nuit, pour qu'ils en profitent et s'en servent pour leur accroissement et prospérité.

« 2° Il nous a plu aussi d'ajouter dans cette lettre de donation, les biens qu'un certain homme nommé Basolus, nous a donnés, par un acte public, pour le rachat de sa vie, et qui sont situés en Aquitaine, dans les lieux dont les noms sont écrits ci-après, afin qu'au nom de Dieu, cela profite pleinement et à perpétuité au monastère susdit et serve à son accroissement, à savoir : dans le territoire d'Auvergne et la vicairie de Mauriac, d'abord dans *le bourg* (ou mieux le territoire) de Mauriac, (l'église) en l'honneur de S. Thyrse, martyr (Anglards-de-Salers), et tout ce qui, dans le bourg lui-même, paraît m'appartenir, dans son entier ; plus la case appartenant au domaine dans le lieu appelé Cuciniac (*), avec ses appartenances, qui sont : Tarpiac (auj. Tribiac), Cartigias (Artiges), Moutefuge (Le Monteil), Albolo (Albos), Viriliac (Verliac), Carice (*), Albierolas (Augerolles), Ternesuge (*), Bolon (Boulan), Crausino supérieur (Crouzy-Haut), dans leur entier ; Montetredente (Monteil), Neuve-Ville (Neuvialle, village détruit), Villa-Barbarorum, (Barbari), Carmina (En Charmes), Biaura (La Vaur), Arcas (Arches), Magniac (*), Rignac (*), Suriniac (Sourniac), Biou (*), Montesagy (Montsay, village détruit), Meliac (peut-être Chastel-Marlhac), Toleniac (peut-être Tourniac), et tout ce qui paraît appartenir à ces lieux eux-mêmes, comme manoirs, maisons, édifices, hommes libres ou serfs, terres cultes ou incultes, forêts, chemins, prés, paccages, étangs, cours d'eaux, dans leur entier et leur intégrité. De plus, dans le même territoire d'Auvergne, la métairie appelée Ursicide (Orcet, Puy-de-

Dôme), avec ses manoirs, les serfs qui y demeurent et les vignes appartenant au domaine, dans leur entier.

« 3° Semblablement dans le Limousin, à Sancticiac (Rilhac-Xaintrie ?), quatre églises, l'une en l'honneur de la Ste. Vierge, de S. Pierre et de S. Sulpice ; l'autre en l'honneur de saint Jean-Baptiste, la troisième en l'honneur de sàintJulien, martyr, et la quatrième en l'honneur de saint Martial, dont dépendent les lieux nommés : Loguazanicas (Lyginhac), où se trouve une case appartenant au domaine et qui a appartenu à Basolus, nommé plus haut. Le village nommé Pungum (*) sur la rivière de Dordogne ; le village de Rigate (Reygade), Cluse (*), Vapre (Vabre), Ville-d'hiver (*), Montmajour (Puy-de-Mariou), Casanic (Cosnac) ; de même, Mont-Cisterne (*), Vesade (*), Papulanies (*), Pomène (*), Lonène (Louignac), Ripeyre (*), Erédie (Eyren), Culippie (Cublac), Luc (Luc), Fauzanice (*), Eugavice (*) Casanice (*), Clauciac (*) ; de même : Montville-la-Large (*), Marimille (*), Ursinanice (*), Adille (*), Faye (La Faye) ; de même Jasunie (*), Marisce (*), Transmonte (Traimons) Cabianie (*), Renfinies (*), Halmabres (*), Mille (Mille-Vaches), Mille-l'ancienne (*) ; de plus, dans le même territoire limousin, Ingrafie (*) Cautelense (*), Brutie (*), Luc (Luc), Vapra (Vabre) et Nubriac (Lanobre en Auvergne). Le tout avec tout ce que nous possédons dans les dits bourgs ou territoires, dans les manoirs, métairies, édifices, forêts, vignes, champs, près, paccages, étangs, cours d'eaux, avec les droits d'aller et de retour appartenant aux lieux susdits. Le tout intégralement et sans réserve nous l'assignons et voulons qu'il appartienne à tout jamais au monastère de saint Pierre susdit, pour l'entretien des serviteurs de Dieu qui s'y succéderont à l'avenir, pour la réception empressée et perpétuelle des pauvres, en aumône pour mon seigneur et père Clovis, pour le remède de mon âme, et nous voulons que ces mêmes choses leur restent pour l'entretien de la maison de Dieu et de son luminaire.

« 4° Que si jamais quelqu'un de nos héritiers, ou toute autre personne, tente de faire opposition, de demander quelque chose, ou de contredire à cette donation par laquelle, de notre propre et pleine volonté, nous avons livré les biens sus-nommés au dit monastère, et que nous avons fait écrire en notre présence, qu'il encoure d'abord la colère de Dieu Tout-Puissant, qu'il soit séparé du peuple chrétien et privé de la communion, de plus qu'il apporte, forcé par le fisc, au trésor du dit monastère, quinze livres d'or, cinquante livres d'argent, et néanmoins qu'il ne puisse revendiquer ce qu'il convoite, mais que cette donation, faite de ma propre volonté obtienne, Dieu aidant, un perpétuel effet et vigueur, avec la clause y annexée.

« 5° Fait heureusement au nom de Dieu, à Sens, au mois de septembre, l'an neuvième du règne de Clotaire, mon frère, (520) *Indiction deuxième*. Ainsi-soit-il.

« † Au nom de Dieu, moi, Théodechilde, vouée à Dieu, ai signé de ma main.

« † Au nom de Dieu, Héraclius, *archevêque* de Sens. † Au nom de Dieu, Geritus, évêque appelé. Au nom de Dieu, Helatius, abbé. Au nom de Dieu, Moschardinus, archidiacre. Au nom de Dieu, Gualdebertus, abbé. Au nom de Dieu, Tudebertus, diacre. Signé, Guinemarus. Signé, Naldebertus. † Au nom du Christ, Germain, évêque de Paris. † Au nom de Dieu, Médard, évêque de Noyon. Agedulphe ; signé, Doannus ; signé, Raguardus ; signé, Elario ; signé, Adrebertus ; signé, Ecrebertus, signé, Eléric ; signé, Aistulphe, comte ; signé, Bonivert, avocat. Au nom de Dieu, moi, Amalbert, pauvre pécheur, abbé, j'ai écrit ce testament à la prière de Théodechilde, ma souveraine. » (1)

---

(1) Bolland. n° 20-23. — Voir a *l'appendice*. Documents, n° II, le texte et la discussion de cette charte.

Tel est le testament de sainte Théodechilde, nouveau monument de sa piété et de sa foi. Si la sainte l'avait fait écrire en prévision d'une mort prochaine, comme elle semble le dire dans le préambule, elle se trompait. Quoique bien jeune (elle n'avait que vingt-deux ans), elle avait fondé toutes ses grandes œuvres, mais elle devait vivre encore de longues années pour imprimer à sa sainteté le caractère de perfection que donnent ici-bas la douleur et la souffrance. C'est ce que nous raconterons dans le chapitre qui va suivre.

CHAPITRE VI

LES DOULEURS DE SAINTE THÉODECHILDE

520-560

Sommaire : Mort de saint Héracle et de saint Sigismoud. — Reliques apportées de Rome. — Assassinat des fils de Clodomir. — Mort de la B^{se} Clotilde et de saint Remi. — Le monastère de Mauriac est terminé. — Sainte Radegonde. — Mort de sainte Clotilde et du B. Childebert. — Fin tragique de Chramne. — Mort et épitaphe de Basolus.

La première douleur de sainte Théodechilde fut la mort du saint évêque Héraclius, arrivée vers l'an 521. C'est lui qui avait accueilli à Sens la fille de sainte Clotilde, avait été le témoin de ses vertus, peut-être le confident des secrets de sa conscience ; lui qui l'avait encouragée, secondée et sans doute aussi, dans une certaine mesure, inspirée dans ses grandes fondations. Ami et contemporain de saint Remi, il avait assisté, en 496, au baptême de Clovis. « Plein d'amour pour la sobriété, la chasteté et la paix, il quitta ce monde vivant dans le Christ. Son corps fut enseveli dans son monastère de saint Jean l'Evangéliste et y reposa longtemps. » (1) Plus tard il fut transféré dans la cathédrale de Sens, et son tombeau devint bientôt célèbre par de nombreux miracles. Le martyrologe romain mentionne saint Héracle au 8 juin ; l'Eglise de Sens fait sa fête le 9 juillet. Il eut pour successeur son frère Paul qui lui survécut peu de temps et fut enterré à côté de lui dans l'abbaye de saint Jean. Il a été aussi placé sur les autels.

Après cette première perte, qui dut être bien sensible à son cœur, sainte Théodechilde eut bientôt à pleurer la mort violente de Sigismond, roi de Bourgogne, cousin germain de sainte Clotilde. D'abord arien comme ses ancêtres, il avait été converti à la foi catholique par saint Avit, évêque de Vienne (516). Devenu roi, il exerça son zèle à détruire l'arianisme dans ses Etats, et fit rebâtir le monastère d'Agaune sur le lieu où saint Maurice et ses compagnons avaient versé leur sang pour J.-C. Mais les plus grands saints eux-mêmes sont exposés à des entraînements coupables. Par les suggestions et les impostures de sa seconde femme, Sigismond se laissa tellement indisposer contre Sigebert, son fils aîné, que dans un moment de colère et d'aveuglement il le fit mettre à mort (523). A peine le crime fut-il commis que le plus vif repentir pénétra dans le cœur du roi, et pour l'expier, il alla s'enfermer au monastère d'Agaune. Là, prosterné devant les reliques des SS. Martyrs, pleurant jour et nuit, il ne cessait de demander au ciel la grâce d'expier son crime en ce monde afin d'être épargné dans l'autre. Sa prière fut exaucée. Fait prisonnier

---

(1) G. de Courlon, *Chronica*, p. 197. — Baronius fait mourir saint Héracle en 507, sans donner de preuves. La chronologie des évêques de Sens, en 520 ; et les Bollandistes (n. 14) vers 522. Quoi qu'il en soit de la date précise de sa mort, il était encore vivant en 520, époque où il signa le testament de sainte Théodechilde.

par Clodomir, il fut emmené à Orléans, où il eut la tête tranchée (1er mai 524). Son corps, jeté au fond d'un puits, y fut retrouvé sans corruption trois ans après et transporté à Agaune, où plusieurs miracles s'opérèrent par son intercession. Le martyrologe romain le mentionne au 1er mai avec la titre de martyr, parce que ce fut en haine de la foi que ses sujets, encore Ariens, le livrèrent à ses ennemis. (1) La mort de saint Sigismond ne tarda pas être vengée. L'année 524 n'était pas finie que Clodomir était tué à Vézeronces, (Isère), dans un combat contre Gondomar, qui avait succédé à son frère Sigismond comme roi des Burgondes.

Théodechilde dut pleurer amèrement le crime de son frère et la punition qui n'avait pas tardé à fondre sur lui. Cependant elle ne perdait pas de vue les intérêts de son cher monastère. Celui-ci était déjà pourvu de nombreuses et célèbres reliques, mais elle voulut accroître encore ce genre de trésor si apprécié à cette époque.

« Dans ce temps-là, dit son chroniqueur, le pape Félix IV, homme d'une vie vénérable, occupait le siège apostolique (526-530). Sainte Théodechille envoya donc vers lui des messagers, avec les ambassadeurs de son frère Clotaire, illustre roi des Francs, pour obtenir du saint pape des reliques des apôtres et des martyrs. Saint Félix, accueillant favorablement ces prières, s'empressa de faire ce que le roi et sainte Théodechilde demandaient de lui. Ayant reçu ces saintes reliques, sainte Théodechilde les confia au monastère de Sens pour qu'elles y fussent gardées avec un très grand honneur. » (2) Au sujet de ces reliques Geoffroy ajoute : « Le prieur du lieu voyant que les inscriptions et écritures mises par ses prédécesseurs

---

(1) P. Dominique-de-Jésus. *La monarchie sainte*, p. 117.
(2) G. de Courlon. *Tractatus de reliquiis*. mss..... p. 67.

sur les reliques des saints et des saintes, conservées avec honneur dans le monastère de Saint-Pierre-le-Vif, tombaient de vétusté et étaient si détériorées, qu'on ne pouvait plus les lire que très-difficilement... il lui plut de les faire renouveler. » (1) Il fit faire les nouvelles inscriptions sur les incriptions originales, mais il laissa les reliques dans les reliquaires primitifs.

A la fin du XVIIᵉ siècle, D. Toussaint du Carroy écrivait à son tour : « Ces reliques étaient encore dernièrement dans le même vase de cuivre dans lequel elles avaient été apportées de Rome. D. Victor Cotron, dans la chronique manuscrite de Saint-Pierre-le-Vif, et D. Hugues Mathoud, dans une dissertation spéciale, attestent avoir vu la plupart de ces reliques et en rapportent les inscriptions écrites en lettres onciales : S. PETRVS. S. JOANNES, etc... Le culte de ces reliques persévère encore ; elles ont été transférées dans d'autres reliquaires avec les mêmes inscriptions. » (2). Mais revenons à notre sainte.

Tous ses frères devaient comme prendre à tâche de navrer son cœur par leur cruauté envers les membres de leur propre famille. Clodomir, en mourant, avait laissé trois fils en bas âge : Théodebald, Gonther et Clodoald. Clotilde leur faisait donner une éducation royale et ne dissimulait pas son dessein de les rétablir un jour sur le trône de leur père. Mais ses espérances devaient être soudainement brisées par un atroce forfait. La pieuse reine étant venue à Paris, habitait avec ses petits fils l'enclos de la basilique de Saint-Pierre et de Saint-Paul. Un jour elle reçoit de Childebert et de Clotaire, qui était aussi venu à Paris, un message ainsi conçu : « Envoyez-nous les enfants pour qu'ils soient élevés sur le pavois. » — Clotilde prépare aussitôt ses

---

(1) G. de Courion, *loco citato*, p. 1.
(2) Bolland, n. 42.

petits-fils pour la cérémonie, et les revêt de leurs plus beaux ornements. Ils sortirent accompagnés de leurs précepteurs et d'une escorte de jeunes Francs de leur âge que la pieuse reine élevait avec eux; en les quittant, elle les embrassa et leur dit : « Allez ; je ne croirai plus avoir perdu mon fils Clodomir, si je vous vois établis dans son héritage ! »

A peine le cortège était arrivé au palais que les trois jeunes princes furent séparés de leurs précepteurs et de leur escorte. Childebert et Clotaire envoient aussitôt le sénateur Arcadius près de Clotilde, avec ordre de lui présenter des ciseaux et une épée nue. « Très-glorieuse reine, dit Arcadius, vos fils demandent ce que vous souhaitez qu'on fasse des enfants. Voulez-vous qu'on leur coupe la chevelure avec ces ciseaux, ou qu'on les égorge avec ce glaive ? » Epouvantée à cette parole, Clotilde, ne sachant ce qu'elle disait dans son égarement, s'écria : « S'ils ne sont point élevés au trône, j'aime mieux les voir morts que tondus ! » — Arcadius, sans laisser à la reine le temps de réfléchir, se hâte de rapporter cette réponse aux deux rois. Aussitôt Clotaire saisit l'aîné des enfants par le bras, le jeta à terre et lui plongea un coutelas dans l'aisselle. Aux cris de son frère, Gonther, le second, se prosterna fondant en larmes aux pieds de Childebert. De sa voix enfantine il lui criait : « Secourez-moi, mon bon père, que je ne meure pas comme Théodebald ! » Childebert se laissa attendrir. Se tournant vers Clotaire : « Je t'en supplie, mon frère, lui dit-il, accorde moi la vie de celui-ci.—Lâche-le, s'écria Clotaire, écumant de rage, sinon je te tue à sa place. C'est toi qui as organisé le complot, et tu recules ! » — Childebert, à ces mots, repoussa l'enfant, Clotaire le saisit, et lui plongea dans le flanc le couteau tout rouge du sang de son frère. Après ce meurtre effroyable, Clotaire et Childebert quittèrent Paris. La reine Clotilde fit placer les deux petits cadavres sur un brancard ; elle vint les chercher au palais, et suivit le convoi qui les transporta au milieu de la consternation générale, jusqu'à la basilique de Saint-Pierre et Saint-Paul. Elle leur donna la sépulture dans le même tombeau. Quant au troisième enfant, Clodoald, il fut soustrait au massacre. Des hommes fidèles et courageux le sauvèrent. Plus tard, méprisant les royautés de ce monde, il se consacra au Seigneur, se coupa lui-même les cheveux et entra dans la cléricature. (1)

La nouvelle si triste pour Théodechilde de la cruauté de ses frères et de la mort épouvantable de ses neveux, fut bientôt suivie d'une autre non moins pénible pour son cœur ; c'était la mort, ou plutôt le martyre de sa propre sœur, Clotilde, qui avait été mariée, on se le rappelle, au roi des Visigoths. « Ce prince arien maltraitait cruellement sa jeune femme, en haine de la foi catholique qu'elle professait. Il arriva plusieurs fois que lorsqu'elle se rendait à l'église, son mari apostait des gens qui la couvraient de boue et d'immondices. Il en vint à cet excès de cruauté de la frapper lui-même impitoyablement. Un jour, Childebert reçut un mouchoir teint du sang de la malheureuse victime. Le roi de Paris était alors en Auvergne ; enflammé de courroux, il se dirige aussitôt vers l'Espagne, (c'est-à-dire vers la Septimanie, appartenant à l'Espagne). Amalaric, apprenant son arrivée, fait préparer des vaisseaux pour s'enfuir, mais Childebert était déjà tout proche, lorsque le roi des Visigoths, au moment de s'embarquer, se rappelle qu'il a oublié dans son trésor, une quantité considérable de pierres précieuses. Il croit avoir le temps de les aller prendre et retourne à la ville. Mais

(1) Greg. Turon, *Hist. Franc.*, lib. III, cap. XVIII. La date précise du meurtre des enfants de Clodomir n'a point encore été fixée ; mais elle ne saurait être postérieure à 529 ou 530. Darras, *Hist. de l'Eglise.* T. XIV, p. 375.

l'armée des Francs arrivant soudain, lui coupe la retraite. Ne pouvant regagner le port, le roi goth se précipita vers l'église des catholiques, dans l'espoir d'y trouver asile ; mais, avant qu'il pût atteindre le seuil sacré, il fut blessé mortellement d'un coup de javelot et rendit l'esprit sur le lieu même. Alors Childebert s'empara du trésor royal des Visigoths et rendit la liberté à sa sœur. Clotilde reprit avec l'armée le chemin de Paris ; mais elle mourut en route (531). Ses restes furent transportés au tombeau de Clovis, son père, dans la basilique de Saint-Pierre et Saint-Paul. Parmi les riches dépouilles du trésor de Narbonne, se trouvaient soixante calices, quinze patènes, vingt évangéliaires, couverts de lames d'or pur, enrichies de pierres précieuses. Childebert défendit de rien détruire et distribua le tout aux églises et aux oratoires des saints. » (1) Baronius fait l'éloge de la B^{se} Clotilde-la-Jeune, dans ses annotations sur le martyrologe romain, au 3 juin.

Celui qui avait baptisé la jeune victime, saint Remi, ne tarda pas à la suivre au ciel. Après avoir eu tant d'influence sur Clovis, le vieil évêque de Reims n'en avait plus sur ses fils, comme on ne le voit que trop par les événements que nous avons rapportés. Son épiscopat, le plus long dont l'histoire ait gardé le souvenir, avait duré soixante-quatorze ans, et il était parvenu lui-même à sa quatre-vingt-seizième année. Il avait rédigé son testament suivant les formes canoniques, léguant tous ses biens aux églises. Enfin, il s'endormit dans la bienheureuse paix, le 12 janvier 533, laissant une mémoire immortelle. Il fut, durant sa vie, l'apôtre des Francs ; depuis sa mort, il est resté leur protecteur. (2) L'Eglise a écrit son nom dans le martyrologe, à la date du 1er octobre.

(1) Greg. Tur. *Hist. franc.* lib. III, cap. 10.
(2) Hincmar, *Vita S. Remigii*, cap. LXI.

Théodechilde reçut avec des larmes la nouvelle de cette mort ; n'était-ce pas Remi qui avait instruit et baptisé son père, qui l'avait baptisée elle-même, qui l'avait soutenue et toute la famille royale de ses conseils pleins de sagesse ? Mais au milieu de ces pertes multipliées, son cœur fut consolé par les nouvelles venues d'Auvergne. Le monastère de Mauriac était terminé et la chapelle de la forêt était toujours visitée par de pieux pèlerins dont le nombre augmentait chaque jour. La fondation de ce monastère avait été résolue lors du voyage de sainte Théodechilde à Montsélis. La construction, s'il faut en croire nos chroniques, avait été commencée vers 513, avec les matériaux du temple de Mercure et du château de Basolus, qui prit, après sa démolition, le nom de Château-Vieux qu'il porte encore. Quand le monastère eut été terminé, ce qui eut lieu après vingt-quatre ans de travaux, en 536, d'après Montfort, en 538, d'après Mourguyos, sainte Théodechilde y envoya des moines de Sens pour y faire le service divin. Elle mit à leur tête le doyen des religieux de Saint-Pierre-le-Vif, Michel, homme très dévot et très sage, cousin germain de sainte Clotilde. C'est de là que les supérieurs du monastère de Mauriac prirent le titre de *Doyens* au lieu de celui d'*abbés*. Ainsi fut terminée la fondation du monastère de Mauriac, dont le rôle ne devait pas être sans importance, ni l'histoire sans orage, et dont l'existence s'est prolongée jusqu'à la Révolution.

Dans le temps où se terminait la fondation d'Auvergne, le roi Clotaire épousait solennellement une belle et jeune prisonnière qu'il avait amenée de la Thuringe, Radegonde, une sainte qui devenait belle-sœur de Théodechilde. Epouse et reine malgré elle, Radegonde ne retrancha rien, sur le trône, de ses mortifications et de ses prières ; ce qui faisait dire à Clotaire : « Ce n'est point une reine, c'est une vraie religieuse que j'ai là. » Toutes ses journées étaient consacrées à l'étude des saintes lettres, à des entretiens prolongés avec les évêques qui venaient à la cour de Soissons, et surtout à l'aumône et à l'administration d'un hôpital qu'elle avait fondé au domaine d'Athées, où elle avait passé les premières années de sa captivité, et où elle rendait elle-même aux femmes malades les soins les plus dévoués. Au bout de six ans de mariage, Clotaire fit tuer sans motif un jeune frère de Radegonde, compagnon de sa captivité et qu'elle aimait tendrement. Ce fut le signal de la délivrance. Avec la permission de son mari, obtenue on ne sait comment, elle quitta Soissons et s'envint à Noyon auprès de l'évêque Médard, qui lui imposa les mains et la consacra diaconnesse. » (1), (544).

L'année même de cette retraite fut encore une année de deuil profond, le plus sensible de tous, pour le cœur de notre sainte Théodechilde. Au moment où Radegonde âgée de vingt-cinq ans, commençait à Poitiers sa vie de réclusion et de pénitence, sa belle-mère, sainte Clotilde, qu'elle avait dû voir en passant à Tours, terminait ses jours auprès du tombeau de saint Martin, qu'elle n'avait plus quitté depuis le meurtre de ses petits-fils. Dans cet asile de sa vieillesse, la mère de la grande nation chrétienne des Francs était chaque jour témoin des miracles qui s'opéraient par l'intercession du grand évêque. Thaumaturge elle-même, elle passa les dernières années de sa vie dans la prière, les veilles prolongées, les jeûnes et les autres œuvres de la piété chrétienne. « Enfin pleine de jours et de mérites, la reine Clotilde mourut à Tours, du temps de l'évêque Injuriosus. (544 ou 545). Transportée à Paris processionnellement et en grande pompe, elle fut ensevelie par ses fils, les rois Childebert et Clotaire,

---

(1) Montalembert. *Les Moines d'occident.* Tome II, p. 311.

dans le sanctuaire de la basilique de Saint-Pierre, à côté du roi Clovis. » (1). Le zèle de Clotilde, pour la foi, sa piété sincère, ses bonnes œuvres sans nombre l'ont fait canoniser par la voix du peuple d'abord, puis par celle de l'Eglise, qui a inscrit son nom dans le martyrologe romain, au 3 juin, jour de son bienheureux trépas.

La mort d'une si sainte mère ferma pour quelque temps cette série de deuils que le cœur de Théodechilde avait eu à porter ; mais elle était destinée à pleurer encore d'autres pertes et d'autres crimes.

La vie de Childebert, troisième fils de sainte Clotilde, n'avait pas été d'abord sans quelques taches, comme nous l'avons vu précédemment. Il avait épousé, jeune encore, Ultrogothe, femme d'une grande piété, à laquelle il garda une fidélité inviolable. Fortunat le compare à Melchisedech, qui fut roi de paix, parce qu'il ne fit jamais que des guerres justes. Il convoqua plusieurs conciles d'évêques et entretint une correspondance suivie avec les papes Vigile et Pélage. Il était très-charitable envers les pauvres et avait pour maître de sa chapelle, c'est-à-dire pour aumônier, saint Germain, qui fut plus tard évêque de Paris. On l'appelait le très religieux prince. Il bâtit douze églises ou monastères, dont trois à Paris : la Cathédrale, plus tard Notre-Dame; saint Vincent, aujourd'hui Saint-Germain-l'Auxerrois, enfin Sainte-Croix et Saint-Vincent, plus tard Saint-Germain-des-Prés, où il déposa la tunique et l'étole de saint Vincent, martyr, qui lui avaient été données par l'évêque de Saragosse. Pendant qu'on célebrait la dédicace de cette dernière église, il tomba

(1) Greg. Tur., *Hist. Franc.*, lib. IV., cap. I. On peut voir dans les *Annales archéologiques*. T. XIV, p. 157-160, des détails sur l'invention des cercueils de Clovis, de sainte Clotilde et de la B^{se} Clotilde, leur fille, lors de la démolition de l'ancienne église de Sainte-Geneviève en 1807.

malade et mourut sans laisser d'enfants, le 13 décembre 558, après un règne de près d'un demi-siècle. Le martyrologe de France donne à Childebert le titre de saint ; ceux d'Usuard et du Saussay, celui de bienheureux. Trois papes, Vigile, Pélage et saint Grégoire-le-Grand ont fait son éloge. (1).

Après la mort de Childebert, Clotaire, le plus jeune fils de sainte Clotilde, devenu seul maître de la monarchie franque, vint résider à Paris. Il ne tarda pas à étonner ses sujets par un nouvel acte de cruauté. Chramne, fils aîné de Clotaire, remarquable par sa beauté et son courage, mais esclave des passions les plus violentes, résolut d'usurper les états de son père. Trahi dans ses projets, il se retira avec sa femme et ses enfants chez un chef breton qui lui donna asile. Clotaire, malgré son âge avancé, marche contre son fils rebelle. Celui-ci est pris au moment où il allait s'embarquer et conduit en présence du roi. Clotaire fait étrangler son fils. Quant à sa bru et ses petits enfants, il les fait lier sur un banc dans une chaumière voisine à laquelle on met ensuite le feu. Craignant que quelqu'un n'échappât à sa vengeance, il resta sur les lieux jusqu'à ce que la maison et les malheureux qu'elle renfermait fussent entièrement consumés. (2). (560).

La nouvelle de cette barbarie exercée par son frère sur son neveu, dut être pour Théodechilde, une autre source de larmes, un nouveau sujet d'expiation. Que de fois sans doute la douce recluse de Sens, à l'exemple de sa belle-sœur, sainte Radegonde, la nonne de Poitiers, dut interposer son arbitrage de pacification entre les enfants de Clovis, mais hélas! inutilement. Que de fois, prosternée devant Dieu, elle inter-

---

(1) P. Dominique-de-Jésus. *La monarchie sainte*, p. 67. ontalembert, *Les Moines d'occ.*, t. II, p. 271, 291.

(2) Greg. Tur., *Hist. Franc.*, lib. IV.

céda pour les bourreaux et pria pour les victimes ! Que de fois elle s'offrit en sacrifice au Seigneur pour l'expiation de tant de crimes qu'elle ne pouvait empêcher ! Du fond de sa cellule elle a compâti au malheur des innocents et pleuré les crimes des coupables. Cent fois elle a senti son cœur se briser ; elle a subi un supplice de quarante ans ; elle a bu le calice jusqu'à la lie : c'est assez. Elle ne doit pas être témoin des fureurs de Frédégonde et de Brunehaut ; il est temps qu'elle meure ; elle va mourir.

Cependant il y a toute probabilité que Basolus, l'heureux vaincu de la grâce, termina sa vie avant sa libératrice. Après avoir vécu longtemps avec beaucoup de régularité et de religion sous la conduite du premier abbé Amalbert, il fut, à la mort de celui-ci, choisi pour son successeur, au dire du moins de quelques historiens. Cependant Geoffroy de Courlon ne l'a pas mis sur la liste des abbés. Quoi qu'il en soit, l'ancien chef arverne termina ses jours dans le monastère de Sens, où il mourut en odeur de sainteté, le 17 février, on ne sait de quelle année. (1).

(1) Un mémoire de l'abbaye de Sens dit que ce fut le 6 janvier que mourut Basolus, ce qui concorde avec le livre des obits de ce monastère, qui porte ceci : « *Obiit Basolus, Dux Aquitaniæ, monachus hujus loci, Cujus anniversarium facimus octavo Idus Januarii.* » Jacques Taveau prétend que ce fut le 16 janvier, e le p. Dominique-de-Jésus adopte cette date. — Enfin Reversey, Mabillon et les Bollandistes disent qu'il mourut le 17 février, (*XIII calendas Martii*). Nous nous sommes arrêté à cette dernière date comme étant celle qui réunit le plus d'autorités. Cependant l'obituaire de Sens, si la citation que nous avons empruntée à Mourguyos est exacte, n'est pas sans nous donner du scrupule. — Quant à l'année où mourut le duc de Basolus, aucun auteur ne l'indique. Mais nous regardons comme plus vraisemblable qu'il mourut avant sainte Théodechilde ; il devait être beaucoup plus âgé qu'elle, la sainte n'ayant que treize ans, d'après notre supputation, lorsque Basolus était déjà duc d'Aquitanie.

Basolus fut enseveli dans l'oratoire de Saint-Barthélemy, apôtre. Cet oratoire, au XVIIe siècle, avait changé de titulaire ; il était alors dédié à saint André et à Notre-Dame. Sur son tombeau fut placée une épitaphe qui nous a été conservée par Geoffroy de Courlon et Urbain Reversey ; Mabillon la rapporte aussi au commencement de la vie de saint Ebbon.

On peut la traduire ainsi :

« Ici repose le corps de Basolus, magnifique consul, que la terre d'Auvergne donna à ses enfants. Duc d'Aquitaine, il mit son bonheur à rendre heureux les sujets de ses terres, unissant entre eux les peuples par une paix solide. Il l'emportait sur le roi des Francs, Clovis, par sa belle stature, et il refusa longtemps de le reconnaître pour son souverain. Mais le roi, à force d'industries, parvint enfin à se saisir du rebelle et le tint enfermé dans une obscure prison. Cependant par les bons offices et par les prières de Théodechilde, princesse royale, il fut élargi, devint moine et donna aux religieux de Sens toutes les possessions qu'il avait en Auvergne et en Aquitaine. » (1).

(1) Voir aux Preuves, n. VIII, le texte des deux épitaphes de Basolus. Il ne faut pas confondre notre Basolus, quoique mort en odeur de sainteté, avec saint Basolus, vulgairement saint Basle, qui vivait un peu plus tard, (555-620). Ce dernier, né aussi de noble race en Limousin, vint à Reims vénérer le tombeau de saint Remi et entra au monastère de Verzy. Bientôt, jaloux de mener une vie plus parfaite, il se retira sur le sommet d'une montagne voisine, nommée aujourd'hui Saint-Basle, y passa quarante ans dans les exercices de la vie érémitique et mourut le 26 novembre, 620. Le martyrologe romain en fait mention en ces termes: *In territorio Rhemensi natale sancti Basoli, confessoris.*

CHAPITRE VII.

MORT DE SAINTE THÉODECHILDE ; AUTRES SAINTS DE LA FAMILLE DE CLOVIS.

560 – 598.

Sommaire : Vertus de sainte Théodechilde. — Sa bienheureuse mort, son tombeau. — Mort de Clotaire ; — de saint Cloud ; — de sainte Radegonde ; — de saint Gontran. — Autres saints de la famille royale.

Ce serait ici le lieu, avant que Théodechilde ne disparaisse de la terre, de nous arrêter un instant à considérer ses vertus ; malheureusement ses historiens ne nous en ont laissé qu'une peinture trop restreinte. Voici comment G. de Courlon résume sa sainte vie : « Théodechilde s'étant consacrée à Dieu dès son enfance par le vœu de chasteté, mena toujours une vie pure et virginale, persévérant dans la justice et la sainteté. Son cœur fut toujours une demeure digne de l'Esprit-Saint. Elle fut généreuse et large dans ses aumônes, assidue au jeûne, à l'abstinence, aux disciplines et aux oraisons. Elle servait le Seigneur avec une grande maturité et une grande tranquillité d'âme. Enfin, après qu'elle eût accompli le cours de cette vie, d'une manière digne de tout éloge, elle émigra de ce monde dans la paix du Christ pour aller vivre à jamais avec lui » (1). Dans ces lignes trop courtes et cette peinture trop sobre de détails, nous trouvons le résu-

---

(1) G. de Courlon. *De reliquiis*, p. 68.

mé des vertus chrétiennes et religieuses que la sainte fille de Clovis pratiqua dans un degré héroïque. D'autre part, les monastères qu'elle fit élever furent une triple preuve de sa piété envers Dieu, et du désir ardent qu'elle avait de voir son culte se répandre, se développer et durer. Sa dévotion envers Marie, Mère de Dieu, nous est attestée par la chapelle miraculeuse qu'elle lui fit bâtir au milieu des forêts de l'Auvergne. Son culte spécial pour saint Pierre fut cause qu'elle le donna pour patron à ses deux monastères d'hommes. Sa charité et sa compassion pour les malheureux parurent avec éclat dans l'épisode de Basolus ; son respect pour l'autorité paternelle, son soin de ne rien faire sans l'avis de ses parents, sont mis en évidence par la charte de Clovis ; sa religion paraît d'une manière éclatante dans le vœu de chasteté qu'elle fit, jeune encore, et qui la consacra pour toujours au Seigneur. Son mépris pour les honneurs, dans sa vie retirée à l'ombre de son monastère de Sens ; son détachement des biens de ce monde, par la cession qu'elle fit de ses propriétés en faveur du même monastère ; enfin, sa vertu fut purifiée, perfectionnée par la souffrance, par la souffrance du cœur, bien plus crucifiante que celle du corps.

Une pieuse curiosité aimerait sans doute à connaître ses derniers actes de charité, ses dernières paroles, ses dernières pensées ; mais ce sont autant de choses que l'oubli des siècles a emportées. Ce que nous pouvons dire d'elle, c'est que la mort ne la surprit nullement ; elle y pensait sans cesse, comme le montre son testament écrit à la fleur de l'âge ; c'est qu'elle la vit venir avec joie : *læta mortem vidit*. Ces paroles du vénérable Bède sur sainte Hilda semblent pouvoir s'appliquer à toutes les religieuses, à toutes les saintes, et en particulier à notre chère sainte Théodechilde, car ses œuvres l'avaient précédée au tribunal de

Dieu ; *elle ne se présentait point les mains vides devant le Seigneur* (1). Elle avait méprisé un trône sur la terre, un trône infiniment plus glorieux l'attendait maintenant dans le ciel. Elle pouvait donc, empruntant le langage de David, dire en toute confiance à Celui qu'elle avait choisi pour époux : « J'ai vécu sans contracter les souillures de l'iniquité ; j'ai couru dans la voie de vos commandements ; j'ai sans cesse dirigé vers vous tous mes pas, toutes les aspirations de mon cœur ; levez-vous donc maintenant, Seigneur ; venez au-devant de moi et voyez vous-même ce qui en est. » (2)

C'est dans ces sentiments, ou d'autres semblables, qu'elle mourut, le 28 juin, veille de la fête de saint Pierre, qui lui était apparu dans la vision de Montselis et qu'elle appelait son patron particulier. Elle alla donc célébrer au ciel, en compagnie de la Cour céleste, une fête qu'elle avait chaque année célébrée si dévotement sur la terre. C'était vers l'an 560. « En ce temps-là, dit Geoffroy de Courlon, Clotaire, fils de Clovis I, régnait seul en France, et en ce même temps mourut sa sœur germaine, sainte Théchilde. » (3) Jean III occupait alors le trône pontifical, et Constitutus était évêque de Sens depuis l'année 541. Et maintenant, figurons-nous quelle réception lui fut faite dans le ciel ! Au-devant d'elle viennent à la fois Ingomer, son jeune frère, tout rayonnant de la pureté des anges ; Alboflède, sa tante, avec sa robe baptismale immaculée ; Geneviève, avec la couronne et le lis des vierges ; Clotilde, sa sœur, avec la palme fleurie des

---

(1) Non apparebit ante Dominum vacuus. (Deut. XVI. 16.)

(2) Sine iniquitate cucurri et direxi ; exurge in occursum meum et vide. (Ps. VIII, 4.)

(3) G. de Courlon. *Cronica*, p. 207.

martyrs ; Clotilde, sa mère et Remi le père de son âme, tous deux avec l'auréole d'apôtres des Francs ; enfin saint Sigismond, son parent, et le B. Childebert, son frère, complètent le cortège et s'associent à ce triomphe qu'on pourrait appeler une fête de famille. (1)

En mourant, Théodechilde avait choisi sa sépulture dans l'église de Saint-Pierre-le-Vif qu'elle avait tant aimée, où elle avait si souvent prié et pleuré, où elle avait concentré toutes ses affections. Elle fut donc enterrée dans son monastère, à gauche du maître-autel qui avait été consacré par les anges. Dans son tombeau on renferma une tuile carrée portant cette inscription :

C'est-à-dire : *Le quatrième des calendes de juillet* (28 juin) *trépassa dame Théodechilde, reine* (2). Sur la pierre de marbre qui couvrait son tombeau, on

---

(1) Voir à l'appendice la note D sur la date de la mort de sainte Théodechilde.

(2) Bolland., n. 46. — A l'époque de l'invasion des Sarrazins en Provence, les habitants de Tarascon enfouirent le corps de sainte Marthe avec une tablette de marbre où étaient gravés ces mots : *Beata Martha jacet hic.*

grava une inscription en vers latins dont les Bollandistes nous ont conservé le fac-simile.

```
† HVNC : REGINA : LOCUM
MONACHIS : CONSTRVXIT : AB : IMO
    TECHILDIS : REBUS :
    NOBILITANDO : SVIS :
CVIVS : NVNC . LICET : HOC : CORPVS
    CLAVDATVR : IN : ANTRO :
    SPIRITVS : ASTRIGERO :
    VIVIT : IN : AXE : DEO :
    IMPLORANS : RECTIS :
PASTORIBVS : EVGE : BEATVM :
    DET : RAPIENTIBVS : HINC :
    HEV : MALE : DIGNA : DEVS :
```

On peut la traduire ainsi : « La reine Théodechilde fit construire, à partir des fondements, ce lieu pour les moines, l'enrichissant de ses propres biens. Quoique son corps soit maintenant enfermé dans ce tombeau, son âme vit avec Dieu dans le ciel, demandant une bénédiction pour les pasteurs fidèles, une malédiction bien méritée pour ceux qui enlèveront d'ici quelque chose. » (1) Le père Dominique-de-Jésus a paraphrasé la même inscription en vers français que nous croyons devoir reproduire ici :

> Théodechilde, reine a fait bâtir ce lieu,
> Et doté de ses biens une troupe fidèle
> A chanter nuit et jour les louanges de Dieu ;
> Monument glorieux de l'ardeur de son zèle.
> Son corps est enfermé dans le triste cercueil ;
> Toute la France en pleurs en a porté le deuil.
> La tombe que tu vois sa dépouille a caché ;
> Mais son cœur à son Dieu fortement attaché,

(1) Boll., n° 46.

Alla changer la terre en de plus dignes lieux,
Et jouit maintenant de la gloire des cieux,
Priant pour les pasteurs, qu'une forte conduite
De tous leurs ennemis en obtienne la fuite,
Et réprime à jamais le funeste dessein
D'un sacrilège bras et d'une avare main. » (1)

La mort de sainte Théodechilde fut suivie de celle non moins précieuse devant Dieu de plusieurs autres saints personnages, ses parents, desquels il a été question dans cette histoire et dont il faut maintenant dire quelque chose, sous peine de laisser notre récit incomplet. Mais auparavant nous devons mentionner la mort de Clotaire, qui suivit de près celle de notre héroïne. Comme son frère Childebert et sa sœur Théodechilde, « lui aussi, malgré sa férocité trop bien constatée, avait connu et aimé les moines, lui aussi voulut être enterré dans l'église du monastère qu'il avait fondé dans un faubourg de sa capitale de Soissons, sous le nom de saint Médard, qui était celui d'un grand évêque, dont il avait su admirer les vertus et quelquefois écouter la parole. Il rendit en mourant témoignage de sa foi et de ses trop justes terreurs par ces paroles que Grégoire de Tours nous a conservées : « Quelle est donc la puissance de ce roi du ciel, qui « fait ainsi mourir, comme il lui plaît, les plus grands « rois de la terre ? » (564) (2)

Une mort plus édifiante et plus sainte fut celle de saint Cloud. Nous avons vu le jeune fils de Clodomir sauvé par des mains inconnues du massacre de ses frères, « Ses actes nous apprennent qu'il passa une partie de sa jeunesse dans la province romaine (Provence), contrée encore soumise alors à la domination italienne d'Amalasonthe (fille de Théodoric), et de

(1) P. Dominique-de-Jésus. *Monarch. sainte*, p. 61.
(2) Montalembert. *Moines d'Occident*, t. II, p. 295.

son fils Athalaric. On aime à se représenter saint Césaire d'Arles recevant cet orphelin, dont les frères avaient été égorgés au palais des Thermes, et dont l'aïeule, sainte Clotilde, pleurait la disparition. Toutes les douleurs, dans ce qu'elles ont de plus poignant, se réunissent sur cette jeune tête. Sa naissance l'appelait à une couronne ; les passions mal subjuguées d'une barbarie qui naissait à peine au christianisme, le vouaient à l'exil ou à la mort. Plus tard, Clodoald se rendit au monastère d'Agaune, près du tombeau de saint Sigismond. Ce fut là vraisemblablement qu'il renonça au monde et se coupa lui-même les cheveux. Dès lors son existence ne pouvait plus inquiéter l'ambition des rois Francs. Clodoald se mit sous la direction d'un pieux ermite nommé Sévérinus, comme celui qui avait autrefois guéri Clovis, son aïeul. Des miracles signalèrent la vertu du jeune solitaire. Un mendiant lui ayant demandé l'aumône, Clodoald lui donna sa cuculle. Le soir, ce mendiant trouva l'hospitalité dans une chaumière voisine. Durant la nuit, une clarté céleste illumina la pauvre maison. L'humble vêtement qu'un fils de roi avait donné à un pauvre, au nom de Jésus-Christ, rayonnait d'un éclat merveilleux. Clodoald put revenir sans crainte à Paris, où la renommée de ses vertus l'avait précédé. Il fut ordonné prêtre sur la demande du clergé et du peuple. La ville de Novientum, proche de cette capitale (Nogent) lui fut cédée en propriété par ses oncles. Il y construisit un oratoire et un monastère, où il passa le reste de sa vie dans la pratique des bonnes œuvres. La date de sa bienheureuse mort n'a point été fixée. On la place d'ordinaire vers l'an 565. Par testament, il légua le domaine de Novientum à l'église de Paris. Il fut inhumé dans la crypte de l'oratoire qu'il avait bâti et qui dès lors changea son nom pour prendre celui de son glorieux fondateur, Saint-Clodoald, et par corruption Saint-Cloud » (1). Il mourut le 7 septembre âgé d'environ quarante ans. Les martyrologes de France et le martyrologe romain lui-même lui donnent le titre de saint.

Vingt ans après, Radegonde, la belle-sœur de sainte Théodechilde, mourut à Poitiers après avoir passé quarante ans dans la vie religieuse. L'éclat de ses vertus, la réputation de ses miracles avaient attiré dans son asile de Sainte-Croix un grand nombre de jeunes filles, qu'elle dirigeait elle-même dans les voies de la perfection, en leur donnant l'exemple. Son bonheur était de soigner les malades, les pauvres et les lépreux. Ses mortifications sont à peine croyables ; elle portait des chaînes de fer aux reins et se brûlait les bras avec des charbons ardents. C'est ainsi qu'elle suppléait au martyre dont elle avait eu le désir dès sa plus tendre enfance. Elle enrichit son monastère d'un grand nombre de reliques et surtout d'un morceau considérable de la vraie croix, qui lui fut envoyé par Justin, empereur de Constantinople. La translation de cette insigne relique se fit avec une solennité extraordinaire. Fortunat composa pour la circonstance plusieurs hymnes, entre autres le *Vexilla Regis* que l'Église chante encore aujourd'hui. Enfin, la sainte veuve, mûre pour le ciel, mourut le 13 août 587, âgée de soixant-dix ans (2). « Grégoire de Tours vint célébrer les obsèques de la sainte reine, et nous a raconté comment jusque dans le cercueil sa beauté l'éblouissait encore. Autour de ce cercueil, les deux cents religieuses qu'elle avait retirées du monde pour les donner à Dieu, psalmodiaient une sorte d'églogue plaintive où elles célébraient les vertus de leur abbesse et l'amour qu'elle

---

(1) Darras. *Histoire de l'Église*, T. XIV, p. 376, 377. — P. Dominique. *Monarchie Sainte, p.* 92.

(2) P. Dominique. *Mon. Ste*, p. 100.

leur inspirait. Puis, lorsque Grégoire conduisit le corps au cimetière, où la clôture prescrite par la règle interdisait aux religieuses de le suivre, il les vit se presser aux fenêtres, sur les tours et les créneaux du monastère, d'où leurs lamentations, leurs sanglots et leurs battements de mains rendaient un dernier hommage à leur royale fondatrice. Avant de mourir, elle avait dressé une sorte de testament où elle ne prenait d'autre qualification que celle de *Radegonde, pécheresse*, et où elle mettait son cher monastère sous la protection de saint Martin et de saint Hilaire, en conjurant les évêques et les rois de traiter comme spoliateurs et persécuteurs des pauvres ceux qui tenteraient de troubler la communauté, d'en changer la règle ou d'en déposséder l'abbesse » (1). Le nom de sainte Radegonde est inscrit dans le martyrologe romain, au 13 août, et l'Église de France fait sa fête au jour anniversaire de sa mort.

Le sixième siècle va finir, mais nous avons à enregistrer encore la sainte mort d'un autre neveu de sainte Théodechilde, Gontran, fils de Clotaire et roi de Bourgogne. Il fut très débonnaire pour ses sujets, très libéral envers les pauvres, zélé pour la discipline ecclésiastique, et généreux envers les églises dont il bâtit un grand nombre, entre autres celle de St-Marcel de Châlons-sur-Saône. Il fit faire un *ciboire* (2) d'or et d'argent d'une beauté et d'une grandeur remarquables, qu'il destinait à l'église du Saint-Sépulcre, pour couvrir le tombeau du Sauveur; mais la distance et la crainte des Sarrazins lui en firent changer la desti-

---

(1) Montalembert. *Moines d'Occid.* T. II, p, 323, 324.

(2) *Ciborium.* Ce mot ne désigne pas un vase destiné à conserver les hosties consacrées, mais bien une espèce d'édicule ou de baldaquin qui surmontait l'autel ; on en voit encore dans beaucoup d'églises en Italie.

nation ; il le donna à l'église de Saint-Marcel. Sous son règne, la peste se déclara à Marseille et à Lyon. Pour apaiser la colère de Dieu, le roi ordonna des prières publiques et un jeûne de trois jours, durant lequel on ne devait manger que du pain d'orge et ne boire que de l'eau. Lui-même, dans cette circonstance, fit d'abondantes aumônes et des prières continuelles. Son frère Chilpéric, roi de Soissons, ayant été malheureusement tué au retour de la chasse, il prit généreusement sous sa protection son neveu Clotaire, âgé de quatre mois, et le fit reconnaître roi par ses sujets. Pour lui, faute de successeur, il laissa son royaume à son neveu Childebert, fils de Sigebert, roi d'Austrasie. Il mourut avancé en âge, en 593, et fut enterré, selon son désir, dans l'abbaye qu'il avait fondée à Saint-Marcel-de-Châlons, comme l'avait été son père Clotaire à Saint-Médard, et son oncle Childebert à Saint-Germain-des-Prés. » (1) Le martyrologe romain, à la date du 28 mars, en parle en ces termes :
« Aujourd'hui arriva la mort de saint Gontran, lequel
« s'adonna tellement aux exercices de piété que, mé-
« prisant la pompe du monde, il enrichit de ses tré-
« sors les églises et les pauvres. »

Mentionnons encore quelques autres des principaux saints que la famille de Clovis et de sainte Clotilde compte aux VIe et VIIe siècle, et que nous rencontrons soit en France, soit dans la Grande-Bretagne, soit en Italie, soit en Espagne. En France nous trouvons sainte Bathilde, épouse de Clovis II, petit-fils de sainte Clotilde ; saint Dagobert, fils de Childebert III, honoré comme martyr. En Angleterre, Berthe, petite-fille de sainte Clotilde, épousa, en 613, saint Ethelbert, roi de Kent, et fut la mère d'une génération de saints, parmi lesquels nous ne nommerons que les suivants :

(1) P. Dominique. *Monarch. Ste*, p. 127.

sainte Edberge, sa fille ; saint Edwin, son gendre, roi de Nortumbrie, martyr ; sainte Eansflède, épouse d'Oswy, roi de Nortumbrie ; sainte Esflède, vierge, fille de sainte Eansflède ; sainte Eanswide, abbesse de Folkstone, autre petite-fille de Berthe. — En Espagne, nous trouvons la bienheureuse Ingonde, fille de Sigebert, petite nièce de sainte Théodechilde, mariée à Herménégilde, roi des Wisigoths, laquelle convertit son mari de l'arianisme à la vraie foi. Il s'y attacha si fortement qu'il mérita la gloire du martyre.

Enfin en Ialie, nous voyons une sœur de saint Gontran, la bienheurse Glodosinde, devenir l'épouse du roi des Lombards, Alboin. Mais il faut clore cette glorieuse liste. Si l'on veut bien jeter les yeux sur le tableau généalogique placé en tète de cet ouvrage, on ne comptera pas moins de dix-huit saints ou bienheureux dans la famille de Clovis, durant l'espace de six générations. Dans le premier volume de la *Monarchie sainte et historique de France*, le P. Dominique-de-Jésus a écrit la vie de soixante-dix-neuf personnages, issus de la première race ou alliés à quelqu'un de ses membres, qui ont reçu, soit de la voix du peuple, soit même de celle de l'Église, le titre de Saint ou de Bienheureux. Si elle se présente avec quelques taches, la postérité de Clovis et de sainte Clotilde figure aussi avec honneur dans les annales de l'Église, où elle compte de glorieuses et nombreuses illustrations, parmi lesquelles sainte Théodechilde occupe un des premiers rangs. Nous l'avons suivie, autant que nous l'avons pu, dans sa carrière mortelle, voyons maintenant l'histoire de son culte.

CHAPITRE VIII.

CULTE ET RELIQUES DE SAINTE THÉODECHILDE A SENS.

560-1643.

Sommaire : Vie posthume des saints. — Punition d'Archambaud. — Sainte Théodechilde louée par les papes. — Première translation. — Culte particulier. — Seconde translation. — Culte public.

L'histoire des saints ici-bas se compose de deux parties bien distinctes : leur vie de prière, de mortification, d'œuvres saintes et bienfaisantes ; et ce que j'appellerai leur vie posthume, vie d'outre-tombe, période souvent plus glorieuse que la première, parce que les saints y manifestent leur puissance auprès de Dieu par des prodiges qui provoquent de la part des peuples des témoignages d'admiration et de reconnaissance. Sainte Théodechilde eut ces deux vies, et son histoire serait incomplète si après avoir raconté la première, nous ne disions maintenant la seconde.

Sa mémoire et son tombeau furent, dès le principe, entourés par les moines de vénération et d'honneur. Aussi trouvons-nous son nom écrit dans les trop rares monuments qui nous restent de la première période du moyen-âge. Nous le trouvons d'abord dans le privilège accordé en 658, à peine un siècle après la mort de la bienheureuse vierge, « à l'abbé Agnilène et à ses frères restant avec lui au monastère de Saint-Pierre-et-Saint-Paul, que la Dame et Reine Théodechilde fit autrefois construire à ses frais, et où l'on voit qu'elle a son tombeau, au-dessous de la ville de

Sens. » (1) C'est ce même abbé Agnilène, « homme vénérable, fervent et saint religieux, qui introduisit la règle de Saint Benoît dans le monastère de Saint-Pierre-le-Vif, en la combinant avec les coutumes de Luxeuil, et cela d'après l'autorisation de l'archevêque Emmon et des autres évêques assemblés en concile à Sens, de la part desquels il obtint pour son couvent un privilège d'exemption. » (2)

L'abbé Agnilenus eut pour successeur Viraibold, sous l'administration duquel Léothérie, sœur de saint Ebbon, plus tard abbé de St-Pierre, puis évêque de Sens, fit des donations au monastère. La charte écrite à ce sujet porte cette suscription : « A la maîtresse et vénérable basilique de saint Pierre, apôtre, construite au-dessous de la cité de Sens, où repose le corps de la Dame et Reine Théodechilde, et où le vénérable abbé Viraibold et ses moines servent Dieu sous la sainte Règle. » Plus bas il est dit : « Je donne au monastère ci-dessus mentionné le manse qui fait partie de mon domaine, l'église appartenant à ce manse, et les biens qui me viennent soit de mon père, soit de ma mère, soit de toute autre source. Ce manse, cette église et ces biens sont situés dans le pays de Lassois (Lastcense), sur le territoire de Riceys, (arrondissement de Bar-sur-Seine, Aube), ou de Pouilly-en-Auxois, (arrondissement de Beaune, Côte d'Or). » Léothérie fait cette donation pour obtenir d'être enterrée dans le monastère. L'acte fut fait dans la basilique de St-Pierre, le 15 des calendes de juin, la cinquième année du règne de Clovis III (18 mai 695). (3)

(1) Mabillon. *Acta sanct.* sœcul. 3ᵉ *pars.* 2ᵃ, p. 613. — Bolland. n° 1.

(2) *Gallia Christiana*, T. XII, col, 135. — Mabillon. *Annales ord. sancti Benedicti*, lib. XIV, cap. LXIV.

(3) Mabillon. *Acta Sanctorum*, T. IV, p. 615. *Annales benedictini*, lib. XVIII, cap. XXXI.

Dans le siècle suivant, les Hongrois portèrent leurs dévastations jusqu'à Sens (939). Alors l'abbé et les moines de Saint-Pierre-le-Vif se réfugièrent dans la ville, emportant avec eux toutes leurs saintes reliques, excepté le corps de saint Sérotin, martyr, qui était conservé dans son tombeau sous l'autel. Ils déposèrent ces restes sacrés dans leur église de St-Pierre-le-Donjon. Les Hongrois ravageant tout le pays, incendièrent le couvent de Saint-Pierre et le monastère privé des reliques de ses saints défenseurs. » (1) Les religieux n'avaient point emporté avec eux le corps de sainte Théodechilde, qui n'avait pas encore été levé de terre ; mais le saint tombeau ne fut point violé par les barbares, car nous le trouvons expressément mentionné dans la relation d'un fait qui arriva quelques années après.

« Du temps du pape Jean XII (956-963), un débauché, Archambaud, occupait indignement le siège de Sens. (Rappelons au lecteur que nous sommes au Xme siècle, siècle de fer où la puissance séculière dominait l'Église et lui imposait souvent des pasteurs indignes.) Or, ce temps-là était le pire de tous pour les églises, par la faute des prélats ; mais Dieu permit que cette tribulation durât peu. Pour Archambaud, sa noblesse et son argent, plutôt que le choix de Dieu, le firent mettre à la tête de l'Église de Sens et confirmer par le pape. Or, le peu que l'abbé Notranne, autre pasteur indigne, avait laissé au monastère de Saint-Pierre, Archambaud le réduisit à rien. Vendant les fermes et les ornements de l'église, il faisait un mauvais emploi de l'argent et gardait le reste pour ses besoins particuliers. Abandonnant la demeure épiscopale, il vint habiter le réfectoire des moines. Il n'y avait plus que quinze moines qui restassent encore là. Archambaud

---

(1) G. de Courlon. *Cronica*, p. 335.

logeait ses chiens et ses faucons dans le cloître même où reposaient les restes vénérés de nombreux fidèles ; et ceux qu'il envoyait là le soir étaient trouvés morts le lendemain. Les siens, témoins de ce miracle, glorifiaient Dieu et lui déclaraient que c'était mal agir que d'occuper ainsi cette maison monacale et de mener une mauvaise vie dans un lieu si saint. Mais lui, sans tenir compte de ces remontrances, continuait à se livrer à sa vie mondaine et dissipée. Un jour, un des chanoines de sa cathédrale, nommé Cadacher, homme très adonné à l'étude de la philosophie, le conduisit au tombeau de sainte Théodechilde, fondatrice du monastère, et lui dit : « Lisez cette épitaphe, œuvre de saint Fortunat. » Archambaud se mit à lire :

> Hunc regina locum monachis construxit ab imò
> Théchildis rebus nobilitando suis. (1)

« Cadacher ne le laissa pas continuer : « Voyez, lui dit-il, et comprenez que ce n'est pas pour des chiens et des faucons, mais pour des serviteurs de Dieu, que ce monastère a été construit. » Archambaud n'en continua pas moins sa vie d'amusements et de débauche ; mais la punition du Ciel ne tarda pas à venir. Il mourut peu après, jeune encore, quatre jours avant les kalendes de septembre (29 août 966), après avoir siégé neuf ans, neuf mois et un jour ; voici dans quelles circonstances extraordinaires. Saint Savinien lui apparut et l'avertit par trois ou quatre fois de reconnaître ses fautes : mais ce fut toujours en vain. Une nuit, que ledit Archambaud était couché dans le réfectoire des moines, les valets de chambre entendirent une voix qui disait très-haut : « Nous ne souffrirons
« pas davantage la désolation de ce lieu que nous avons
« consacré par notre martyre. » Ces paroles furent sui-

---

(1) « C'est pour des moines que la reine Théchilde a bâti ce lieu, en l'enrichissant de ses biens. »

vies d'un grand coup de tonnerre. Se doutant de ce qui était arrivé, les valets se levèrent en toute hâte et trouvèrent leur maître frappé de mort, dépouillé de ses vêtements et gisant à terre. Dans leur terreur ils poussèrent des clameurs si fortes, que tous les voisins accoururent, en sorte qu'on ne put rien cacher de ce qui était arrivé. Archambaud fut néanmoins enterré dans le monastère de Saint-Pierre-le-Vif, à côté de ses prédécesseurs. » (1)

Au commencement du siècle suivant, nous voyons Théodechilde mentionnée comme vierge et comme sainte et associée à une autre vierge martyre du Christ. « En ce temps-là, continue le chroniqueur que nous suivons, Reinard, abbé de Saint-Pierre (1015), fit reconstruire le cloître avec les bâtiments d'habitation..... Il rassembla un grand nombre de moines, parmi lesquels beaucoup avaient des connaissances très-étendues en littérature et en philosophie. Par eux la règle de ce monastère fut de nouveau réformée suivant celle de saint Benoît, (ce qui veut dire sans doute qu'elle fut adoptée purement et simplement). La réputation du monastère s'étendit au loin par les bonnes œuvres des moines et celles de leurs successeurs, ainsi que par les mérites des SS. martyrs Savinien, Potentien, Altin, Sérotin, Eodald, Victorin, Félix et Aubert, et des saints confesseurs Ebbon, Ursicin, Agrice, Ambroise, Emmon et Anstase, archevêques de Sens, et des saintes vierges Beate, martyre, et Théodechilde, dont les corps étaient conservés dans le monastère (2). Parmi ces moines *ayant des connaissances en littérature et en philosophie*, nous devons mentionner Odoran, qui fut à la fois sculpteur, historien, peintre et musicien, le premier qui ait écrit la *Chroni-*

---

(1) G. de Courlon. *Cronica*, p. 346-353.
(2) G. de Courlon. *Cronica*, p. 373.

que de son monastère, dans laquelle il donne une place honorable à sainte Théodechilde. Il mourut à Sens en 1045 (1).

Au XIIᵉ siècle, des voix plus autorisées vont se charger de glorifier la chère fondatrice : les souverains pontifes vont parler. Le pape Pascal II, dans ses bulles du quatre des ides de novembre (1104), adressées à l'abbé de Sens, et cinq de ses successeurs : Honorius II (1124-1130), Lucius II (1144-1145), Alexandre III (1159-1181), Lucius III (1181-1185), et Honorius III (1216-1227), dans différentes bulles également adressées aux religieux de Sens, qualifient tous *Théodechilde, leur fondatrice, de sainte mémoire*, et rendent un hommage éclatant à ses vertus (2). L'un de ces souverains pontifes, Alexandre III, honora même de sa visite et d'un séjour prolongé le monastère de Saint-Pierre-le-Vif. C'est en 1163 que ce pape vint à Sens. Il fut reçu en procession avec les plus grands honneurs et le plus profond respect par l'archevêque Hugues, assisté des abbés et religieux des monastères de Saint-Jean, de Saint-Pierre-le-Vif, de Sainte-Colombe et de Saint-Remi-près-la-Porte. Le roi Louis-le-Jeune s'y trouvait aussi. Ce même pontife demeura à Sens un an et demi..... Il affectionnait surtout l'église de Saint-Pierre-le-Vif, y faisait de fréquentes visites et y célébrait la messe solennelle les jours de fête. Il restait souvent avec l'abbé Girard et les moines, et il comblait la maison de ses bénédictions. C'est en 1165 que le pape Alexandre quitta Sens. (3)

Durant ce même siècle, un autre moine de Sens, Clarius, qui vivait de 1108 à 1134, écrivit une nouvelle

(1) Voyez le passage de cette Chronique relatif à sainte Théodechilde aux documents, n° III.

(2) *Bolland.* n° 2 et 41.

(3) G. de Courlon. *Cronica*, p. 485.

Chronique de son monastère, dans laquelle il parle de sainte Théodechilde à l'année 503, louant son vœu de virginité et sa persévérance au service de Dieu. (1)

Mais nous voici au XIIIᵉ siècle, époque du magnifique épanouissement de la civilisation chrétienne, âge d'or des grandes et sublimes constructions religieuses que la postérité admire sans pouvoir les imiter. Sens, la ville des martyrs et des moines, ne pouvait se dérober à cette influence bienfaisante. A la fin du XIᵉ siècle, le monastère de Saint-Pierre-le-Vif avait été dévoré deux fois par les flammes et réparé, tant bien que mal. Vers 1218, l'église abbatiale menaçait ruine ; on l'abattit, et l'année suivante l'abbé Hugues en commença la réédification. L'œuvre continuée par ses deux successeurs immédiats, Robert et Thomas, fut enfin terminée par Geoffroy de Montigny, qui prit la crosse abbatiale en 1240. Il fit plus, il renouvela, pour ainsi dire, tout son monastère, en réparant ou reconstruisant à neuf toutes les constructions. (2)

Le zèle de l'abbé Geoffroy ne s'arrêta pas là. Se rappelant la fondatrice de l'église qu'il venait de reconstruire, il leva de terre son corps, enferma ses saints ossements dans une caisse de plomb qu'il fit enchâsser dans le mur du chœur, à gauche du maître-autel, du côté de l'évangile, et devant la niche qui reçut ce précieux dépôt, il fit placer verticalement la pierre tombale portant l'inscription composée, croyait-on, par Fortunat de Poitiers. L'intelligent abbé avait eu le soin de replacer dans le cercueil, avec les ossements de la sainte, la tuile trouvée dans son tombeau et portant la date de sa mort. Il avait cependant réservé le chef vénérable de Théodechilde qu'il fit enfermer dans un buste d'argent à l'effigie de la sainte. (3)

---

(1) Voyez le texte de Clarius aux Documents, n° IV.
(2) G. de Courlon. *Cronica*, p, 439 et 511.
(3) G. de Courlon. *Tractatus de Reliquiis*, p. 2 et 68.

Geoffroy de Montigny n'oublia pas Basolus. Ayant fait rechercher son corps dans l'ancien oratoire de Saint-Barthélemy, il le transporta au côté gauche du chœur de la nouvelle église, dans une niche distante de deux pieds environ de celle où reposait sainte Théodechilde. Mais la pierre tumulaire qui portait la première épitaphe de Basolus ayant péri lors de l'incendie de l'église, ou ayant été brisée et jetée dans les décombres par quelque main ignorante, l'abbé restaurateur composa lui-même, pour l'ancien duc, une seconde épitaphe dans le style de l'époque ; mais il la fit graver (chose rare alors et qui prouve son bon goût), en caractères anciens, semblables à ceux de l'épitaphe de Théodechilde qu'on avait eu le bonheur de conserver. Le fac-similé de cette seconde épitaphe de Basolus déjà publié à cause de la beauté des caractères, par le père Sirmond, au XVIIe siècle, a été reproduit par les Bollandistes dans la vie de sainte Théodechilde. En voici le sens :

« Bienheureux Pierre, ici repose Basolus, duc d'Aquitaine, puis moine dans votre monastère de Sens. O Théodechilde ! votre père et roi, Clovis, vous le livra avec ses nombreuses possessions en Aquitaine, sa patrie. Celui qui touchera à ces biens sera privé de la gloire du paradis ; que celui qui les augmentera ait avec Basolus la vie éternelle ! » (1) L'abbé Geoffroy, qui avait tant fait pour le monastère de Sens, mourut en 1281 et fut enseveli dans le chœur de Saint-Pierre, aux pieds de l'archevêque Hugues et non loin de la nouvelle tombe de Théodechilde. (2)

Geoffroy de Courlon, le chroniqueur si souvent cité, que les auteurs de *Gallia Christiana* font cousin ger-

---

(1) Bolland., n°s 25, 26 et 27. — Voir le texte aux Documents, n° VII.

(2) G. de Courlon. *Cronica*, p. 553.

main de l'abbé Geoffroy de Montigny, ne tarda pas longtemps à le suivre dans la tombe. Il était né à Courlon, près de Pont-sur-Yonne, arrondissement de Sens, et mourut vers 1295, après avoir, dans deux ouvrages, raconté les gloires de son monastère et les vertus de sa sainte fondatrice. (1)

L'exaltation du corps de sainte Théodechilde donna, on le comprend, un élan nouveau à son culte et à la dévotion des moines. Nous en avons de nombreuses preuves dans les martyrologes, cérémoniaux, rituels, processionnaux, en un mot dans tous les livres d'office en usage dans le monastère de Saint-Pierre, aux XIIIe et XIVe siècles, et dont les originaux manuscrits existaient encore à l'époque où les Bollandistes écrivaient la vie de la sainte. En voici quelques extraits. Dans un cérémonial du XIIIe siècle, on lisait cette rubrique : « Lorsque la fête de saint Pierre et de saint Paul tombe le dimanche, il faut, la veille, dire trois messes capitulaires : *la première de sainte Théodechilde*, la seconde de la sainte Vierge, et la troisième de la Vigile. » Plus loin, le même cérémonial prescrit ainsi la manière d'encenser l'autel à l'offertoire : « Après avoir encensé le prêtre officiant, le diacre doit encenser l'autel où se dit la messe matutinale, les châsses des reliques, le lieu où repose le corps du Christ, *le chef de sainte Théodechilde* et l'autel de saint Potentien. »

Un livre des revenus et anniversaires de St-Pierre-le-Vif, écrit sous le millésime de 1298, contenait un calendrier de toutes les fêtes que l'on célébrait dans l'année. Or, au 28 juin on lisait : « *Obit de sainte Théodechilde, vierge, fondatrice de cette église.* »

Dans un ancien martyrologe en usage dans le même

---

(1) G. Julliot. *Traduction de la chronique de frère Geoffroy de Courlon*. Sens, 1876. — Voir aux Documents, n° V, un extrait des ouvrages de Geoffroy de Courlon.

monastère, an IV des calendes de juillet, c'est-à-dire au 28 juin, après l'annonce de la vigile des apôtres saint Pierre et saint Paul, et les noms des autres saints de ce jour inscrits au martyrologe romain, on lisait ce qui suit : « *Eodem die depositio Domnæ Theodechildis, Reginæ, que cœnobium b. Petri apostoli ab imo fundavit.* » « Ce même jour la mort de Dame Théodechilde, Reine, qui fonda le monastère de saint Pierre, apôtre. » — Un rituel de la même main et de la même époque que le martyrologe que nous venons de citer, insère le nom de sainte Théodechilde dans les litanies que l'on récitait à l'agonie des religieux, de la manière suivante :

Sancta Thecla, ora pro eo.
Sancta Juliana, ora pro eo
Sancta Thechildis, ora pro eo (1).

Si nous passons au XVe siècle, nous trouvons un inventaire des Reliques de l'abbaye de Sens, dressé le 6 septembre 1438 et signé par un certain Sébastien Daix, notaire. Les reliques de sainte Théodechilde y sont mentionnées quoique brièvement : « *Et corpus sanctæ Theodechildis.* » L'original de cet inventaire existait encore en 1660.

Un autre inventaire ou procès-verbal de 1552, écrit en français, mentionne, outre le corps de sainte Théodechilde enfermé dans la muraille du chœur, trois autres reliques de la même sainte : « *Un bras de saincte Tigilde, enchâssé en argent.* » — « *La coste de saincte Tigilde, enchâssée en argent.* » — « *Le chef de saincte Tigilde, fille du roy Clovis, couvert d'argent* » (2). Quelques années après, le 30 novembre 1567, l'église de Saint-Pierre-le-Vif était saccagée et en partie brûlée par les Huguenots. Alors disparurent les trois

(1) Bolland., n. 44.
(2) Bolland., n. 43.

reliquaires d'argent dont on vient de parler ; mais on put sauver cependant le chef de la sainte.

Nous arrivons au XVIIe siècle, siècle de la renaissance chrétienne, et voilà que Théodechilde va nous apparaître encore plus glorieuse et plus honorée que jamais. Une première fois son corps, levé de terre, a été placé dans un lieu honorable du temple fondé par elle ; maintenant il va monter sur les autels pour n'en plus descendre, et son culte, concentré jusqu'ici dans l'enceinte de son monastère, rayonnera désormais au dehors et au loin. Ce fut tout d'abord l'œuvre de Dieu qui glorifie ses saints à l'heure qu'il a choisie, mais il voulut se servir pour cette glorification de la piété de dom Séverin de Lanchy, prieur de Saint-Pierre, et du zèle de l'archevêque de Sens, Octave de Bellegarde.

La châsse de sainte Clotilde, conservée dans l'église de Sainte-Geneviève, venait d'être solennellement ouverte par l'ordre de Louis XIII, qui avait demandé une parcelle de ses reliques (1641). Ce fait, que les moines de Sens durent connaître, et peut-être aussi la nécessité de remplacer les reliques disparues pendant les guerres religieuses, leur donnèrent sans doute l'idée d'ouvrir le tombeau de leur pieuse fondatrice et de faire de ses saints ossements une nouvelle et plus solennelle translation. Toujours est-il que les moines de Saint-Pierre-le-Vif, ayant supplié l'archevêque de Sens de venir procéder lui-même à cette nouvelle invention, celui-ci se rendit à leurs prières. Nous ne saurions mieux faire, pour relater cette cérémonie, que de reproduire le procès-verbal qui fut dressé et dont voici la teneur :

« L'an 1643, le 16 octobre, par devant nous, Octave de Bellegarde, par la grâce de Dieu et du Saint-Siège apostolique, archevêque de Sens, primat des Gaules et de Germanie, dans notre Palais archiépiscopal, a été présent dom Séverin de Lanchy, prêtre, religieux réformé de l'ordre et congrégation de Saint-Benoît et supérieur de l'abbaye de Saint-Pierre-le-Vif, de Sens, dudit ordre, nous suppliant humblement de nous daigner transporter en ladite abbaye, à cette fin que, après la bénédiction solennelle de quatre cloches, nous visitions et examinions les reliques de sainte Théodechilde, qui sont enfermées dans la muraille du grand chœur de cette église. Ce que lui ayant volontiers accordé, nous nous y sommes transporté, environ les deux heures après-midi, accompagné des personnes bas-nommées, et après avoir achevé la bénédiction desdites cloches, à la prière du susdit D. de Lanchy et des autres religieux réformés de la susdite congrégation, Nous sommes entré dans le grand chœur de ladite église, devant les témoins bas-nommés et plusieurs autres personnes notables, ayant pris avec nous, pour nous servir de secrétaire, M. Gabriel Garsement, notaire apostolique.

« Or, étant venu à un certain oratoire en forme de chapelle, après y avoir fait notre prière, Dom Séverin de Lanchy nous a montré, dans le mur du grand chœur, au côté gauche du lieu où était autrefois le maître-autel, une épitaphe gravée sur une pierre carrée de deux pieds environ et conçue en ces termes :

> Hunc Regina locum monachis construxit ab imo
> Techildis, rebus nobilitando suis.
> Cujus nunc licet hoc corpus claudatur in antro
> Spiritus astrigero vivit in axe Deo.
> Implorans rectis pastoribus Euge beatum ;
> Det rapientibus hinc Heu male digna Deus.

« Derrière cette épitahe a été trouvée une caisse de plomb dans laquelle ledit D. de Lanchy affirmait être contenues les reliques de sainte Théodechilde. En effet, ayant fait l'ouverture de ladite caisse, nous l'avons trouvée pleine d'ossements enveloppés dans de la soie de diverses couleurs, avec une tuile où étaient gravés ces mots : *iiij kl. julii transiit donna Techildis regina.* L'ouverture en ayant été ainsi faite, nous avons ordonné audit D. de Lanchy de nous dire, sous la foi du serment, si c'étaient-là les ossements dont on nous avait parlé, si on n'y avait rien ajouté et si on n'en avait rien soustrait ; aussitôt, avec autant de révérence que possible, nous avons pris un à un ces ossements et nous les avons placés dans une boîte ferrée et garnie d'une serrure, que nous avons déposée entre les mains dudit de Lanchy, pour être transportée dans le trésor du monastère jusqu'à ce que nous en ayons autrement statué.

« Sur quoi nous avons ordonné d'écrire le présent procès-verbal, pour servir en temps et lieu, en présence de l'excellentissime et très-puissant seigneur de Roger, duc de Bellegarde (1), pair de France, premier noble de la Chambre de Monseigneur le duc de Bourgogne, fils et oncle de rois de France ; de dom Jean-Antoine de Gondrin, prieur commandataire du prieuré de Saint-Orens d'Auch, ordre de Cluny ; de vénérable et docte personne Du Rollet, notre grand-vicaire et cellerier de l'église métropolitaine Saint-Etienne-de-Sens ; de révérend père en Dieu, fr. Claude du Chatz, abbé de Saint-Paul-de-Sens, ordre de prémontré ; de vénérable et docte personne Charles de Rys, prêtre et chanoine de l'église métropolitaine de Sens ; de nobles hommes : M° Baptiste Driot, avocat au Parlement et maire de la ville de Sens ; …. Pougy, conseiller du roy et élu aux élections de Sens ; et d'un grand nombre d'autres personnages nobles de l'un et de l'autre ordre, tant séculier qu'ecclésiastique. De plus, à la prière de D. de Lanchy et sur les instances dudit seigneur de Bellegarde, nous avons mis à part un os notable destiné à la Reine-Mère, un autre pour le

---

(1) C'était l'aïeul du prélat.

monastère de Sainte-Colombe (de Sens) et un autre avec quelques parcelles pour le prieur de Saint-Orens (1).

« Fait lesdits jour et an que dessus. Signé † Octave de Bellegarde, archevêque de Sens (2). »

Après avoir ainsi reconnu le corps de sainte Théodechilde, l'archevêque, avant de quitter le monastère, fit également ouvrir le tombeau de Basolus, placé à côté de celui de sa libératrice ; mais comme rien ne constatait qu'il fût digne d'un culte public, il laissa le corps intact, fit refermer le cercueil et remettre la pierre tumulaire, ne voulant pas même qu'il en fût fait mention dans le procès-verbal. Près de cinquante ans plus tard, en 1691, dom Toussaint du Carroy, sous-prieur de Sens, écrivait au père Papebrock ; « Les murailles du monastère de Saint-Pierre gardent encore l'épitaphe de Basolus gravée sur la pierre sous laquelle ses cendres reposent (3). »

Quelques jours après la cérémonie de cette translation, le prieur et les moines de Saint-Pierre-le-Vif, ne voulant pas laisser l'œuvre inachevée, adressèrent au même archevêque une nouvelle supplique, à cette fin qu'il leur fût permis d'exposer à la vénération publique, et avec une pompe convenable, les reliques récemment retirées de leur cercueil, de célébrer la fête de sainte Théodechilde le jour anniversaire de sa mort et de plus la fête de la Translation solennelle qui devait se faire prochainement. Au-dessous de cette supplique l'archevêque fit écrire la permission suivante :

« Nous permettons aux suppliants d'exposer publi-

---

(1) Quelques fragments furent aussi donnés plus tard à madame de Montespan.

(2) Ce procès-verbal fut dressé en français. Les Bollandistes l'ont traduit et donné en latin. 28 juin, n° 45-48.

(3) Bolland., n. 25.

quement les reliques et ossements de sainte Théodechilde, dans l'église même de Saint-Pierre-le-Vif, pour y être honorés et vénérés par les fidèles. Nous permettons aussi auxdits suppliants de faire et célébrer l'office divin en l'honneur de sainte Théodechilde, tant le jour de sa fête, qui est le 28 juin, que le jour où la translation de ces saintes reliques sera faite par lesdits suppliants. Donné à Villechasson, dans notre diocèse, le 26 octobre 1643. Signé : de Bellegarde, arch. de Sens (1). »

Nous n'avons pu trouver aucun détail sur la fête de cette translation solennelle que les moines de Sens préparaient à leur sainte fondatrice ; nous ne savons même pas le jour où elle eut lieu. Mais il est à présumer qu'elle se fit peu de temps après l'autorisation accordée par l'archevêque et avec toute la pompe possible. Sainte Théodechilde reçut alors, pour la première fois, dans sa chère ville de Sens, les honneurs accordés aux saints placés par l'Église sur les autels. Son culte ne fut plus dès lors un culte privé, introduit par la reconnaissance de quelques moines et simplement toléré ; ce fut désormais un culte public, régulièrement approuvé par l'autorité ecclésiastique.

A l'époque de la translation de sainte Théodechilde, l'abbé de Sens était Jean-François Berruyer, qui tenait l'abbaye de Saint-Pierre en commande depuis 1636, mais ne résidait pas. Octave de Bellegarde était né en 1587 et avait pris d'abord l'habit de saint Benoît. Dispensé par le pape de faire ses vœux, il fut élevé sur le siège de Sens en 1621. A peine installé, il appela les jésuites dans sa ville épiscopale ; puis, de concert avec l'abbé Berruyer, il introduisit la réforme de saint Maur dans l'abbaye de Saint-Pierre-le-Vif (1638). Dans son testament, rédigé l'année même de la translation

(1) Bolland., n. 49.

de sainte Théodechilde, il établit pour son légataire universel son église cathédrale, et les pauvres de sa ville ses héritiers pour un quart. Ce digne prélat mourut à Montreuil, près Paris, le 26 juillet 1646 ; ses entrailles furent déposées dans l'église de Montreuil et son corps transporté dans la métropole de Sens (1). Nous devions ce souvenir au pieux archevêque qui, de concert avec le prieur D. Séverin de Lanchy, a si bien travaillé à promouvoir le culte de sainte Théodechilde.

CHAPITRE IX.

CULTE ET RELIQUES DE SAINTE THÉODECHILDE A SENS.

(Suite) 1646-1876.

Sommaire : Donation à Saint-Romain et aux Andélys. — Translation définitive. Inventaire. — Donation à Mauriac. — Translation à Molosmes. — La Révolution. — Description de la châsse. — Culte actuel à Sens. — Restes antiques.

Trois ans après la translation faite par l'archevêque Octave de Bellegarde, le zélé prieur de Sens transféra les reliques de sainte Théodechilde de la boîte ferrée qui les contenait dans une autre plus décemment ornée et en détacha un ossement pour le donner à l'église paroissiale de Saint-Romain, de Sens ; ce qui prouve que la dévotion à la chère sainte se propageait dans la ville. Voici l'acte qui fut dressé à cette occasion :

« Au nom du Seigneur. *Amen.* L'an de la Nativité mil six cent quarante-six, le 27 juin, en la veille de la

(1) *Gallia christiana*, t. XII, p. 109.

fête de sainte Théodechilde, vierge, fille de Clovis, premier roi chrétien des Francs, et fondatrice de ce monastère de Saint-Pierre-le-Vif-lès-Sens, du mandement du Révérendissime Père Monseigneur Octave de Bellegarde, archevêque de Sens, Primat des Gaules et de Germanie, le corps de ladite vierge a été transféré de sa châsse dans une autre plus décemment ornée, par dom Séverin de Lanchy, prieur de ce même monastère, et par moi soussigné, trésorier et secrétaire du Chapitre. De cette châsse, par l'ordre du Révérendissime archevêque, a été extrait cet os pour notre église paroissiale de Saint-Romain en ville, lorsqu'on nous aura donné en retour trois des plus insignes ossements du même saint, selon la teneur de l'accord mutuel fait sur ce sujet et signé par M. Paul-le-Riche, curé, et M. Vezon de Guyot, syndic de la même église, le 12 décembre de l'an 1644. En foi de quoi j'ai rédigé le présent acte et, en vertu de ma charge, l'ai signé et muni du sceau du couvent, les jour et an que dessus. Par mandement du révérend père prieur susdit : frère Maur du Rhu, greffier du Chapitre (1). »

L'année suivante, une autre relique de sainte Théodechilde alla rejoindre, aux Andélys, les reliques de sa mère, sainte Clotilde. La reine des Francs avait autrefois séjourné à Rouen et aux Andélys. Grégoire de Tours rapporte qu'elle avait fait construire dans cette dernière ville une église et un monastère. On y garde encore aujourd'hui, dans l'église paroissiale de Notre-Dame, qui a remplacé l'église primitive, une petite statue en vermeil de sainte Clotilde. Cette image porte entre ses mains un reliquaire, en forme d'église, contenant une partie du crâne de la sainte. C'est en 1647 que cette relique fut donnée à l'église collégiale des

---

(1) Archives de l'église paroissiale de Molosmes. Voir le texte latin à l'*appendice*. Documents. N° IX.

Andelys, par Jacques Delmay, vicaire-général de Rouen, dans le diocèse duquel se trouvaient les Andélys. Ayant sans doute entendu parler, quelques années plus tard, de l'invention du corps de la fille de sainte Clotilde, les chanoines des Andélys durent demander à l'archevêque de Sens une portion de ses saintes reliques pour les joindre à celles de sa mère. Ce qu'il y a de certain, c'est que le 2 août 1647, une partie du crâne de sainte Théodechilde fut donnée à l'église collégiale des Andélys par Robert du Rollet, grand archidiacre de Sens, que nous avons vu mentionné dans le procès-verbal d'Octave de Bellegarde (1). Une relation de l'invention des reliques de sainte Théodechilde et de la translation aux Andelys fut imprimée à Rouen, en cette année 1647. Nous n'avons pu trouver ni le procès-verbal ni la relation de cette translation. Quoi qu'il en soit, la dévotion à sainte Théodechilde se propagea rapidement dans ces contrées, car les Bollandistes nous apprennent qu'au commencement du XVIIIe siècle le diocèse de Rouen faisait la fête de sainte Théodechilde, le 28 juin, comme la ville de Sens (2). La relique donnée à l'église des Andélys y existait encore à cette époque, car dans un inventaire fait par les trésoriers, le mardi, 5 mai 1737, on lit : « Dans une armoire de la sacristie s'est trouvée une grande châsse de bois doré dans laquelle sont *des reliques de sainte Tichilde* et autres. » Ce reliquaire n'existe plus aujourd'hui ; il a dû disparaître, et avec lui les reliques qu'il contenait, à l'époque de la Révolution (3).

Le pieux supérieur de Saint-Pierre-le-Vif, dom Sé-

---

(1) *Sainte Clotilde*, par le R. P. Fr. Gay. — *Vie et office de sainte Clotilde*, Andelys, 1877, p. 12.

(2) Bolland., n. 44.

(3) Note de M. l'abbé Porée, curé de Bournainville, 31 mai 1881.

verin de Lanchy, ne crut pas encore avoir assez fait pour sa chère sainte Théodechilde. Il lui fit construire une châsse de bois ornée dans son pourtour de fleurs de lis d'or, avec l'image de la sainte, et le jour de sa fête, 1648, il y déposa les saintes reliques avec les originaux des pièces transcrites plus haut, en y ajoutant l'attestation suivante :

« Nous soussigné, Fr. Séverin de Lanchy, humble prieur de l'abbaye de Saint-Pierre-le-Vif, de Sens, ordre de saint Benoît, congrégation de saint Maur, assisté de D. Maur du Rhu, sacristain, prêtre et profès du même ordre et congrégation, certifions à tous ceux qu'il appartiendra, qu'aujourd'hui, 28 juin 1648, les reliques de sainte Théodechilde, fille de Clovis, roy très-chrétien de France, et fondatrice de ce monastère, ont été placées et colloquées par nous dans cette châsse, pour y être conservées à toujours. En foi de quoi.... » (1).

Le successeur de D. Séverin, dom Hugues Mathoud, hérita, à ce qu'il paraît, de sa piété envers les reliques de son église, dont il fit faire, en 1660, un inventaire très-détaillé. L'original de cet acte est entre les mains de M. l'abbé Carlier, doyen du Chapitre de Sens et gardien des saintes reliques. Voici le passage relatif aux restes sacrés de notre sainte. Nous le donnons en entier, bien qu'il contienne plusieurs choses déjà relatées plus haut :

« N° 10. Une châsse de bois peint en azur parsemé
« de fleurs de lys, d'un costé de laquelle est l'image
« de saincte Clotilde, et de l'autre celle de sa fille
« saincte Théodechilde, fille de Clovis, premier roy
« chrestien de France et fondateur de ladite abbaye
« de Saint-Pierre-le-Vif. Dans laquelle châsse est le

---

(1) Bolland., n. 50. Voir le texte à l'*appendice*. Documents : N° X.

« corps de la mesme saincte Théodechilde, qui fut
« trouvé dans une quaisse de plomb auprès du grand
« autel de ladite église, par messire Octave de Belle-
« garde, archevesque de Sens, le seiziesme octobre de
« l'an mil six cent quarante-trois, comme il nous est
« apparu par deux procès-verbaux ou actes signés de
« la main dudit seigneur archevesque, le premier en
« datte desd. jour et an, et l'autre en datte du vingt-
« sixiesme du même mois et an et scellé de ses armes,
« qui est une permission qu'il donne d'exposer publi-
« quement à la vénération des fidèles les reliques de la
« susdite saincte et de faire célébrer le service divin
« en son honneur, les jours de sa feste, qui est le
« 28 juin, et de la translation de ses sainctes reliques.
« Et avons veu dans le trésor la pierre qui fut trouvée
« sur les ossements dans ladite quaisse de plomb et
« de laquelle il est mention dans ledit procès-verbal,
« qui porte ces mots gravés sur icelle : « *iiij kl, julii*
« *transiit donna Thechildis regina.* » Dans l'inven-
« taire ou processional de 1552, nous avons aussy leu
« ces mots : « *Un bras de saincte Tigilde enchassé en*
« *argent.* » Et plus bas : « *La coste de saincte Tigilde*
« *enchassée en argent.* » Et dans un autre endroit du
« mesme inventaire, ces autres mots : « *Le chef de*
« *saincte Tigilde, fille du roy Clovis, couvert d'ar-*
« *gent.* » Et pour plus ample confirmation de ce que
« dessus, nous avons leu dans l'inventaire de Gaufridus
« de l'an mil deux cent soixante-quatre, ces mots :
« *Corpus sanctæ Theodechildis, virginis, quæ nostrum*
« *fundavit monasterium, habemus decenter a sinistris*
« *majoris altaris, in muro sub lapide suo sepulchrali*
« (qui paroist encore à présent) *tumulatum. Et caput*
« *ipsius virginis argento ad formam suæ faciei fabri-*
« *cato.* » Et dans le livre autographe du mesme auteur
« écrit un an auparavant, nous avons leu ce qui s'en
« suit dans la page 69 : « *Sepulta fuit in monasterio*

« *suo Sancti-Petri-Vivi Senonensis ad sinistrum latus
« maioris altaris quod a Deo et angelis dignoscitur
« consecratum. Dies anniversarius memoriæ ejus duci-
« tur in vigiliâ apostolorum Petri et Pauli. Posteà
« verò Domnus Gaufridus abbas qui novum opus mo-
« nasterii construi fecit, sacrum corpus dictæ sanctæ
« virginis transtulit in locum in quo est, et honorifice
« caput ipsius reginæ in argento ad modum cuiusdam
« faciei fabricato voluit conservari.* » Nous avons leu
« un autre original sain et entier et signé d'un nottaire
« nommé Sébastien Daix, en datte du sixiesme sep-
« tembre 1438, qui est un inventaire de ladite abbaye,
« où sont ces mots : « *Et corpus sanctæ Theode-
« childis....* » (1).

En cette même année 1660 fut édité, par les soins de l'archevêque, un nouveau rituel et processionnal sénonais, dans lequel le nom de sainte Théodechilde figure, soit au calendrier, soit aux grandes et aux petites litanies (2).

A peine la nouvelle de l'invention du corps de sainte Théodechilde était-elle parvenue dans les montagnes de l'Auvergne, autrefois visitées par elle, que les religieux de Mauriae s'empressèrent de demander à Sens une portion des reliques de la sainte fondatrice. Ils y avaient droit. Toutefois ce ne fut qu'en 1663 que leur demande fut exaucée ; mais nous parlerons plus en détail de cette translation au chapitre suivant.

Le XVIIIe siècle s'ouvre pour notre chère sainte par une glorification plus étendue et plus solennelle que toutes celles qui ont précédé. En 1643, l'année précise où l'archevêque de Sens avait reconnu ses reliques et autorisé son culte, le P. Jean Bollandus avait fait pa-

---

(1) Copie communiquée par M. G. Julliot, de Sens, le 9 juillet, 1874.

(2) Bolland., n. 44.

raître les premiers volumes de la vaste et savante publication qui lui doit son nom, en mettant au jour les vies des saints de janvier. Après lui, le P. Daniel Papebrock continua l'œuvre et la poursuivit jusqu'au mois de juin, dont le cinquième volume, publié en 1709, comprend, à la date du 28, une dissertation approfondie sur *sainte Théodechilde, vierge, fille de Clovis I, roi des Francs, fondatrice de Saint-Pierre-le-Vif*, près de Sens. D. Toussaint du Carroy, alors prieur de Sens, en avait fourni les éléments. Ainsi notre sainte bien-aimée a désormais sa place acquise dans cette galerie glorieuse, et le souvenir de son nom durera autant que ces annales immortelles des héros de l'Église.

Malgré l'esprit philosophique qui l'envahit, le XVIIIe siècle va nous donner d'autres témoignages encore du respect dont on entourait les restes de sainte Théodechilde et de l'extension que prenait de plus en plus son culte.

Molosmes est une petite paroisse du canton de Tonnerre (Yonne), située sur les bords de l'Armançon. Il y avait là autrefois une abbaye de bénédictins dont la fondation première remonterait à l'an 496, d'après le P. Le Coïnte. Selon d'autres, ce fut Clovis qui fonda ce monastère en 509, comme nous l'avons dit au commencement du chapitre V. La règle de saint Benoît y aurait été introduite avant la fin du VIe siècle. Vers la fin du XIIe, les religieux abandonnèrent leur antique abbaye et allèrent se fixer à trois kilomètres de là, sur la rive gauche de l'Armançon, au-dessous du village de Saint-Martin, où ils bâtirent une petite église et un couvent ; mais ils retinrent toujours le nom de religieux de Molosmes et continuèrent à se faire enterrer dans l'ancienne église abbatiale, qui fut même rebâtie en 1541. François de Clermont-Tonnerre, évêque de Noyon, abbé de Molosmes, introduisit parmi ces religieux la réforme de Saint-Maur, le 23 février 1667.

Les bénédictins de Molosmes avaient obtenu, pour leur église, de l'archevêque Octave de Bellegarde, une insigne relique de la fille de leur fondateur ; mais nous n'avons aucun détail sur cette première translation. En revanche, nous avons retrouvé toutes les pièces relatives à une seconde translation qui eut lieu au commencement du XVIII⁰ siècle. Voici d'abord l'attestation du médecin appelé pour visiter les reliques :

« Je soussigné, maître chirurgien juré, demeurant
« à Toulay, certifie à tous ceux qu'il appartiendra
« qu'estant en l'abbaïe de Saint-Pierre de Molosmes,
« dite de St-Martin, proche de Tonnerre, les véné-
« rables religieux de ladite abbaïe m'ont prié de voir
« et nommer quelques ossements et reliques de saints
« qu'ils veulent mettre dans de nouvelles châsses pour
« les exposer à la vénération des fidèles avec la per-
« mission de Monseigneur l'évêque Duc de Langres ;
« ils m'ont ouvert, pour cet effet, une boëte de bois
« peint où sont renfermés les cendres de saint Vallier,
« martyr, archidiacre de Langres, dont le corps a esté
« brûlé par les calvinistes, suivant le procès-verbal,
« plusieurs petits ossements et en particulier du crâne.
« Plus les religieux m'ont fait voir deux autres petites
« boëtes dans l'une desquelles se sont trouvés un os
« de la jambe de saint Candide, martyr, et un bras de
« sainte Théodore, martyre, dont il y a certificat en
« bonne forme, et l'autre renferme *la rotule du genouil*
« *de sainte Théodechilde, fille de Clovis*, fondateur de
« ladite abbaïe de St-Martin. Cette relique a été tirée
« de la châsse de ladite sainte, conservée en l'abbaïe
« de St-Pierre-le-Vif-lez-Sens, du consentement de
« messire Octave de Bellegarde, archevêque de ladite
« ville. En foy de quoy j'ay signé le présent certificat,
« le seizième jour de septembre de l'an mil sept cens
« douze. *Signé* : P. Noël. »

A la suite de cet acte et sur la même feuille on lit :

« Nous, François de Clermont-Tonnerre, évêque
« Duc de Langres, pair de France, veu le présent cer-
« tificat par lequel il paraît que la boëte envoyée aux
« religieux bénédictins de St-Martin de Molôme con-
« tenait les reliques dont le procès-verbal en forme est
« cy chargé, Nous en avons par ces présentes permis
« et permettons l'exposition. Et ordonnons qu'elles
« soient mises dans une châsse pour estre dans ladite
« église de St-Martin de Molôme exposées à la vénéra-
« tion des fidèles. Donné à Musset, ce 4 novembre 1712.
» *Signé* : Fr. évêque Duc de Langres » (1).

La translation solennelle permise par l'ordonnance
ci-dessus eut lieu le 1er mai de l'année suivante. Voici
la traduction du curieux procès-verbal de cette cérémonie à laquelle assistèrent plusieurs supérieurs des
monastères voisins et dont tous les détails ont été
scrupuleusement relatés :

« Frère Charles Bagot, humble prieur du monastère
« Saint-Pierre-de-Molosme-la-Fosse, dit de Saint-
« Martin, ordre de Saint-Benoît, congrégation de St-
« Maur, au diocèse de Langres, à tous ceux qui dans
« l'avenir ces présentes lettres verront, salut dans le
« Seigneur,

« Ayant reçu de l'illustrissime et révérendissime
« Père en Dieu, François de Clermont-Tonnerre, évê-
« que diocésain, et du R. P. Arnulphe de Loo, supé-
« rieur général de notre congrégation, la permission
« de transférer les saintes reliques de saint Candide,
« martyr, de sainte Théodore, vierge, et de sainte
« Théodechilde, aussi vierge, d'une châsse peu conve-
« nable, dans une autre toute neuve, faite à nos frais,
« d'une forme plus élégante et d'une matière plus pré-
« cieuse, nous avons fixé le 1er mai de la présente

(1) *Archives de Molosmes*. Copies communiquées par M. l'abbé
Prêtre, curé, le 7 novembre 1876.

« année pour faire cette translation ; et afin de satis-
« faire la dévotion des pieux habitants de ce lieu,
« nous avons résolu de rendre cette cérémonie publi-
« que, et avons eu soin de la faire annoncer au peu-
« ple. Le jour donc précité, 1er mai 1713, environ une
« heure de l'après-midi, la châsse neuve et l'ancienne
« qui contient lesdites reliques, ont été portées sur le
« maître-autel, pieusement et magnifiquement paré,
« avec plusieurs cierges allumés. Là, en présence
« d'une grande assemblée de moines qui, comme nous,
« étaient revêtus de chapes ou de dalmatiques précieu-
« ses, en présence d'une nombreuse assistance de
« fidèles de l'un et de l'autre sexe, à genoux devant
« l'autel. nous avons entonné l'hymne *Veni, Creator*,
« que le chœur a poursuivie. Ensuite nous avons vé-
« néré et encensé la châsse dans laquelle nous avons
« trouvé les saintes reliques apportées de Sens ici,
« ainsi que les attestations voulues, à savoir : un tibia
« de saint Candide, martyr, un bras presque entier
« de sainte Théodore, vierge et martyre, un os assez
« considérable de sainte Théodechilde, vierge, fille de
« Clovis 1er, fondateur de ce monastère, lequel os, au
« jugement des médecins, est la rotule du genou. Après
« avoir présenté lesdites reliques à la vénération du
« clergé et du peuple, nous les avons transférées dans
« la nouvelle châsse, artistement travaillée et aupara-
« vant bénite par nous solennellement.

« Ces choses étant faites, nous avons commencé,
« dans l'enclos du monastère, une procession solen-
« nelle, à laquelle les reliques dont nous venions de
« faire la translation ont été portées par deux moines,
« et au retour on a chanté le *Te Deum*, selon la cou-
« tume, et enfin nous avons terminé la cérémonie par
« les vêpres chantées fort solennellement. Tout ceci
« s'est fait les même jour et an que dessus, en pré-
« sence de R. P. Gabriel Quatrhommes, ancien prieur :

« Charles Bagot, prieur de la stricte Observance ;
« Mangenet, prieur de Ste-Marie-de-Molosme ; Zacharie
« Bouquin, prieur de St-Jean-de-Réôme ; Gabriel de
« la Cadre, prieur de St-Germain-d'Auxerre ; François
« Dardanne, prieur de St-Michel de Tonnerre ; François
« Goddard, supérieur de ce monastère ; Firmin Du-
« moulin, prieur de la Charité-de-Lézines, de l'étroite
« observance de l'ordre de Citeaux ; Arnulfe-Henri
« Fourmy, sous-prieur et cellerier d'Ancy-le-Cerveux ;
« Pierre Hébert, moine dudit lieu ; M⁰ Edmond Cam-
« penon, préfet de la juridiction de cette abbaye royale ;
« Mʳ Edmond Thomassin, avocat au Parlement, et
« autres, appelés à la cérémonie, qui tous ont signé
« avec nous l'instrument original dressé à cet effet. » (1)

En 1791, le monastère de Saint-Martin ayant été fermé de par la loi, les religieux en partant n'oublièrent pas l'église qui leur avait servi de berceau. Les reliques dont nous avons raconté la translation furent portées par eux, le jeudi 3 mars 1791, dans l'église abbatiale de Molosmes, devenue depuis église paroissiale. Aux côtés du maître-autel se voient encore aujourd'hui deux pilastres supportant deux reliquaires anciens de bois doré, mesurant 0ᵐ 50 de largeur, avec un dôme surmonté d'une croix cantonnée de quatre urnes. Dans l'un de ces reliquaires sont renfermées les reliques de saint Vallier, martyr, archidiacre de Langres, patron de l'abbaye de Saint-Pierre-de-Molosmes. Dans l'autre, se trouvent les reliques de saint Candide, de sainte Théodore et de sainte Théodechilde, celle-ci au milieu des deux autres. Il y a peu d'années encore on portait ces deux châsses aux processions de la Fête-Dieu. Mais revenons à Sens.

Marchant sur les traces de ses prédécesseurs, Son Eminence, Mgr le cardinal de Luynes maintint dans

(1) Voir le texte latin à l'Appendice : Documents n° XII,

les *livres d'église à l'usage du diocèse de Sens*, imprimés par son ordre en 1762, le souvenir et le nom de sainte Théodechilde. Mais quelques années plus tard, la tourmente révolutionnaire s'abattait sur la France. Partout les églises sont fermées ou détruites, les saintes reliques jetées au feu et réduites en cendres. L'église de Saint-Pierre-le-Vif fut démolie en 1794 par le fameux Loménie de Brienne, archevêque de Sens, devenu évêque constitutionnel de l'Yonne. Heureusement, la châsse de sainte Théodechilde échappa à ce naufrage, dans lequel périrent tant de saintes et précieuses choses. Dès 1791 elle avait été transportée dans le trésor de la cathédrale. Plus tard, un chrétien digne des anciens jours, M. Thomas, orfèvre à Sens, craignant que les reliques ne fussent profanées par l'impiété, les porta secrètement dans l'église de Saint-Pierre-le-Rond, sa paroisse, qu'il avait achetée à ses frais, malgré sa modeste fortune, pour qu'elle ne tombât pas entre les mains des démolisseurs. Il y renferma dans une armoire toutes les châsses et reliquaires qu'il avait pu sauver d'ailleurs. La châsse de sainte Théodechilde faisait partie de ce trésor caché; elle y resta jusqu'en 1825. Ce fut alors que M. l'abbé Thomas, ancien doyen de Chablis, mort chanoine de Sens en 1872, obtint de M. Rupied, curé et propriétaire de l'église Saint-Pierre, les reliques de sainte Théodechilde qu'il garda quelques années chez lui. Lorsque, en 1844, les religieuses du Bon-Pasteur d'Angers vinrent s'établir sur l'emplacement même de Saint-Pierre-le-Vif, M. l'abbé Thomas s'empressa de leur remettre son précieux dépôt, tout en gardant pour lui, avec une pieuse vénération, le *méat auditif* (rocher de l'oreille) de la sainte. Le reliquaire fut d'abord placé dans l'église de St-Savinien qui avait été respectée par la tourmente révolutionnaire, et il y resta quelque temps. Mais aujourd'hui la précieuse châsse est conservée dans l'oratoire intérieur où les sœurs font leurs exercices, l'église de Saint-Savinien étant séparée du corps de bâtiment par le jardin du couvent. (1)

C'est ici le lieu de décrire cette châsse construite, en 1648, par D. Séverin de Lanchy, et arrivée jusqu'à nous à travers tant de péripéties diverses. Voici la description que nous devons à l'obligeance de M. Juillot, professeur au lycée de Sens, président de la Société archéologique.

« Cette châsse a la forme d'une maisonnette dont le toît est à deux eaux ; elle mesure 0^m 56 de longueur, 0^m 27 de largeur et 0^m 52 de hauteur. Elle est en bois, tout unie, sans aucune moulure et n'a d'autre ornement que des peintures assez ordinaires. Le fond est peint en bleu avec un semé épais de fleurs de lis d'or sur toute la surface. Au milieu de la face principale se lit, entourée de fioritures, cette inscription en lettres d'or :

S. THEODECHILDIS. V.

IV KAL. JULii OBiiT.

« La face postérieure est également semée de fleurs de lis sans aucun autre ornement. Le pignon de droite présente sur un fond d'or une reine debout et vue de face. Elle est vêtue d'une robe rouge que recouvre en partie une cuirasse de fer richement damasquinée en or. Un long manteau bleu, semé de fleurs de lis d'or, est attaché au-dessous du col par une broche enrichie de pierreries. De la main droite elle soutient les plis de son manteau ; de la gauche elle présente un petit édicule surmonté d'une flèche très-aiguë. Une cou-

---

(1) Notes communiquées par M. l'abbé Carlier et M. l'abbé Prunier en 1876. — *Etude historique sur sainte Théodechilde*, par M. Buzy.

ronne ornée de quatre fleurs de lis d'or est posée sur sa chevelure, qui retombe en longues boucles sur ses épaules. C'est l'image de sainte Clotilde.

« Le pignon de gauche présente une religieuse toute de noir habillée, sauf une sorte de guimpe qui encadre le visage, recouvre le col, les épaules et une partie de la poitrine. Sa main gauche tient un beau livre de maroquin rouge, doré sur tranche, tandis que de la main droite elle semble indiquer une abbaye que l'on achève de construire et que le peintre a dessinée dans le lointain. Quelques rayons lumineux à peine visibles divergent autour de sa tête. A sa gauche, une sorte de piédestal supporte une couronne et un sceptre d'or. C'est, à n'en pas douter, sainte Théodechilde. Ces deux figures sont anciennes; mais les peintures bleues et les fleurs de lis semblent avoir été restaurées depuis peu de temps.

« L'intérieur de la châsse, que l'on ne peut voir qu'en enlevant une planchette carrée qui se trouve sur le pignon où est figurée sainte Théodechilde, est peint en rouge écarlate. En retirant la planchette, on voit un coffret recouvert d'une étoffe de moire blanche, et entourée de rubans blancs scellés. C'est peut-être le coffret de bois bardé de fer dans lequel l'archevêque Octave de Bellegarde plaça les reliques de la sainte.... Cette châsse m'a paru d'un poids considérable. » (1)

Outre la chapelle des dames du Bon Pasteur, deux autres églises de Sens possèdent encore des reliques de sainte Théodechilde : Saint-Pierre-le-Rond et la chapelle des Carmélites. Dans cette dernière chapelle ouverte au public, on voit sur les murs latéraux du sanctuaire, deux belles châsses de bois sculpté, dans l'une desquelles se trouve un *ossement insigne de sainte Théodechilde, vierge.* A Saint-Pierre-le-Rond,

---

(1) Lettre de M. Juillot, du 9 juillet 1874.

la relique de la sainte est placée dans une châsse qui se trouve sur l'autel même.

Mentionnons enfin une relique de sainte Théodechilde, qui est conservée dans le monastère des Carmélites d'Autun. Elle a appartenu à Madame Louise de France, dont on connaît la dévotion pour les saintes reliques. C'est probablement celle qui avait été donnée, en 1643, à la reine-mère, Anne d'Autriche, et qui était restée dans la famille royale. Madame Louise la laissa aux Carmélites de St-Denis, qui l'ont transportée avec elles à Autun.

Relativement au culte actuel de sainte Théodechilde à Sens, voici ce que nous écrivait M. l'abbé Prunier, curé de Soucy, à la date du 4 novembre 1873. « Sainte Théodechilde n'a pas aujourd'hui de fête chômée, ni par le peuple, ni par le clergé dans l'office ecclésiastique. Les religieuses du Bon-Pasteur elles-mêmes ne la célèbrent pas. Il n'y a pas d'office, ni de leçons particulières dans le Propre romain Sénonais de 1851, pas plus que dans le nouveau Propre de 1872. Comme nous n'avons aucun bréviaire de Saint-Pierre-le-Vif, nous ignorons s'il y avait un office et des leçons propres pour la fête de la sainte. » A la date du 19 janvier 1874, M. le curé nous écrivait encore : « Lundi, 5 janvier courant, j'ai eu l'honneur et le plaisir de lire publiquement à la réunion de la *Société archéologique* de Sens votre lettre sur le culte public de sainte Théodechilde à Mauriac, et les leçons du propre de Saint-Flour concernant la même sainte ; tous, ecclésiastiques et laïques, y ont prêté la plus grande attention, surtout le chanoine gardien du trésor de Sens, et un membre de la Commission du Propre Sénonais de 1872. Ces Messieurs ont témoigné le regret de n'avoir pas connu ces documents si précieux lors de la rédaction du propre de Sens. La question reviendra probablement sur le tapis, et nous travaillerons pour reconquérir notre illustre sainte que les siens ont rejetée. » Nous faisons des vœux pour que l'archidiocèse de Sens inscrive enfin dans ses sacrés dyptiques le nom de Celle qui fut une de ses gloires les plus pures.

Enfin, nous croyons devoir ajouter ici la description de ce qui reste à Sens de Saint-Pierre-le-Vif. Le monastère était situé dans le faubourg actuel de Saint-Savinien, à l'est de la ville, sur la route de Troyes. Ce faubourg est très long, et Saint-Pierre-le-Vif était placé à l'extrémité, à plus d'un kilomètre du centre de la cité, sur un plateau plus élevé que la ville même. Nous avons déjà dit que les religieuses du Bon-Pasteur d'Angers sont venues s'établir sur l'emplacement de l'ancien monastère bénédictin, où elles tiennent une maison d'éducation et de refuge, composée de ving-cinq sœurs et de soixante-dix jeunes filles environ. Il reste encore quelques vestiges des anciens bâtiments de l'abbaye ; ce sont : 1° l'église de Saint-Savinien *extra muros*, bâtie en 1068, célèbre spécimen du style roman. La crypte est du premier siècle ; elle renferme un autel encore teint du sang des martyrs, avec quatre inscriptions murales remarquables, en lettres onciales, antérieures au XI° siècle. Cette église, contiguë à St-Pierre-le-Vif, était autrefois paroissiale. Achetée par de pieux fidèles, elle fut ainsi sauvée de la destruction, puis donnée par eux aux archevêques, à charge de conservation et d'entretien. Enfin elle a été cédée aux religieuses du Bon-Pasteur à qui elle sert de chapelle. Elle n'est ouverte au public que pendant l'octave de Saint-Savinien, du 19 au 27 octobre.

2° Une ancienne basse-cour du monastère, avec les bâtiments.

3° Un jardin de 17 arpents, avec les murs dont il fut clos, en 1112, par l'abbé Arnaud. Ce jardin renferme le puits dit de sainte Pétronille, maçonné en pierres de taille et attribué à Odoran. Ce puits ne tarit jamais.

4° L'auditoire de l'ancien bailliage de St-Pierre-le-Vif.

5° L'ancien jardin de l'abbé, appartenant aujourd'hui à un particulier.

6° La place de Saint-Pierre-le-Vif, aujourd'hui encore place publique devant le Bon-Pasteur.

7° Un finage dit de Saint-Pierre-le-Vif.

8° Quelques bornes de champs en grès, avec deux clefs sculptées, ayant autrefois servi aux propriétés des religieux, et maintenant bornes particulières.

9° Quelques livres et manuscrits précieux aux bibliothèques de Sens et d'Auxerre, provenant de l'abbyae.

CHAPITRE X.

CULTE ET RELIQUES DE SAINTE THÉODECHILDE A MAURIAC.

(1631-1882.)

Sommaire : Premier office de sainte Théodechilde. — Première translation à Mauriac. — Un miracle et une fondation. — La Révolution. — Couronnement de N.-D. des Miracles. — Second office de sainte Théodechilde. — Seconde translation. — Une visite au château de Basolus.

Deux siècles après la fondation du monastère de Mauriac, les Sarrasins envahirent l'Aquitaine et pénétrèrent jusques en Auvergne (731). Le fer et le feu à la main, ils pillent, égorgent, brûlent tout sur leur passage. Les églises, les monastères, déjà nombreux en ce pays, ne sont plus qu'un amas de ruines. Quelques-uns de ces derniers périrent alors pour toujours. Celui de Mauriac resta près de cent ans à se relever ; mais enfin l'archevêque de Sens, Jérémie, tout puissant auprès de

Louis-le-Débonnaire, le réédifia à la prière de Frodbert, abbé de Saint-Pierre-le-Vif, pour mettre fin aux usurpations que les hommes du pays commettaient sur les terres données autrefois par Théodechilde (824). Des moines réguliers, pris dans le monastère de Sens, y furent établis de nouveau (1).

Clarius, qui rapporte ces faits, parle, il est vrai, d'une édification plutôt que d'une réédification. Mais, dit Ozanam, « c'est le langage ordinaire de cette époque (IXe siècle) de célébrer comme le fondateur d'une église, celui qui la rebâtit; comme l'auteur d'une institution, celui qui la restaure. » Une preuve irréfutable que le monastère existait antérieurement, c'est que, lors des premières invasions sarrasines, les moines de Vaison, en Provence, étaient venus s'y réfugier et y cacher le corps de saint Quinide, leur patron.

Le culte de sainte Théodechilde dut commencer de bonne heure dans le monastère de Mauriac, car les doyens, pris toujours parmi les religieux de Sens, y avaient nécessairement conservé son souvenir. Toutefois, il nous faut descendre jusqu'au XVIIe siècle pour trouver des preuves de ce culte traditionnel. Dom Placide de Vaulx, bénédictin de Mauriac, écrivant, le 2 décembre 1631, à D. Grégoire Terrisse, supérieur général de la Congrégation de St-Maur, lui dit que, dans l'église du monastère, il y a quatre chapelles dédiées, l'une à saint Quinide, évêque, la seconde à à saint Mary, confesseur, la troisième aux Saints Innocents, et la quatrième à sainte Théodechilde (2).

Ces quatre chapelles se trouvaient au chevet de l'église, rayonnant autour du maître-autel dédié à la sainte Vierge et à saint Pierre. Nous avons des raisons de penser que la chapelle de la sainte et royale

---

(1) *Recueil des Historiens de France,* t. VI, p. 236, 237.
(2) *Dictionnaire statistique du Cantal,* p. 235.

Gravure du Bréviaire Mauriacois, 1658.

fondatrice était située du côté de l'épître, contiguë au cloître des religieux. Il est sûr que la dédicace des trois premières chapelles aux saints nommés ci-dessus datait de l'époque même de la construction de l'église (XII⁰ siècle), et il est vraisemblable que la consécration de la quatrième à sainte Théodechilde était aussi ancienne, car au moyen-âge on changeait moins facilement qu'aujourd'hui les titulaires des églises et des chapelles. En tous cas, il ressort de ce témoignage un fait certain, c'est que sainte Théodechilde était honorée à Mauriac d'un culte public avant l'invention de son corps à Sens et son exaltation sur les autels.

D'anciens offices, propres à Mauriac et déjà autorisés par l'évêque de Clermont, furent, au XVII⁰ siècle, rédigés selon le rit romain et augmentés de trois nouveaux offices, par les soins de M. Pomerie, curé de la ville. Le nouveau bréviaire mauriacois fut imprimé à Toulouse, en 1658, avec l'approbation de Mgr Louis d'Estain, évêque de Clermont, pour servir au clergé, tant séculier que régulier, de la ville de Mauriac. Le volume est intitulé : *Officia in solemnitate miraculorum B^æ Mariæ Virginis et sanctorum Mauriaci patronorum.* « Offices pour la solennité de Notre-Dame-des-Miracles et des saints patrons de Mauriac. » On y trouve les offices de Notre-Dame-des-Miracles, patronne de l'église paroissiale et de la ville, de St Mary, de St Quinide, de sainte Théodechilde, de saint Paulin, martyr, et de saint Goderic, confesseur, tous patrons secondaires de la cité. C'est de sainte Théodechilde seulement que nous avons à nous occuper ici.

En tête du bréviaire se trouve une gravure représentant, dans la partie supérieure, Notre-Dame-des-Miracles tenant sur ses genoux l'enfant Jésus, et, dans la partie inférieure, les cinq autres patrons de Mauriac, dont l'ouvrage renferme les offices respectifs. Au milieu, et directement au-dessous de l'image de Marie, on voit sainte Théodechilde à genoux, en manteau fleurdelisé, orné des colliers des deux ordres royaux de saint Michel et du Saint-Esprit, et soutenant des deux mains une représentation de la ville de Mauriac qu'elle offre à la sainte Vierge ; à ses pieds, sont déposés le sceptre et la couronne. Au-dessus de la ville brille une langue de feu représentant incontestablement la lumière surnaturelle que Théodechilde aperçut par trois fois dans les profondeurs de la forêt ; sur un philactère, on lit ce vers latin :

Prodigiis Virgo nascentem illuminat urbem.

« La ville naissante est illustrée par les miracles de la Vierge. »

Dans le calendrier placé au commencement du volume, la fête de sainte Théodechilde est ainsi indiquée au 28 juin : « Fête de sainte Théodechilde, fondatrice de l'église ; elle se célèbre à la chapelle de la sainte. » Plus loin, dans l'introduction ou préface qui a pour titre : *Ad lectorem*, « au lecteur, » on lit ce qui suit : « Pour ce qui est de sainte Théodechilde, comme nous n'avons rien trouvé dans aucun bréviaire, il nous a plu d'extraire du martyrologe gallican et des anciens manuscrits conservés dans le monastère St-Pierre de Mauriac des leçons qui, une fois approuvées, pourront être récitées. » Enfin, à la page 85 se trouve l'office de la sainte, qui est du commun des vierges, comme dans le bréviaire romain, sauf l'oraison et les leçons du second nocturne, qui contiennent la légende de sainte Théodechilde (1).

Mauriac vénérait dans ses trois églises principales les corps entiers ou, des reliques insignes de ses saints patrons ; mais on n'en possédait point de sainte Théodechilde. Après la translation de son corps, faite à Sens, en 1643, les religieux, le clergé et le peuple de

---

(1) Voir cet office aux documents : n° XIV.

Mauriac demandèrent avec instances et à plusieurs reprises, au monastère de Sens, au moins un ossement de la sainte fondatrice, afin que leur dévotion pour elle fût augmentée par la présence de cette relique. De leur côté, désirant que le culte de sainte Théodechilde s'étendît de plus en plus, les moines de Sens accédèrent à cette demande, et en conséquence ils sollicitèrent, en 1663, soit auprès du supérieur général de leur congrégation, soit auprès de l'archevêque, la permission de satisfaire le vœu des habitants de Mauriac.

Voici l'autorisation donnée par l'archevêque de Sens :

« Louis-Henri de Gondrin, par la miséricorde divine, archevêque de Sens, etc.., à nos bien-aimés les moines, prieur et couvent du monastère de Saint-Pierre de Mauriac, dépendant du monastère de St-Pierre-le-Vif, près Sens, salut en Celui par qui les saints règnent dans la gloire.

« Quoique nous sachions, par la foi catholique, que les reliques des saints doivent être vénérées en tout lieu et par tous les fidèles du Christ, cependant il est juste et parfaitement conforme à la raison que ces restes sacrés soient honorés avec une religion particulière, soit dans les lieux qu'ils ont plus spécialement illustrés de leurs vertus pendant leur vie, soit dans ceux où Dieu a voulu attester et prouver leur sainteté par plusieurs miracles opérés à leur intercession. C'est pourquoi, comme la tradition nous apprend que votre monastère, doté des biens et par la piété de sainte Théodechilde, vierge, fille de Clovis I, roi des Francs, tandis qu'elle vivait encore sur la terre, a été plus tard consacré à Dieu sous l'invocation de cette vierge très-sainte (1), nous avons regardé comme

(1) C'est une erreur. Le monastère de Mauriac était sous l'invocation de la sainte Vierge et de saint Pierre; sainte Théodechilde n'y avait, comme nous l'avons dit, qu'une chapelle dédiée à son nom.

plein de piété, de religion et digne d'éloge le désir qui vous a poussés à demander avec instances aux prieur et couvent de St-Pierre-le-Vif, près de notre cité de Sens, où la vénérable tradition nous apprend que les sacrés restes de cette sainte ont été conservés jusqu'à présent, qu'on voulût bien vous envoyer une partie insigne de ses reliques, afin que votre dévotion et celle des habitants de votre pays en fût aidée et accrue. Aussi, ayant vu la supplique que nous ont présentée les prieur et couvent de St-Pierre-le-Vif, nous avons accordé et accordons qu'un os vertébral, déjà mis de côté pour vous par notre religieux prédécesseur, Octave de Bellegarde, d'heureuse mémoire, le 16 octobre 1643, alors qu'il procédait à la dernière translation des reliques de sainte Théodechilde, vous soit enfin envoyé. Ledit prieur nous l'a présenté, en nous affirmant avec serment son authenticité, et nous le lui avons rendu pour vous être envoyé avec la plus grande révérence possible ; ensemble nos présentes lettres que vous aurez soin de produire devant votre Ordinaire, avec ces sacrées reliques, afin que, seulement après son approbation et son consentement, vous puissier les exposer à la vénération des fidèles.

« Donné en notre château de Nolon, le trentième jour du mois de juillet, l'an de Notre Seigneur 1663.

Ainsi signé : « DE GONDRIN, archevêque de Sens.

« Par mandement de Monseigneur, d'Aignan. » (1)

Nous n'avons pu découvrir par qui ni comment la sainte relique fut portée à Mauriac. Il est à présumer qu'un ou plusieurs moines allèrent, par honneur, la chercher jusqu'à Sens, et qu'en passant à Clermont, ils la firent reconnaître et approuver par l'évêque diocésain. Cependant l'histoire de cette translation avait

(1) Bollandistes, n° 51. Voir le texte latin à l'*Appendice* : Documents, n° XI.

été écrite, car un *Répertoire des titres contenus aux archives du monastère de Mauriac* mentionne « un « cayer contenant plusieurs belles remarques qui font « savoir la découverte de sainte Théodechilde ; la « translation de sa relique au monastère St-Pierre de « Mauriac ; sa naissance ; titre pour le transport de « ladite relique ; l'histoire de sa vie avec des vers à sa « louange. » Toutes les recherches que nous avons pu faire pour retrouver ce cahier ont été vaines. Ce que l'on peut conjecturer, c'est que la sainte relique fut reçue avec une joie et des honneurs proportionnés aux instances réitérées qu'on avait faites pour l'obtenir, enfermée dans un précieux reliquaire et déposée dans la chapelle dédiée à la sainte dans l'église du monastère.

Ces deux faits, l'approbation d'un office spécial pour la sainte et la translation d'une de ses reliques favorisèrent grandement le culte que sainte Théodechilde recevait déjà à Mauriac.

Depuis longtemps il existait dans la ville plusieurs confréries, telles que celles du Saint-Sacrement, de saint Eloi, de saint Roch, de sainte Anne, de Notre-Dame des Miracles ; il s'en établit bientôt, sous l'invocation de sainte Théodechilde, une nouvelle qui ne fut pas moins florissante que les autres.

Mais le culte de la sainte fondatrice ne se renfermait point dans l'enceinte de la ville ou les limites de la paroisse ; il se répandait au loin, et le ciel le confirmait par des grâces miraculeuses. Nous trouvons une preuve de ce double fait dans le procès-verbal d'un miracle opéré, en 1666, trois ans après la translation de la relique, en faveur d'un prêtre d'Ussel, en Limousin, qui s'était recommandé à la sainte. Voici ce procès-verbal :

« Le huictiesme jour d'aoust, mil six cent soixante-
« six, en la ville de Mauriac et dans le monastaire

« sainct Pierre de ladite ville, par devant les notaires
« subsignés et témoints bas nommés, a esté présent
« honorable homme M° Anthoine Desméchin, pbre de
« l'esglise parochelle de sainct Martin d'Ussel, lequel
« en la présance de Révérand Père Dom Martial
« Deschamps, prieur audict monastaire, a rapporté
« que, au carnaval de l'année présante et le huictiesme
« febvrier, il tomba malade, dans la ville d'Ussel, d'une
« fiebvre lante et continue qui dura neuf sepmaines et
« le poussa à l'extrémité sans pouvoir prandre aucung
« aliment pour avoir un grand desgoust, et voyant que
« les remèdes naturels lui estaient inutilles, il s'advisa
« de recourir à l'intercession de la glorieuse saincte
« Théodechilde, sur ce que on lui donna à entendre
« que ses sainctes reliques avaient esté nouvellement
« apportées au monastaire de lad. ville, ce qui l'obligea
« le jour de feste sainct Joseph, dix-neuviesme de
« mars, de faire certain vœu à l'honneur de lad. saincte
« Théodechilde, à ce qu'il lui plust par son interces-
« sion et prière lui obtenir la guérison. Et en effet,
« ayant fait led. vœu. lad. fiebvre cessa et devint en
« parfaicte guérison. Et c'est ce qui l'a obligé de venir
« faire et exécuter son vœu, comme il a faict ce jour-
« d'hui dans ledit monastaire et remercier Dieu de
« lad. guérison qu'il a obtenue par la faveur et prière
« de lad. saincte Théodechilde, ce qu'il a voulu décla-
« rer aud. Révérand Père Prieur afin de manifester et
« publier les mérites et miracle de lad. saincte. Ce que
« led. Révérand Père Prieur a très volontiers accepté
« pour publier partout le pouvoir et mérite de lad.
« saincte et pour le plus grand honneur et gloire de
« Dieu. Et a requis acte aux notaires subsignés pour
« faire foy et servir à telles fins que de raison, que luy
« a esté octroyé en présance de Léonard Musnier, de
« lad. ville d'Ussel, demeurant à présent escholler des
« Pères Jésuites aud. Mauriac, et Jean Martin de lad.

« ville, soubsignés avec led. Révérand Père Prieur et
« sieur Desméchin.

« *Signé* : Fr. Martial Deschamps, prieur susdit ;
« Desméchin, presbtre ; Léonard Musnier ; Martin ;
« Chaumeil, not. royal ; Soustre, not. royal. » (1)

Cette guérison miraculeuse n'était pas la première
faveur due à l'intercession de sainte Théodechilde ;
l'archevêque de Sens, dans sa lettre citée plus haut,
semble dire qu'il y avait déjà eu, à Mauriac, des miracles opérés à l'invocation de la sainte. Assurément,
elle ne fut pas la dernière ; mais les instruments
authentiques qui les constataient ont été égarés ou ont
disparu sans retour.

Le XVIII° siècle nous fournit peu de témoignages du
culte de sainte Théodechilde, mais ils suffisent toutefois pour prouver que la royale fondatrice n'était pas
oubliée dans sa ville chérie. Ainsi on voit fréquemment dans les titres le nom de Théodechilde donné au
baptême ; on trouve dans les testaments des legs faits
en son honneur. Nous en donnerons un exemple.
Mlle Marie Bonnefon, veuve de M. de Vezolles, par son
testament olographe du 2 août 1725, « donne aux
sieurs curé et prêtres de Mauriac deux cents livres en
principal pour la fondation de l'office du jour de sainte
Théodechilde, avec une absoute sur le tombeau dudit
de Vezolles, son mari. » Les Matines et les Laudes
étaient donc chantées alors dans l'église paroissiale
par les prêtres communalistes réunis à ceux de la
paroisse (2). Nous avons sous les yeux les *comptes-rendus par les bailesses de la frairie de sainte Théodechilde*, de l'année 1745 à l'année 1750 ; on y voit que
la fête de la sainte était célébrée avec une certaine
solennité, puisque, outre la fondation de Mme de Vezolles,

---

(1) Archives du Cantal : fonds de Mauriac.
(2) Archives privées.

la frairie donnait 6 livres 5 sols à MM. les curés et prêtres pour leurs honoraires, 5 sols au sonneur, et fournissait de plus des cierges à tous les officiers.

Cependant nous avons à constater, vers la fin du siècle, une interruption regrettable dans le culte de notre chère sainte. L'office du jour de sainte Théodechilde ne se faisait plus, et les louanges de l'auguste fondatrice s'étaient arrêtées sur les lèvres sacerdotales avant même que la Révolution ne fût venue détruire un moment tout culte catholique. Gabriel Ronnat, docteur en Sorbonne, curé de Mauriac depuis 1767, était malheureusement imbu des doctrines gallicanes alors en vogue. Il eut la malencontreuse idée d'introduire à Mauriac la liturgie clermontoise, à la place de la vénérable liturgie romaine, toujours suivie jusque là dans notre église et respectée par ses prédécesseurs. Il remplaça donc le bréviaire mauriacois du XVIIe siècle par de nouveaux offices rédigés selon le rite de Clermont. Or, dans le nouveau bréviaire, approuvé, en 1783, par Nicolon de Blanval, vicaire général du diocèse, on cherche en vain, à côté des offices de Notre-Dame-des Miracles, de saint Mary, de saint Quinide et de saint Paulin, celui de sainte Théodechilde, qui n'aurait jamais dû en être séparé (1).

Dix ans plus tard, la tourmente révolutionnaire, comme un ouragan sorti de l'enfer, accumulait ruines sur ruines. Au mois de septembre 1793, la relique de sainte Théodechilde fut arrachée de son sanctuaire, jetée dans un égoût, puis périt dans les flammes, en même temps que la plupart des autres reliques insignes conservées, soit dans l'église paroissiale, soit dans celle du monastère, qui fut pillée, ravagée et à moitiée détruite. Le clocher placé sur le porche, appelé le *clocher carré*, le plus élevé de la Haute-Auvergne,

---

(1) L'abbé Serres : *Histoire de Notre-Dame-des-Miracles*, p. 32.

fut renversé de fond en comble ; il en fut de même du chevet de l'église monastique. La nef fut démolie en 1825 et les matériaux employés à la construction de l'Hôtel de Ville. Le pignon du transsept nord n'a été détruit que vers 1848, lorsqu'on a régularisé la place actuelle. Les derniers restes de l'église du monastère, appelée *la Réforme*, plus belle et plus grande que l'église paroissiale, ont aujourd'hui disparu, en sorte que le culte de sainte Théodechilde s'est concentré dans la seule église de Notre-Dame-des-Miracles (1).

Le Concordat de 1801 venait d'être signé et, d'après la nouvelle délimitation des diocèses, les paroisses formant actuellement l'arrondissement de Mauriac étaient distraites du diocèse de Clermont, auquel elles avaient toujours appartenu, et annexées au diocèse de Saint-Flour. Les églises se rouvrent, les pèlerins de Notre-Dame-des-Miracles retrouvent le chemin de Mauriac, et avec le culte de la Vierge renaît celui de sainte Théodechilde. Dès le commencement de ce siècle, on portait, dans les processions solennelles, une bannière représentant d'un côté Notre-Dame-des-Miracles et de l'autre sainte Théodechilde tenant dans ses mains l'église de Notre-Dame avec ses trois tours (2). Cette bannière a été remplacée, en 1837, par une autre plus riche qui représente l'Assomption à la place de la fondatrice de l'église. Toutes nos recherches pour retrouver l'ancienne ont été infructueuses. Nous aurions cependant aimé à dessiner l'image de notre chère sainte.

Le 28 janvier 1851, une ordonnance de Mgr de Marguerie, évêque de St-Flour, établit dans l'église de Mauriac une congrégation de filles, femmes et veuves, sous le titre de la Purification de Notre-Dame et sous le

(1) *Dictionnaire statistique du Cantal*, t. IV, p. 234, 235.
(2) Archives paroissiales : *Coutumier de 1818.*

atronage de sainte Théodechilde, vierge, dont la fête fut fixée au 16 octobre, jour de la translation de ses reliques. L'ordonnance épiscopale permettait pour ce jour-là et pour le 2 février, la bénédiction du Très-Saint Sacrement. L'affiliation de cette congrégation à l'archiconfrérie du Collège romain eut lieu par lettres du R. P. Roothaan, général de la Compagnie de Jésus, datées du 29 avril 1852 (1). Cette congrégation s'est modifiée depuis ; c'est aujourd'hui la Congrégation des Enfants de Marie.

Bientôt après, un événement mémorable eut lieu dans la ville de sainte Théodechilde : ce fut le couronnement, au nom de Pie IX, de l'antique et vénérée statue de Notre-Dame-des-Miracles, celle-là même, dit la tradition, que sainte Théodechilde avait placée autrefois dans le sanctuaire de la forêt primitive. Le 13 mai 1855, jour de la fête patronale, qui par une heureuse coïncidence se trouvait être en même temps l'anniversaire de la naissance de Pie IX, Mgr Lyonnet, évêque de St-Flour, plus tard archevêque d'Alby, délégué du Souverain Pontife, posait, au milieu d'un immense concours de fidèles, le diadème béni sur le front de l'Auguste Madone. Trois autres Vierges miraculeuses seulement avaient reçu, en France, avant celle de Mauriac, les honneurs du couronnement.

A cette occasion, la poésie, la peinture, tous les arts rivalisèrent pour célébrer à l'envi la gloire de la Vierge couronnée. Le souvenir de la fondatrice du pèlerinage ne pouvait manquer d'être mêlé à ce concert d'hommages pieux. Nous ne pouvons résister au plaisir de donner ici quelques strophes d'une des nombreuses pièces de poésie composées pour cette circonstance :

> Peuple, dans la ville éternelle,
> Voilà ton nom qui retentit,

(1) Archives paroissiales.

Et voilà la main paternelle
De nos prélats qui te bénit.

. . . .

Maintenant, cohorte sacrée
De nos célestes protecteurs,
Du haut de la voûte azurée
Jouissez de tant de grandeurs.

Fille des rois, sainte patronne,
Fondatrice de nos autels, (Ste Théodechilde)
Exulte; et que ton non résonne
Jusques au sein des immortels.

Apôtre de notre Arvernie, (St Mary)
Et vous, nos astres bienfaisants, (St Paulin et St-Qui-
Triomphez, ô troupe bénie,   nide)
Du triomphe de vos enfants ! (1)

Afin de recevoir avec plus d'honneur la précieuse couronne, le conseil de fabrique fit orner l'église de vitraux peints sortis des ateliers de M. Émile Thibaut, le restaurateur de la peinture sur verre. Dans le choix des sujets, on n'eut garde d'oublier Ste Théodechide, dont le souverain Pontife couronnait, pour ainsi dire, l'œuvre commencée il y a treize cents ans. La sainte et royale fondatrice fut représentée sur le vitrail qui se trouve au fond de l'abside du midi. Elle est peinte en pied, vêtue en reine, couronne en tête, tenant de la main droite une croix, le seul sceptre qu'elle ait voulu porter ici-bas, et soutenant de la main gauche un petit édifice avec tourelle, qui représente la chapelle primitive qu'elle fonda en ces lieux mêmes. Le fond est rouge, constellé d'émeraudes, et offre comme ornement la fleur héraldique de France. Le style, en

---

(1) L'*Annotateur Cantalien*, n° du 10 mai 1855.

rapport avec celui de l'église (XIIe siècle), le dessin, l'exécution, rien ne laisse à désirer.

Mais ce n'était là que le prélude d'un culte et d'un honneur plus dignes de notre chère sainte. Deux ans plus tard, en 1857, Mgr Lyonnet faisait éditer le Propre du diocèse de St-Flour. Sainte Théodechilde y retrouva sa place ; et son office, approuvé cette fois par Rome, y est marqué sous le rite *double-majeur*. Ainsi, ce n'est plus seulement Mauriac, mais le diocèse entier qui fait maintenant la fête de Sainte Théodechilde. Il est toutefois à regretter que cette fête ait été fixée par erreur au 7 juin, au lieu du 28, jour de la mort de notre sainte (1). Espérons que dans une nouvelle édition du San-Florain l'office de sainte Théodechilde sera rétabli à sa véritable date.

L'édition de l'office de Ste Théodechilde, au XVIIe siècle, avait été suivie de la translation d'une de ses reliques à Mauriac ; l'édition du nouvel office, au XIXe siècle, a été également suivie d'une vouvelle translation. En recueillant les matériaux nécessaires pour cette histoire, l'auteur de ces lignes était entré en relation avec plusieurs personnes ecclésiastiques et laïques de Sens, entre autres avec M. l'abbé Carlier, doyen du chapitre et custode des saintes reliques. Cet excellent et vénérable chanoine a bien voulu, à notre prière, extraire deux ossements de la châsse de sainte Théodechilde et nous les envoyer, après les avoir préalablement scellés dans deux tubes de cristal. L'un de ces saints ossements était destiné à l'église de Mauriac ; l'autre, il nous a été permis de le garder comme la plus précieuse récompense de notre travail sur la chère sainte Théodechilde. Les pièces constatant l'authenticité de ces deux reliques en accompagnaient l'envoi. Voici la traduction de l'authentique concernant

---

(1) Voir cet office à l'Appendice, n° XIV.

la relique déposée aujourd'hui dans l'église paroissiale de Notre-Dame-des-Miracles :

« Victor-Félix Bernadou, par la miséricorde divine
« et la grâce du Saint-Siège apostolique, archevêque
« de Sens, évêque d'Auxerre, Primat des Gaules et de
« Germanie, à tous et à chacun de ceux qui verront
« les présentes lettres, attestons et certifions que
« Nous, à la plus grande gloire de Dieu Tout-Puissant,
« avons reconnu comme authentique une côte de
« sainte Théodechilde, vierge, tirée de lieux sûrs, et
« nous l'avons fait placer avec révérence dans un tube
« de cristal bien fermé à ses deux extrémités, attaché
« avec un cordon de fil d'or et scellé de notre sceau,
« avec la faculté, révocable à notre gré, de la garder
« ou de la donner à d'autres, ou de l'exposer à la véné-
« ration des fidèles dans toute église, oratoire ou cha-
« pelle de notre diocèse.

« En foi de quoi nous avons fait expédier les présen-
« tes lettres sous le seing de notre Vicaire général,
« notre sceau et le contre-seing du doyen du chapitre.

« Donné à Sens, l'an du Seigneur 1877, le dix du
« mois de mai.

« GRANDJEAN, vic. gén. CARLIER, doyen
(Place du sceau.)   du Chapitre, Custode des saintes
reliques »

Mais des reliques, même déjà reconnues par un évêque, ne pouvant être exposées publiquement, en dehors de son diocèse, sans une nouvelle reconnaissance et autorisation de l'Ordinaire du lieu, il fallut se pourvoir de cette autre approbation, qui fut accordée quelques jours après et dont voici la traduction :

« Évêché de St-Flour. — Reliques reconnues.

« Pierre Antoine-Marie Lamouroux de Pompignac,
« par la grâce de Dieu et du Saint Siège apostolique,
« évêque de St-Flour ; à tous et à chacun de ceux

« qui verront les présentes lettres, nous faisons savoir
« et attestons que Nous, pour la plus grande gloire de
« Dieu qui est admirable dans ses saints, avons reconnu
« et approuvé de sacrées parcelles extraites de lieux
« authentiques, savoir : une côte presque entière de
« sainte Théodechilde, vierge, fille de Clovis 1er, roi
« des Francs, dont le corps repose dans la ville de
« Sens. Ces reliques, déjà reconnues et authentiquées
« par Mgr l'archevêque de Sens, ont été données à
« l'église paroissiale de Notre-Dame-des-Miracles de
« la ville de Mauriac, qui vénère sainte Théodechilde
« comme sa fondatrice. Elles sont honorablement dis-
« posées dans un tube de cristal, attaché avec un cor-
« don de soie et d'or, bien fermé et scellé du sceau
« archiépiscopal. Nous les avons envoyées à Mauriac
« avec la faculté de les exposer publiquement à la
« vénération des fidèles, après qu'elles auront été dépo-
« sées dans une châsse convenablement ornée.

« En foi de quoi nous avons fait expédier les présen-
« tes lettres testimoniales. Donné à Aurillac, sous le
« seing de notre vicaire général, notre sceau et le
« contre-seing du secrétaire général de notre évêché,
« l'an du Seigneur mil huit cent soixante dix-sept, et
« le XVIe jour du mois de mai. G. BOUANGE, protono-
« taire apostolique, vicaire général, archiprêtre de
« St-Géraud.

« Du mandement de l'illustrissime et revérendissime
« évêque de St-Flour. J. LAMOUROUX, c. h. v. g. » (1)

La relique de sainte Théodechilde et l'original des deux actes ci-dessus furent remis entre les mains de M. Aurier, curé-archiprêtre de Mauriac, le 28 mai 1877. Quelques jours auparavant, le 23 mai, Mgr de Pompignac, évêque de St-Flour, en cours de visite

(1) Voyez le texte latin de ces deux pièces à l'*Appendice*. Documents, n° XIII.

pastorale, était mort à Mauriac, sous les yeux pour ainsi dire de Notre-Dame-des Miracles, après avoir célébré sa dernière messe à l'autel de la Vierge miraculeuse, le jour même de la fête. Le dérangement occasionné par ce triste évènement fit retarder jusqu'à l'année suivante la translation de la sainte et précieuse relique.

Lorsque vint le mois de mai 1878, le nouvel évêque de St-Flour, Mgr Baduel, alors en tournée pastorale dans le canton de Marcenat, accourut de l'extrémité du diocèse pour venir assister à la fête de Notre-Dame-des-Miracles. Le 11 mai, il faisait son entrée dans la ville de Marie et, le lendemain, il présidait à tous les offices de cette belle fête. C'est ce jour-là qu'eut lieu la translation solennelle de la relique de sainte Théodechilde. Déposée préalablement, avec les titres qui la concernent, dans une belle châsse romane de cuivre doré et émaillé, elle fut portée à la procession, sur un brancard orné de fleurs, par deux jeunes filles vêtues de blanc. Puis elle fut déposée dans la chapelle des Enfants de Marie, à droite du chœur, où se voit le vitrail de sainte Théodechilde. Le même jour eut lieu la translation de deux autres reliques importantes de saint Mary et de saint Eloi, découvertes récemment dans l'église même et enchâssées dans un reliquaire semblable à celui de sainte Théodechilde (1). Ce pieux dépôt, confié à la garde des habitants de Mauriac, sera pour eux un gage de nouvelles faveurs de la part de ses célestes protecteurs, de la part surtout de l'illustre fondatrice de la cité mérovingienne.

Une autre cérémonie ne tarda pas à rappeler le souvenir de sainte Théodechilde pour lui donner une con-

---

(1) *Semaine catholique de St-Flour*, p. 210.

sécration nouvelle. La sonnerie de l'église de Mauriac laissant à désirer pour l'harmonie, M. le curé songea à faire refondre toutes les cloches pour les agrandir et les harmoniser. La cérémonie de la bénédiction des nouvelles cloches eut lieu le 30 novembre 1881 au milieu d'une foule nombreuse et sympathique. Dans son discours, le prédicateur inséra quelques réflexions sur le vocable des quatre cloches, dont la première était dédiée à Notre-Dame-des-Miracles, la seconde au Saint-Sacrement, la troisième à saint Mary. Arrivé à la quatrième : « Celle-ci, dit-il, est bénite sous l'invocation d'une sainte qui doit nous être chère à tous parceque nous lui devons beaucoup, je dirai même que nous lui devons tout ; d'une sainte que nos pères invoquaient autrefois, dont ils obtenaient des miracles et que nous avons peut-être trop oubliée ; je veux dire sainte Théodechilde, la fille du premier roi très-chrétien, la douce et humble Vierge de Sens, qui fonda trois monastères, à qui la Sainte Vierge apparut en ces lieux-mêmes. C'est elle qui a inauguré ici le pèlerinage de Notre-Dame-des-Miracles, elle qui a jeté les fondements de notre ville et qui la protège du haut du ciel. Il faut que son culte revive parmi nous plus florissant que jamais. Déjà cette église s'est enrichie, il y a trois ans, d'une de ses reliques déposée dans la chapelle où se voit sa rayonnante image ; aujourd'hui son nom est gravé sur l'airain sonore. Eh bien ! quand vous entendrez cette cloche, vous vous imaginerez entendre la douce voix de sainte Théodechilde exhortant les enfants de Mauriac à la pratique des vertus dont elle leur a donné l'exemple, et surtout à la persévérance dans le culte et l'amour de Marie. »

Sur la cloche même, la vierge protectrice est représentée en pied, couronne en tête, portant d'une main la représentation d'une église, de l'autre une croix. Au-dessus est gravée l'inscription suivante :

† J. M. J.
SANCTA THEODECHILDIS, VIRGO DEO DEVOTA,
NOSTRI LOCI PIISSIMA FUNDATRIX,
ORA PRO CLIENTIBUS TUIS (1).

Outre celle qui est vénérée à Mauriac, nous devons encore mentionner une relique de sainte Théodechilde qui se trouve dans le trésor de St-Géraud d'Aurillac. Dans un des reliquaires habituellement exposés sur le maître-autel sont contenues, entre autres reliques, « des parcelles des ossements de sainte Théodechilde, vierge, fille de Clovis I, fondatrice de Mauriac, et de sainte Flore, vierge hospitalière de Beaulieu, en Quercy, née à Maurs (2). » Ces parcelles ont été données par Mgr Bouange, grand vicaire d'Autun, plus tard curé de St-Géraud et aujourd'hui évêque de Langres. Elles avaient été prises chez les Carmélites d'Autun, qui sont venues, comme on sait, de St-Denis.

Ainsi que nous l'avons fait pour St-Pierre-le-Vif, nous terminerons cette histoire du culte de sainte Théodechilde, à Mauriac, par la description de ce qui reste du monastère fondé par elle. Nous avons déjà dit que l'église abbatiale n'existe plus : elle a eu le même sort que sa mère de Sens. Quant aux bâtiments du monastère, ils sont encore dans leur entier et n'ont presque rien perdu de leur physionomie primitive ; ils

---

(1) « Sainte Théodechilde, vierge consacrée à Dieu, très-pieuse fondatrice de notre ville, priez pour vos dévoués clients. » — Cette cloche, la plus petite des quatre, mesure 0 m. 91 c. de diamètre à sa base, pèse 444 kilogr. et donne le *la bémol*. Les parrains furent M. Gabriel Du Brueil et Mme Marie Beauchamp-Du Breuil. Elle a été fondue, comme ses sœurs, à Paris, chez Dubuisson-Gallois.

(2) Archives de St-Géraud. *Procès-verbal* du 14 septembre 1873.

sont aujourd'hui la propriété de divers particuliers. L'ancienne porte d'entrée est placée à l'ouest et donne sur la rue du Collège ; elle est décorée de quatre pilastres cannelés surmontés d'un fronton triangulaire, dans lequel se creuse une niche qui renferme encore une vieille statuette, en bois, de saint Pierre, patron du monastère. Les cloîtres, élevés au XVe siècle par le doyen Pierre de Balzac, existent en partie et servent de caves; le préau a été divisé en plusieurs cours. A l'angle nord-est du cloître s'élève encore l'ancienne chapelle Saint-Benoît, remarquable par sa grande élévation ; elle est aujourd'hui convertie en habitation privée et ne garde de son aspect primitif que la forme semi-circulaire de son chevet, qui regarde l'orient. A l'intérieur des bâtiments et sur le côté sud du cloître, on remarque une porte du XIIe siècle, couronnée par une arcature en torsade et dont le tympan représente, en relief, Samson terrassant le lion. Dans un angle se voit un personnage plus petit, dont la tête a disparu, mais qui représente, incontestablement, le Doyen tenant à la main son bâton pastoral terminé en *tau*. Sur le linteau de la porte est gravé ce vers léonin :

Aspice Samsonem manibus rupisse leonem.

« Voyez Samson qui de ses mains déchire le lion. »

Les bâtiments affectés autrefois à la demeure particulière du Doyen ont été remaniés dans plusieurs de leurs parties. Ils servent aujourd'hui de tribunal, de prison et d'établissement aux Frères des écoles chrétiennes. Ces derniers ont, de plus, le jardin du Doyen. Dans un escalier de pierre, à hélice, on voit les armes de Pierre de Balzac sculptées en deux endroits; il portait : *d'azur à trois flanchis d'argent, au chef d'or à trois flanchis d'azur.* Devant le monastère, à l'exposition du midi, se trouve le jardin des moines avec une partie des anciens murs.

Rendons-nous maintenant au village d'Escouaillers, situé à une distance d'environ demi-heure, à l'ouest de Mauriac, pour y chercher les traces du château de Basolus. Pour plus de sûreté et d'exactitude, nous emprunterons la description qu'en a faite, dans le *Dictionnaire statistique du Cantal,* un homme expert en ces matières, M. Émile Delalo, ancien président du tribunal civil de Mauriac.

« Au dessous du village, à la tête des bois et au couchant du moulin bâti sur le ruisseau de St-Jean, on remarque un monticule qui s'avance dans la vallée et dont le sommet forme une esplanade assez étendue. Sur trois côtés elle est circonscrite par des escarpements ou des pentes rapides ; elle s'allonge du midi au nord. A ce dernier aspect, un col assez profond la sépare des terrains supérieurs. Il paraît qu'un large fossé avait été creusé pour approfondir le col et rendre moins abordable l'esplanade qui s'élève à plus de quinze mètres au-dessus du fossé. Les flancs de la colline et l'esplanade elle-même sont couverts de bois ; cette dernière porte le nom de *Plono dil viel chastel* (plaine du vieux château). C'est en cet endroit que la légende place le château de Basolus......

« Qu'il y ait eu sur ces collines d'anciennes fortifications, la tradition, les légendes même suffiraient pour l'établir ; le nom qu'a conservé ce plateau, nom créé par le peuple et conservé par lui, a tiré son origine, non d'une supposition, mais d'un fait réel. Mais je n'y ai rien découvert qui pût donner l'idée d'un château ; on n'y aperçoit nul vestige de murs de séparation, pas le moindre reste de ciment, pas le moindre fragment de tuile ou de poterie...... Ce que l'on y voit n'est pas moins intéressant, est plus curieux peut-être et ouvre un large champ aux conjectures.

« Le plateau est parfaitement uni ; au midi et au couchant il s'étend jusqu'aux escarpements, et rien n'annonce qu'il y ait eu à ces aspects un rempart ou un travail d'art quelconque. Il n'en est pas de même à l'est et au nord; dans cette partie, le plateau est défendu par un retranchement de pierres brutes, qui s'élève à trois ou quatre mètres au-dessus de la plaine et dont la base a, au moins, dix mètres de largeur et soixante à quatre-vingts mètres de longueur. Sur un ou deux points on croit reconnaître quelques traces de murs ; ce qui peut porter à penser que ces pierres sont les restes d'un rempart détruit. Cependant, d'après l'aspect qu'elles présentent elles sembleraient plutôt avoir été réunies pour former un *vallum*. Ce retranchement est formé en partie avec des fragments de gneiss qui ont été pris sur place, et des blocs de basalte qui ont été transportés de plus d'un kilomètre de distance. Parmi les blocs de gneiss et de basalte se trouvent quelques rares fragments de micaschiste ; plusieurs de ces fragments, de même que des blocs de gneiss, paraissent avoir été fortement chauffés. Dans toutes les parties du *vallum* on trouve des basaltes non-seulement scorifiés, mais fondus. Plusieurs blocs ont même conservé l'empreinte des charbons sur lesquels ils avaient coulé.

« Pour peu qu'on ait observé les produits volcaniques, il est facile de reconnaître que la fusion des basaltes d'Escouaillers n'est pas le résultat de la volcanisation, mais qu'elle a été artificielle.

« Ces fragments auraient-ils été fondus dans un incendie ? Mais pour fondre le basalte, il faut une température bien plus élevée que celle produite par l'incendie d'un bâtiment. Dans ce cas le basalte rougit, éclate, mais il ne fond pas. Le gneiss est encore plus réfractaire.

« Aurait-il existé sur le plateau quelque usine où le basalte aurait été employé à la construction des fourneaux ? Rien ne le constate et cela n'est pas probable.

Les scories se trouveraient réunies dans un espace circonscrit où on les trouverait en abondance ; elles sont au contraire réparties avec assez d'égalité dans toutes les parties du retranchement.

« Ces scories seraient-elles les restes de ces murs vitrifiés dont les Gaells nous ont laissé des exemples en Ecosse et dans quelques parties de la Gaule ? C'est ce qu'il y a de plus vraissemblable, et cependant cette opinion n'est pas sans quelques difficultés ; car, dans ce cas, on ne trouverait pas les scories en blocs isolés. Cependant cette difficulté ne me paraît pas insurmontable : l'opération de la fusion aurait pu être imparfaite, et alors, ne pouvant construire un mur, on aurait élevé un retranchement avec les basaltes à demi fondus et ceux qui se trouvaient sur place. Il pourrait se faire aussi que le mur ne présentant pas assez de solidité, eût été détruit et qu'on l'eût remplacé par un retranchement....

« Il faut admettre que ces basaltes fondus, ces gneiss calcinés faisaient partie d'un mur vitrifié, renversé par un motif quelconque. Il faut admettre de plus que le Château-Vieux était un camp retranché qui remonte à une époque fort reculée, probablement à l'époque celtique, et qui aurait servi de camp de refuge à l'époque gallo-romaine et même plus tard (1). »

Nous admettons volontiers l'existence d'un camp et même celle d'un mur vitrifié ; mais nous admettons aussi l'existence d'un château, d'un fort ou d'une habitation quelconque dans ce camp ou dans le voisinage ; car, sans cela, d'où viendrait le nom de *château-vieux*, « créé par le peuple et conservé par lui, qui a tiré son origine, non d'une supposition, mais d'un fait réel ? » Et qui a jamais pris un camp pour un château ? Il faut se rappeler aussi que le château-vieux fut dé-

---

(1) *Dictionnaire statistique du Cantal*. T. IV, p. 295-297.

moli pour bâtir l'église du monastère, et par conséquent les matériaux en ont été emportés depuis fort longtemps. Du reste ce n'est pas seulement d'après l'examen de la superficie du sol qu'on peut porter un jugement sûr et définitif. Il faudrait auparavant faire des fouilles, des tranchées profondes, et qui peut dire qu'elles n'amèneraient point la découverte de fondements de murs et d'autres vestiges qui constateraient la présence en ce lieu du château de Basolus? Or ces fouilles n'ont jamais été faites ; jusque là nous nous en tiendrons à la tradition orale et aux anciennes chroniques qui indiquent le plateau d'Escouaillers comme l'emplacement du château honoré de la présence de sainte Théodechilde.

Quoi qu'il en soit, nous avons voulu visiter ces lieux où apparut un moment notre chère sainte et où elle fut favorisée d'une vision du ciel. Après les hommes de la science, nous sommes allé, pélerin pieux, voir le lieu le plus anciennement habité de notre pays. Nous l'avons visité l'esprit plein et le cœur ému des souvenirs consignés dans cette histoire. Comment redire nos impressions? Le bruit lointain de la rivière d'Auze qui coule si difficilement entre les rochers, le frémissement du vent dans les feuilles, l'ombre mystérieuse des arbres qui forment une voûte continue, la solitude profonde de ces lieux où retentirent jadis des cris de guerre et dont le silence n'est pas même interrompu aujourd'hui par le chant monotone du grillon, tout favorisait une mélancolique rêverie. Si, comme le jeune homme qui nous accompagnait, nous avions été doué d'une imagination de dix-huit ans, peut-être, nous transportant à plus de treize siècles en arrière, nous aurait-elle montré, glissant derrière les chênes, l'ombre fière de Basolus ou la figure douce et rayonnante de Théodechilde! Mais le passé ne revenant pas, nous voulûmes du moins voir et toucher quelque chose de ce qui en restait. Les ruines du château ou du rempart sont partout couvertes d'une mousse épaisse et humide ; nous déchirâmes en plusieurs endroits ce moelleux tapis étendu par la nature comme pour protéger ces antiques débris, et nous n'aperçûmes que des blocs assez considérables jetés pêle-mêle, parmi lesquels quelques cailloux noircis et calcinés. Longtemps nous parcourûmes dans tous les sens ce plateau désert qui nous retenait par le charme des souvenirs qui s'y rattachent; mais les heures s'écoulaient et il fallut songer au départ.

Nous reprîmes donc le chemin de la ville en franchissant le ruisseau dont le pur cristal fut autrefois rougi par le sang mélangé des chrétiens et des musulmans, et peu après nous rentrions dans les murs de la cité mérovingienne. Allez maintenant à votre tour, habitants de la ville fondée par Théodechilde, allez faire aussi ce pèlerinage d'amour filial ; allez et accordez un souvenir reconnaissant et pieux à la noble fille du premier roi très chrétien qui séjourna un moment sur ce plateau aujourd'hui solitaire, et, non loin de lui, alluma pour les âmes un phare de lumière et de paix ! (11 septembre 1877.)

APPENDICE

NOTES & DOCUMENTS

NOTES

NOTE A.

Identité de Ste Théodechilde, fondatrice de St-Pierre-le-Vif de Sens.

Tout le monde reconnaît pour la fondatrice de Saint-Pierre-le-Vif, de Sens, une certaine Théodechilde qui fut recommandable par sa naissance, ses vertus et sa sainteté. Jusqu'au XVIIe siècle, tous les historiens de la sainte fondatrice ont admis sans contestation qu'elle était fille de Clovis et de sainte Clotilde, et qu'elle demeura vierge. Mais à partir du XVIIe siècle, les auteurs se sont partagés sur la question de savoir si la fondatrice de Sens était fille de Clovis ou fille de Thierri I, si elle avait été mariée ou non, et chacun apportait les preuves de ses conjectures.

Voici d'abord les noms des auteurs qui prétendent que sainte Théodechilde, la fondatrice de Saint-Pierre-le-Vif, était fille de Thierri, petite-fille de Clovis, et mariée au roi des Varnes : *Gallia Christiana*. t. XII, colon. 132, édition de 1697. — Mabillon : *Acta Sanctorum*, t. III, p. 647 (1672). — *Annales Benedictini*, lib. II, cap. XXIX (1703). — Pagi : *Commentaire sur Baronius*, t. X, p. 282, 283 (1867). — D. Bouquet : *Recueil des historiens des Gaules*, t. III, p. 650 (1739). — Moreri : *Dictionnaire historique*, t. X, p. 114 (1759). — Delalo : *Dictionnaire statistique du Cantal*, t. IV, p. 214 (1859).

Malgré ces graves autorités, nous nous rangeons à l'opinion des Bollandistes (t. VII de juin, p. 328-339 (1867), qui ont, nous semble-t-il, tranché la question d'une manière qui répond à toutes les difficultés, en admettant l'existence de deux Théodechilde : l'une fille de Clovis et de sainte Clotilde, vierge, fondatrice de Sens ; l'autre, petite-fille de Clovis, fille de Thierri, qui fut mariée au roi des Varnes, louée par Fortunat, de Poitiers. Cette distinction met d'accord tous les auteurs avec la tradition et fait disparaître une foule de difficultés insolubles sans cela. Notre conviction se base sur l'autortié des Bollandistes, qui est considérable en cette matière, et sur les raisons et autorités suivantes.

Jusqu'à Odoran, qui vivait au XIe siècle, nous n'avons pas de vie de sainte Théodechilde ; on ne trouve d'elle que des mentions éparses dans divers auteurs, et des documents isolés comme chartes, inscriptions tumulaires, etc. Dans la charte de Clovis, Théodechilde est mentionnée trois fois comme fille de Clovis, qui l'appelle sa *très chère fille, laquelle a voué sa virginité à J.-C.* Nous savons que bien des auteurs regardent cette charte comme apocryphe, et on ne pourrait soutenir, en effet, qu'elle est authentique de tous points ; mais rien ne prouve qu'elle ait été interpolée sur ce point spécial, surtout quand on voit qu'elle concorde en cela avec beaucoup d'autres monuments.

Dans le testament de sainte Théodechilde, reconnu généralement comme authentique, en particulier par M. Quantin, savant archiviste de l'Yonne, la sainte se qualifie de *fille de Clovis, autrefois roi*, et elle signe : *Théodechilde, vouée, consacrée à Dieu.*

Odoran ne parle pas, il est vrai, de son vœu, mais il ne parle pas non plus de son mariage ; et comme, d'un autre côté, il la fait sœur de Clotaire, et par conséquent fille de Clovis, il la distingue parfaitement de Théodechilde, fille de Thierri, sœur de Théodebert, qui épousa en effet le roi des Varnes. *Clotario superstite, sorore jus, Teuchildis nomine.....*

Au XIIe siècle, Clarius, dans sa chronique de Sens, après

avoir énuméré les trois fils que Clovis eut de sainte Clotilde, ajoute : Ledit roi et ladite reine eurent aussi une fille nommée Théchilde, qui voua à Dieu sa virginité et fut fidèle à son vœu. *Fuit quoque præfato regi et reginæ filia nomine Techilda quæ baptisata vovit Deo virginitatem, et tenuit.*

Au XIIIᵉ siècle, Robert d'Auxerre et Geofroy de Courlon affirment la même chose. Ce dernier dit en particulier dans sa *Chronique* que Clovis eut de Clotilde trois fils et une fille, nommée Théodechilde ; et plus bas, que celle-ci voua à Dieu sa virginité, et fut fidèle à son vœu qu'elle garda *pendant soixante-quinze ans dans la vie religieuse.* (Cronica, p. 188 et 192). Dans son *Traité des reliques de Sens*, le même auteur répète que Théodechilde était fille de Clovis, *qu'elle se consacra à Dieu dès sa jeunesse, dès son enfance, et qu'elle mena une vie toute virginale.* (De reliquiis, p. 68.) La seconde épitaphe de Basolus, composée au XIIIᵉ siècle, mentionne aussi Théodechilde comme fille de Clovis.

Au XVIᵉ siècle, Claude Paradin, Urbain Reversey, Jean du Tillet répètent les mêmes choses.

Au XVIIᵉ, les auteurs qui soutiennent notre opinion sont encore plus nombreux ; ce sont : René Choppin ; Dom Yepès ; Dupleix ; Claude Robert ; le père Dominique-de-Jésus, dans ses deux ouvrages ; Du Saussay ; le chroniqueur Mourguyos ; Bucelini ; les auteurs de l'office de 1658 ; D. Hugues Mathoud. Baronius n'émet aucune opinion.

Au XVIIIᵉ siècle, les Bollandistes.

Enfin de nos jours, Montalembert (*Les moines d'Occident*, t. II, p. 265) ; l'abbé Darras (*Histoire générale de l'Église*, t. XIV, p. 13), et Maximin de Loche, éditeur du *Cartulaire de Beaulieu*, embrassent aussi cette opinion.

A ces témoignages nous joindrons une preuve plus forte selon nous, c'est la tradition constante des trois monastères de Sens, de Molosmes et de Mauriac, et le culte religieux qu'ils ont toujours rendu à sainte Théodechilde sous le titre de vierge. Or, nous dirons ici la parole de St Jean-Chrysostôme : « Quand on peut dire : c'est la tradition, ne demandez pas d'autre preuve » (1). Nous en ajouterons cependant une qui nous semble concluante. Nous avons le testament de Théodechilde, fondatrice de Sens. D'autre part, Flodoard nous fait connaître du testament de Théodechilde, fille de Thierri et reine des Varnes, quelques clauses par lesquelles celle-ci donne une partie de ses biens à l'Église de Reims. Or, nous ne trouvons rien de semblable dans le testament de Théodechilde que nous avons en entier. Il faut donc admettre deux Théodechilde, l'une fille de Clovis, l'autre fille de Thierri, l'une vierge, l'autre mariée; l'une habitant à Sens, l'autre à Metz, comme nous le prouverons dans la Notice sur Théodechilde-la-Jeune.

Mais il nous faut maintenant répondre aux objections de nos adversaires ; on verra qu'elles ne sont pas fortes.

On nous dit : 1° Grégoire de Tours et les grands auteurs de l'histoire de France ne comptent pas Théodechilde au nombre des enfants de Clovis. — Grégoire de Tours ne fait nulle part une généalogie complète et officielle des enfants de Clovis, et quand il ne parlerait pas de sainte Théodechilde, qui ne s'occupa en rien des affaires publiques, il n'en faudrait pas conclure qu'elle n'a pas existé. Du reste, Grégoire de Tours lui-même parle de notre Théodechilde dans un passage de son livre de la *Gloire des Confesseurs* (chap. XLI), sans dire toutefois qu'elle était fille de Clovis. Quant au silence des autres auteurs, il s'explique naturellement par la vie retirée et obscure que Théodechilde mena constamment, ne s'occupant que d'œuvres de piété et de charité, et ne se mêlant en rien aux querelles de ses frères.

2° Les deux épitaphes de sainte Théodechilde et la première de Basolus, où il est question d'elle, ne font point mention de sa virginité et la qualifient au contraire de *Reine*. — C'est encore ici une preuve purement négative ; on ne peut pas tout mettre dans une épitaphe. Quant à l'épithète de *Regina*,

---

(1) Traditio est : nihil ampliùs requiras. (Hom. VI in epist. ad Thess.)

il faut savoir que ce mot ne veut pas seulement dire *reine*, mais encore, et plus souvent à cette époque, *fille de roi, princesse du sang*. C'est là le premier sens que Ducange, dans son Glossaire, donne au mot *Regina*, et il apporte deux exemples tirés de St-Grégoire de Tours, où Rigunthis, fille de Chilpéric, qui ne fut point mariée, et Chrodieldis, fille de Charibert, religieuse à Potiers, sont qualifiées de *Reines*. Ailleurs Grégoire de Tours nous apprend lui-même qu'on prodiguait le titre de roi et de reine aux enfants des princes (1).

3° Clarius dit qu'elle vécut soixante-quinze ans ; or, c'est là précisément l'âge attribué par Fortunat à Théodechilde, fille de Thierri. — Clarius a pu se tromper ici et croire, sans chercher à s'en assurer, que les poésies de Fortunat s'adressaient à Théodechilde de Sens, tandis qu'elles sont en l'honneur de Théodechilde de Metz.

4° Théodechilde avait des terres en Auvergne ; or, l'Auvergne appartenait à Thierri ; c'est donc lui qui les avait données à Théodechilde, parce qu'elle était sa fille. — L'Auvergne appartint à Thierri *après la mort de Clovis* ; mais c'est du vivant de Clovis que ces terres furent données à Théodechilde, comme le prouvent les deux chartes de Clovis et de Théodechilde, et la première épitaphe de Basolus, où il est dit que ce comte fut vaincu par Clovis, qui lui fit grâce aux prières de sa fille. Nous prouvons dans la note de la page 41 que le passage où Grégoire de Tours parle de la *Reine Théodechilde*, qui avait des terres en Auvergne, ne peut pas se rapporter à Théodechilde, fille de

---

(1) L'Église dans sa liturgie a conservé à cette expression de *Regina* le même sens. C'est ainsi qu'au 19 novembre, le Bréviaire romain contient l'office de Ste Elisabeth, fille du roi de Hongrie et duchesse de Thuringe, sous ce titre : *In festo sanctæ Elisabeth, reginæ Hungariæ, viduæ*. Ici les mots *reginæ Hungariæ* signifient nécessairement *princesse de Thuringe*, et non *reine de Thuringe*.

Thierri, mais qu'il faut nécessairement l'entendre d'une autre princesse, qui ne peut être que la fille de Clovis.

Nous terminerons cette note en réfutant l'opinion du P. Le Coïnte, qui admet aussi comme nous deux Théodechilde, l'une fille de Clovis, et l'autre de Thierri. Mais voici où il se trompe. La première, d'après lui, était fille de Clovis et de sa première femme, née vers 485, mariée à Radiger, roi des Varnes, avant 511. Ce serait pour elle que Fortunat aurait fait son épitaphe, où il lui donne 75 ans. Mais tout cela est inadmissible. Procope dit clairement que le roi des Varnes épousa la *sœur de Théodebert*, et non la sœur de Thierri ; si Théodechilde est née en 485, et a vécu 75 ans, elle est donc morte en 560 ; or, Fortunat n'est venu en Gaule qu'en 565. D'ailleurs, Le Coïnte est le seul à faire Théodechilde fille d'une première femme de Clovis, et il n'en apporte aucune preuve. La seconde Théodechilde, fille de Thierri, serait restée vierge, aurait fondé Sens et aurait été louée par Fortunat dans son *Elogium Theodechildis reginæ*. Mais il va contre toute la tradition de Sens, qui fait la fondatrice de St-Pierre, fille de Clovis, contre Procope, qui dit que Radiger épousa la fille de Thierri, et enfin contre tous les historiens qui attribuent les deux pièces de Fortunat à Théodechilde-la-Jeune. Reste donc l'opinion des Bollandistes comme moralement, sinon mathématiquement certaine, à savoir que sainte Théodechilde, fondatrice du monastère de Sens, était fille de Clovis et de sainte Clotilde, et demeura vierge.

NOTE B.

BASOLUS.

§ 1. — *Qu'était Basolus ?*

Ce qui est certain sur Basolus, c'est qu'il avait des terres en Auvergne et en Limousin ; qu'il se révolta contre les

Francs; que vaincu par eux, il se dépouilla de ses biens pour racheter sa vie ; prit l'habit de religieux dans le monastère de St-Pierre-le-Vif et y finit ses jours. Mais était-il comte d'Auvergne et duc d'Aquitaine? Cette question est plus difficile ; essayons cependant de la résoudre au moyen des documents et des autorités.

D'après la charte de Clovis, dont l'authenticité est contestée, c'est le *duc Basolus, jeune, superbe, arrogant.* D'après le testament de sainte Théodechilde, dont la valeur est tout autre, c'est *un certain homme appelé Basolus.* Dans la Chronique de Clarius, il est qualifié de *Comte d'Auvergne.* Enfin, dans ses deux épitaphes, dont la seconde est du XIII° siècle, et la première beaucoup plus ancienne, peut-être contemporaine de sa mort, il est nommé *duc d'Aquitaine.*

Si nous examinons maintenant les opinions des historiens, Justel, l'un des plus anciens, n'hésite par à le ranger parmi les comtes d'Auvergne et les ducs d'Aquitaine. Fauriel, dans son *Histoire de la Gaule méridionale sous les conquérants germains,* dit que « Thierri donna aux habitants de l'Arvernie, pour gouverneur ou pour duc, Basole, personnage de race gauloise. » Adolphe Michel, dans l'*Ancienne Auvergne,* s'est livré à une discussion approfondie des textes, et n'hésite pas non plus à le reconnaître comme duc d'Aquitaine.

Malgré ces autorités, le *Dictionnaire statistique* (t. IV, p. 216), soutient que Basolus n'a été ni comte d'Auvergne, ni duc d'Aquitaine, et il donne des raisons auxquelles il est aisé de répondre.

La première, c'est que le testament de Théodechilde n'aurait pas parlé d'un duc d'Aquitaine, même vaincu, en termes aussi méprisants.—Cette preuve n'est pas concluante; il faut remarquer que Basolus était un étranger et un ennemi pour les Francs. Nous voyons à la fin du V° siècle, les apocrisiaires d'Alexandrie traiter absolument de la même façon Jean Talaia *quidam civitatis nostræ* (Darras, t. XIV,

p. 14), ce qui ne prouve pas que Talaia n'ait pas été patriarche.

La seconde raison alléguée, c'est que Grégoire de Tours, né en Arvernie, nomme quelques-uns des ducs qui avaient gouverné la province, et se tait absolument sur Basolus. — Nous répondons que St-Grégoire ne se propose pas de donner la liste complète des ducs d'Aquitaine ou des comtes d'Auvergne. Du reste, le peu de temps que Basolus dut exercer la seconde de ces charges suffirait pour expliquer le silence de l'historien.

Troisièmement. Aucun document, dit-on, antérieur au XIIe siècle ne donne le titre de duc à Basolus. — Il y a la première épitaphe qui date peut-être de l'époque de sa mort; mais qui est, dans tous les cas, fort ancienne. Il y a la charte de Clovis, sûrement altérée en plusieurs points ; mais rien ne prouve qu'elle le soit en celui-là. Il y a enfin les documents mentionnés au XIe siècle par Odoran, d'après lesquels lui et les chroniqueurs qui l'ont suivi, ont travaillé ; or, ils donnent tous à Basolus le titre de duc.

§ 2. — *En quel lieu Basolus fut-il vaincu ?*

Ici nous sommes entièrement d'accord avec le *Dictionnaire statistique du Cantal*. Mourguyos nous apprend que ce fut au château de Montsélis ou d'Escoualliers que Basolus fut fait prisonnier par les Francs. Cette assertion s'appuie sur la tradition locale, sur des vestiges de fortifications encore très-apparents et sur la dénomination du lieu où on les observe. Les restes de château fort ou de camp retranché que l'on découvre non loin du village d'Escoualliers, dans la commune de Mauriac, sont en effet désignés par le peuple sous le nom de *vieux-château*.

§. 3. — *A quelle époque eurent lieu la défaite et la prise de Basolus ?*

M. Adolphe Michel, dans l'*Ancienne Auvergne*, et M. Emile Delalo, dans le *Dictionnaire statistique du Cantal*, croient que Basolus prit part à la révolte de l'Arvernie sous Arcadius, en 531, révolte que Thierri vint punir si cruellement en ravageant sans pitié tout le pays, et qu'après avoir assiégé *Meroliacum* (Chastel-Marlhac) il attaqua le rebelle dans le fort où il s'était retranché avec les habitants du pays.

M. Fauriel pense au contraire que la révolte de Basolus précéda la révolte générale de l'Arvernie en 531. « Les premiers actes connus de Thierri, dit-il, semblèrent n'annoncer de sa part que des dispositions bienveillantes et modérées pour ses sujets aquitains. Il leur donna pour gouverneur ou pour duc Basole, personnage de race gauloise. Il n'y a qu'un fait connu du gouvernement de Basole, en Arvernie, mais un fait caractéristique ; c'est une révolte de tout le pays contre Thierri. L'histoire ne nous donne aucun détail sur les apprêts, ni sur les incidents de cette révolte. On sait seulement qu'elle fut étouffée à temps, que Basole, qui en était le promoteur, fut arrêté, et que Thierri, au lieu de le faire mourir, lui pardonna, à la condition qu'il se retirerait pour le reste de ses jours dans un monastère. » Nous sommes de l'avis de M. Fauriel, et voici nos raisons : Grégoire de Tours, qui a narré avec assez de détails l'invasion de l'Auvergne par Thierri, ne parle pas de la prise du fort de Montsélis. Il n'est pas à présumer qu'un fait de cette importance lui eût échappé. C'est une preuve que la prise de Chastel-Marlhac et celle de Montsélis n'ont pas eu lieu à la même époque et qu'elles ont nécessité deux expéditions différentes. De plus, une première révolte de l'Arvernie, suscitée par Basolus, explique très bien la cruauté impitoyable avec laquelle les Francs punirent la seconde en 531. Enfin le Testament de sainte Théodechilde parle de Basolus comme *pris, captif et converti*. Or, ce testament est daté de 520, c'est-à-dire onze ans avant la grande révolte des Arvernes.

Mais la révolte et la prise de Basolus eurent-elles lieu avant ou après la mort de Clovis ? La chronique mauriacoise, la charte de Clovis et surtout la première inscription du tombeau de Basolus s'accordent à dire que c'est sous Clovis que le chef arverne se révolta et fut définitivement soumis. Dans tous les cas, il paraît absolument certain que la révolte de Basolus est de beaucoup antérieure à celle qui eut lieu en 531.

NOTE C.

La légende mauriacoise.

Nous l'avons dit dans le cours du récit : la légende touchant l'origine de la ville de Mauriac renferme des erreurs manifestes. Ainsi, le voyage de Clovis à Rome, à Naples et de là en Auvergne, en compagnie de sainte Clotilde, n'est qu'un roman qui doit être rejeté par la plus élémentaire critique. Les anachronismes ne manquent pas non plus. C'est ainsi que Théodechilde, qui ne pouvait avoir plus de sept ans alors, vient visiter ses terres en 505, alors que l'Auvergne était encore au pouvoir des Visigoths, que Clovis demande, en 507, des reliques au pape saint Anastase, mort en 498, et qu'il va visiter à Poitiers sainte Radegonde, qui ne naquit qu'en 520 et qu'il ne put jamais voir. Mais cette légende ne repose-t-elle que sur des documents fictifs, ne renferme-t-elle aucun élément historique ? Nous ne le croyons pas. « L'imagination des peuples, dit un auteur, crée la légende qui s'enroule autour de l'histoire, comme une guirlande autour des vieux arbres. Mais la légende ne pousse pas partout parce qu'elle ne vient pas de rien ; elle embellit des réalités préexistantes (1). » Les deux chroniqueurs de Mauriac disent eux-mêmes, au commencement de leur manuscrit, qu'ils ont écrit d'après les papiers et documents conservés alors dans le monastère. Or, ces documents devaient être très-nombreux au XVIe siè-

---

(1) P, At. *Saint Antoine de Padoue.*

cle, avant les ravages des protestants. Montfort s'en est beaucoup servi ; mais il arrangeait les faits à sa façon, d'une manière peu intelligente et souvent déplorable. Il avait surtout la manie de mettre une date à tous les faits qu'il racontait, même les plus insignifiants, même les plus anciens, et il avait l'habitude de reculer toujours ces dates si incertaines. Mais il n'en est pas moins avéré qu'il avait à sa disposition des manuscrits très-précieux et que par conséquent le fond même de sa narration est vrai.

Du reste, l'histoire contemporaine confirme les faits principaux de la légende mauriacoise. Ce qui se passait alors en Auvergne se reproduisait avec des différences de détails sur un très grand nombre de points de notre pays. « Au VIe siècle, dit Montalembert, une grande partie de la Gaule était couverte d'épaisses et sombres forêts. C'étaient des halliers de ronces et d'épines d'une dimension et d'une épaisseur formidables qui arrêtaient les pas et torturaient les membres de ceux qui s'y aventuraient... Même dans les provinces les mieux cultivées, de longues lignes boisées s'étendant du nord au midi, du levant au couchant, servaient à mettre les plus vastes massifs forestiers en communication les uns avec les autres, sillonnaient toute la Gaule et l'enveloppaient comme un vaste réseau d'ombre et de silence. » (1) Or, c'est bien là exactement le tableau que nous fait la légende de l'Auvergne d'alors.

La lumière céleste qui marqua pendant trois jours de suite l'endroit où devait s'élever la chapelle de la Vierge ne manque pas d'analogies dans l'histoire de cette époque. Nous ne mentionnerons que la suivante : saint Ouen, fils d'un noble seigneur franc, s'enfuit avec ses deux frères de la cour de Dagobert, où ils avaient été élevés. « Il chercha dans les forêts qui couvraient alors la Brie un lieu convenable à la fondation qu'il voulait créer et doter. Il le trouva auprès d'un torrent nommé *Rebais*. C'était une clairière qui

(1) *Les Moines d'occident*. T. II, p. 336, 337.

lui avait été montrée pendant trois nuits de suite par une nuée resplendissante en forme de croix (1). »

Quant à la lionne et à ses petits, le P. Dominique-de-Jésus essaie de s'en rallier spirituellement, mais sans y réussir guère. La présence des lions n'est pas impossible en Gaule à cette époque : « Les lions, dit Buffon, ne sont pas absolument étrangers aux climats tempérés ; cependant il ne s'en trouve actuellement dans aucune des parties méridionales de l'Europe, mais il y en avait du temps d'Aristote dans la Thrace, la Macédoine, la Thessalie (2). » Ils sont mentionnés dans la chanson de Roland : « Faites lui présent (à Charlemagne) de lions, d'ours et de chiens (3). » Au reste, nous sacrifions volontiers le nom du roi des animaux et nous nous contentons de voir dans le récit de l'apparition une bête sauvage quelconque que les chroniqueurs auront décorée du nom plus poétique de *lion*. « Il faut se représenter, dit encore Montalembert, ces masses de bois sombres, impénétrables, peuplées par d'innombrables bêtes fauves dont la férocité n'était guère habituée à reculer devant l'homme, et dont plusieurs espèces ont, depuis, complètement disparu de nos contrées. Pour s'enfoncer dans ces terribles forêts, pour affronter ces animaux monstrueux, *dont la tradition est restée partout*, et dont les débris sont parfois exhumés, il fallait un courage dont rien dans le monde actuel ne saurait donner une idée. Vers 540, dans les forêts du Maine, saint Calais vivait entouré de toutes sortes d'animaux, et entre autres d'un buffle sauvage dont l'espèce était déjà rare dans cette contrée et qu'il avait réussi à apprivoiser... Les rois et les seigneurs passaient à la chasse tout le temps qu'ils n'employaient pas à la guerre. Dans les vastes forêts qui couvraient la Gaule, ils rencontraient,

(1) Montalembert, *loc. cit.*, p. 536.
(2) *Buffon.* T. XXX, p. 54.
(3) *La chanson de Roland*, traduite par Léon Gautier, page 7, vers 30.

non-seulement un gibier innombrable et inépuisable, mais encore et surtout des animaux d'une taille et d'une force assez redoutables pour leur offrir tous les périls et toutes les émotions de la guerre. L'élan, le buffle, le bison et surtout l'*urus*, si renommé par sa férocité, c'étaient là des adversaires dignes des combattants les plus intrépides (1). »

Les femmes même parfois ne craignaient point de prendre part à ces exercices dangereux. C'est ainsi que la reine Ultrogothe accompagna son mari Childebert dans la forêt du Maine pour s'y livrer à sa récréation ordinaire.

Pour ce qui est des *faunes* et des *satyres* dont s'effraie le P. Dominique, nous les laissons comme lui en Ethiopie, où nous n'irons pas même les chercher, de peur de ne les y trouver pas plus qu'en France, et nous ne les voyons pas, du reste, apparaître dans notre légende. Par les mots *homines sylvestres*, nous nous contentons de nous représenter les serfs qui habitaient la campagne, les colons chargés de cultiver les clairières qui s'ouvraient çà et là dans les bois immenses.

Le parchemin hébreu trouvé au pied de la pierre de marbre nous semble plus difficile à expliquer, d'autant que l'inscription qu'il contenait n'est pas reproduite dans les œuvres de saint Remi, comme l'affirme le chroniqueur. Selon nous, cela veut dire que sainte Théodechilde eut la prévision miraculeuse des grandes merveilles qui ne devaient pas tarder à s'opérer en ces lieux, des consolations et des soulagements que l'humanité souffrante y trouverait aux pieds de la Vierge des Miracles, et enfin de la fidélité que les futurs habitants de ces lieux garderaient toujours à la vraie foi. « Parfois, en effet, l'avenir des grandes œuvres dont ils jetaient à leur insu la semence sur la terre se révélait instinctivement à la pensée des saints et des solitaires de cette époque. C'est ainsi qu'au commencement du VIIe siècle, saint Inier entend d'avance retentir le son

---

(1) *Les Moines d'occident*, T. II, p. 338, 339, 356

des cloches du monastère qui un jour remplacera son her-, mitage. »

Le cierge perpétuel allumé dans la chapelle de la forêt par l'ordre de sainte Théodechilde rappelle « cette flamme inextinguible allumée en Irlande, vers la même époque (525), sur le tombeau de sainte Brigitte, au monastère de Kildare, flamme que ses religieuses entretinrent toujours, que surveillèrent pendant mille ans l'amour et la foi d'un peuple malheureux, comme le fanal de la patrie, jusqu'au triomphe d'une réforme sacrilège (1). » La prescription de sainte Théodechilde fut exécutée avec une aussi pieuse fidélité, et pendant près de treize siècles le cierge perpétuel a brûlé presque sans interruption devant la statue miraculeuse de Marie.

Les reliques que sainte Théodechilde demanda à son père et que celui-ci obtint du pape rentrent fort bien dans les habitudes de cette époque. Alors, en effet, un monastère ou une église n'étaient pas considérés comme solidement fondés s'ils n'étaient en même temps enrichis de quelques reliques insignes des saints martyrs ou confesseurs. Ainsi voyons-nous le pape Vitalien envoyer à Oswy, roi de Nortumbrie, des reliques de divers martyrs et des parcelles des chaînes de saint Pierre pour la reine Eansfleda, petite-fille de sainte Clotilde. Pour ce qui est en particulier des reliques des saints Innocents, on en voyait, avant la Révolution, un corps entier à Saint-Denis et un autre dans l'église des Saints-Innocents, à Paris. Dans le monastère de Mauriac, il y a toujours eu une chapelle dédiée aux Saints Innocents ; et encore aujourd'hui l'église paroissiale possède de ces jeunes et tendres martyrs quelques reliques enchâssées dans un des bustes exposés dans la chapelle du Sacré-Cœur.

Il n'y a rien non plus qui doive étonner dans la découverte faite au milieu des bois du temple de Mercure. De tous

---

(1) *Les Moines d'occident*, II, 479.

les dieux qu'ils avaient empruntés à la mythologie des Romains, celui que les Arvernes aimaient le plus, c'était Mercure, qui dès le IVe siècle avait remplacé Teutatès ; mais c'était le même dieu sous un nouveau nom. « Il ne faut donc pas s'étonner outre mesure de trouver un temple de Mercure au milieu d'une épaisse forêt aux Ve et VIe siècles ; la tyrannie et la fiscalité romaines d'abord, puis les ravages des invasions barbares avaient rendu au désert, à la solitude, des contrées entières qu'une végétation spontanée et sauvage venait chaque jour disputer à la culture et qui se transformaient graduellement en forêts. Ainsi, saint Colomban ne trouva plus que des idoles abandonnées au milieu des bois, sur le site de Luxeuil, qu'avaient naguère occupé les temples et les thermes des Romains. Saint Calais, dont nous avons parlé déjà, rencontre aussi au fond des bois les débris d'anciens édifices abandonnés qu'il transforma en cellules et en chapelle (1). »

Ainsi, les principaux traits de la légende mauriacoise, qui au premier abord paraissent si extraordinaires et invraisemblables, se trouvent être en parfaite harmonie avec l'histoire religieuse du temps ; ce qui doit donner à notre chronique une véritable valeur, non-seulement aux yeux d'une piété franche, mais encore à ceux d'une science sérieuse qui l'examine sans préjugé. Au reste Mauriac avait eu déjà des habitants à l'époque gallo-romaine et avant la fondation de Théodechilde, comme le prouvent les ruines mêmes du temple de Mercure. Audigier soutient que Mauriac était connu dès l'an 377, époque à laquelle l'empereur Gratien donna un rescrit daté de *Maurentiaco* et adressé à Antoine, préfet des Gaules. Ce même empereur passait une partie de la belle saison à *Maurentiacum*, lieu situé près des montagnes et environné de forêts, où il prenait le plaisir de la chasse. L'ancienne voie romaine qui traverse la commune du Vigean, à peu de distance de Mauriac, rend cette opinion fort plausible.

(1) *Moines d'occident,* 333, 343.

D'ailleurs les découvertes faites aux environs ou dans l'enceinte même de la ville, dans le cours de ce siècle, viennent confirmer les traditions et les chroniques locales. Dans le cimetière actuel, on a découvert de nombreux fragments de poteries romaines et des urnes cinéraires de verre, en tout conformes à celles qui ont été employées aux sépultures jusqu'au troisième siècle de l'ère chrétienne. Sur l'emplacement de l'ancienne église du monastère et dans les environs, des fouilles ont mis à découvert, à une profondeur de deux à trois mètres, des amas de tuiles et de briques à rebord, des soubassements de murs et des poteries sigillées appartenant certainement à l'époque gallo-romaine. Ces vestiges prouvent que Mauriac avait des habitants avant l'établissement de la monarchie franque, et qu'à la place où fut élevé le monastère avaient existé des constructions dues à la civilisation antique. L'archéologie vient donc fort à propos à l'appui de la légende et lui donne une sanction inattendue. Ainsi sont confirmés dans leur substance les récits traditionnels défigurés à travers les âges, mais laissant apercevoir encore un fond de vérité sous une couche de superfétations populaires (1).

NOTE D.

Date de la mort de sainte Théodechilde.

Plusieurs dates ont été données pour la mort de sainte Théodechilde. L'office de 1658 dit qu'elle mourut *tertio nonas junii*, le trois juin. Le Propre actuel de Saint-Flour fixe la même date ; il est évident que dans la rédaction du second office on a suivi celle du premier. Mais où celui-ci a-t-il pris cette date ? Le rédacteur nous l'indique assez

(1) Voir le détail des découvertes : *Dictionnaire statistique du Cantal.* T, IV, p. 218-222.

clairement quand il dit dans sa préface. *De sancta Theodechilde placuit ex martyrologio gallicano*.... Le martyrologe gallican Du Saussay, qui avait paru en 1637, donne en effet la vie de sainte Théodechilde au 3 juin, à la suite de la vie de sainte Clotilde qui mourut ce jour-là ; mais il ne dit nullement que ce soit aussi le jour de la mort de Théodechilde. A l'occasion de la mère, il fait la biographie de ses deux filles ; il n'y a pas d'autre relation entre cette date et la mort de notre sainte.

Le P. Dominique-de-Jésus dit qu'elle mourut le 16 octobre. C'est évidemment le résultat d'une confusion. Il prend le jour de l'invention de ses reliques, 16 octobre 1643, pour le jour de sa mort.

La véritable date de la mort de sainte Théodechilde est le 28 juin. Nous pourrions en donner de nombreuses preuves ; nous nous contenterons des suivantes : 1° la pierre ou brique carrée qui avait été déposée dans sa première sépulture, et qu'on trouva encore avec ses ossements, en 1643, portait cette inscription : *IIII kal. Julii transiit donna Thechildis Regina*, « le quatre des calendes de juillet (28 juin) trépassa la dame Théodechilde, Reine. » 2° Geoffroy de Courlon dit dans sa chronique : « Le jour anniversaire de sa mort se célèbre la veille des saints apôtres Pierre et Paul. » 3° Un cérémonial du XIII° siècle porte cette rubrique : « Lorsque la fête de saint Pierre et de saint Paul tombe le dimanche, il faut, la veille, dire trois messes : la première de sainte Théodechilde, la deuxième de la Sainte Vierge, et la troisième de la Vigile. » 4° Dans un livre des revenus de St-Pierre-le-Vif, écrit sous le millésime de 1298, on lit au 28 juin : « Obit de sainte Théodechilde, vierge, fondatrice de cette église. » 5° Dans un ancien martyrologe en usage dans le même monastère, au quatre des calendes de juillet, après l'annonce de la vigile des apôtres saint Pierre et saint Paul et des autres saints de ce jour, on lisait ce qui suit : *Eodem die, depositio Domnæ Theodechildis Reginæ, quæ cænobium B. Petri, apostoli ab imo fundavit.* 6° La châsse faite en 1648 porte encore l'inscription suivante : « *S. Theodechildis, v. IV, kal. julii obiit.* » Enfin, jusqu'à la Révolution, la fête de sainte Théodechilde s'est toujours célébrée, à Sens comme à Mauriac, le 28 juin. Il est regrettable que le nouveau Propre de Saint-Flour n'ait pas suivi en ce point le bréviaire mauriacois de 1658. Espérons que dans une nouvelle édition la fête de sainte Théodechilde sera replacée à sa véritable date.

Quant à l'année de la mort, la déterminer sûrement serait bien difficile, les auteurs étant très-partagés et donnant des dates bien différentes. On ne peut donc la désigner qu'approximativement. Voici d'abord les principaux sentiments des historiens. Clarius, Geoffroy, Mourguyos et d'autres après eux disent qu'elle vécut soixante-quinze ans. En fixant sa naissance à l'an 498, comme nous l'avons fait, sa mort serait arrivée en 573. Mais il est évident que, dans l'indication de son âge, les auteurs précités s'appuient sur l'épitaphe que Fortunat a composée, non pour sainte Théodechilde, mais pour sa nièce Théodechilde-la-jeune.

Urbain Reversey dit qu'elle garda 70 ans son vœu de virginité et qu'elle vécut 80 ans (elle aurait donc fait vœu à 10 ans) ; Jacques Taveau, le bréviaire de 1658, l'office de 1856 ont répété la même chose : cette opinion semble plus probable au P. Dominique-de-Jésus. Mais Urbain de Reversey la faisant mourir en 553, âgée de 80 ans, elle aurait dû naître, selon cette opinion, en 473. Or Clovis n'avait alors que huit ans. Il y a donc là une contradiction et une impossibilité.

Odoran dit qu'elle vivait encore du temps que Clotaire régnait sur toute la France ; Geoffroy, qu'elle mourut tandis que son frère Clotaire régnait seul en France. Nous nous arrêtons à ces deux indications qui sont précises et qui émanent des plus anciens historiens de la sainte, (Clarius ne fixe pas l'époque de sa mort) ; c'est donc entre les années 558 et 561 que dut arriver cette bienheureuse mort. Voilà pourquoi nous l'avons fixée vers l'année 560. Si elle est née en 498, elle devait avoir environ soixante-deux ans. C'est ce qu'on peut conjecturer de plus plausible.

DOCUMENTS

N° I.

CHARTE DE CLOVIS.
(509?)

« 1. In Christi nomine Clodoveus, rex Francorum, omnibus Christi fidelibus qui consistunt in universo regno meo, Pax et Veritas sit semper vobiscum. Anno tertio postquam Baptismi gratiam percepi per manus Patris mei Remigii, Rhemorum episcopi, et catholice imbutus sum omnem legem christianam ; residente me in urbe parisiacà, cum uxore mea Chrotilde, per cujus exhortationem ad christianam legem perveni, unâ cum filiis meis Theodorico videlicet, Clodomiro, Childeberto et Chlotario, ceterisque proceribus Francorum, venit ante præsentiam meam filia mea charissima Theodechildis, quæ se devovit (nuper) Virginem iu Christo, postulans a me multis precibus, ut ei quantamcumque (quantulamcumque) portionem condonarem de hereditate mea, seu de hereditate matris suæ ; postulans insuper ut in ipsa hereditate ei liceret ædificare monasterium monachorum in honorem (principis) Apostolorum. Audiens igitur ego tam justam postulationem, tradidi illi partem de hereditate mea, quæ venit in sorte mea, ex parte uxoris meæ Chrotildis, quæ hereditas fuit patris ejusdem uxoris meæ, Chilperici Regis Burgundiorum.

2. « In primis igitur trado ei ecclesias meas duas, unam in honorem Beatorum Martyrum Saviniani et Potentiani, alteram in honorem Beati Serotini martyris, cum omni decimatione et quidquid ad ipsas pertinere videtur : distant enim ipsæ ecclesiæ ab urbe Senonica milliario uno, inter autem ipsas ecclesias sunt passus ferè quinquaginta. Igitur in ipso cemeterio ipsarum ecclesiarum (per voluntatem meam et uxoris meæ filiorumque meorum et Procerum Francorum, volo, consentio ut ædificet monasterium suum filia mea charissima ad similitudinem prioris basilicæ quam cœpimus œdificare ego et uxor mea in conspectu parisiacæ urbis in sanctorum Apostolorum honorem). Est autem in ipsis ecclesiis Beatorum Martyrum ab antiquis temporibus sepultura præsulum senonum seu clericorum S. Stephani et Procerum ejusdem urbis, populique ipsius pagi, ob corpora martyrum ; successoresque eorum, venerandi. Pontifices Senonicæ urbis, id est, Leontius, Severinus, Audatus, Eraclius, Lunanus, Simplicius et Theodoricus archidiaconus, cum aliis sanctis viris. Trado etiam illi villam meam indominicatam, Vicum nomine (alias novum) cùm appendiciis suis, in quà sicut (suprà) diximus, œdificare desiderat filia mea charissima monasterium, id est : Planta, Malfiacum subteriorem et aquam Venaudam, quæ ibi currit, cum molendinis, et silvam ; terram etiam quæ est ad Spinetum vel quidquid in circuitu ipsius vici B. Petri habere et possidere videor. Mercatum etiam in ipso vico in ferià V. concedo illi. Feriam autem annualem similiter concedo illi in festivitate Apostolorum Petri et Pauli quæ est tertio kalendas julii. Item ut nullus ex ministris nostris neque comes, neque vice-comes, neque ullus judex (publicus) in mercatu, neque in ipsâ ferià annuali, ullam consuetudinem accipiat, nisi ipsi monachi qui ibidem Deo deservierint ; neque rotaticos (neque pedaticos, neque portaticos) homines distringendos ; sed teneant securè absque ulla contra-

dictione, sicut antecessores mei Reges Burgundionum tenuerunt.

3. « Trado autem illi terram quæ vocatur Castellum-Britonis, et Villam-Mari. Ecclesiam autem meam quæ est in honore Martyrum Saviniani et sociorum ejus, cum omni decimatione concedo illi. Villam etiam quæ vocatur Saucerys, cum sylva quæ in ea est. Trado illi similiter et villam quæ vocatur Seligniacus-Major, unà cum sylva, quæ in ea est; et villam quæ vocatur Seligniacus-Minor concedo illi. In civitate autem (ut sciat omnis populus quia catholicus factus sum, et hoc quod facio libenti animo facio), juxta portam quæ est ad orientalem partem, trado illi capellam meam indominicatam, in honore sancti Petri dicatam, quam construxit uxor mea Crothildis ; areas quoque sexaginta in civitate. Ultra Igaunam autem terras cultas et incultas cum vineis ; item pontem qui est supra ipsum flumen, et areas subtus pontem ; piscatoriam habentem perticas quadraginta sex, et dextras duos ; retineo autem in manu mea areas plurimas in ipsa civitate, et Masiliacum-Majorem cum appenditiis suis,

4. « Extra res quas trado per hanc Chartam filiæ meæ carissimæ adhuc alias res trado, quarum hæc sunt nomina : Ecclesiam quæ est in villa quæ vocatur Vianaretum cum decimatione, et totam ipsam villam cum appendiciis suis et sylvam quæ in eà est. Similiter ecclesiam quæ vocatur Villa-Jaso, cum omni decimatione, et totam villam, cum sylvis sibisubjectis. Ecclesiam quoque quæ vocatur Ciconias, in honore S. Petri dicatam, et totam decimationem ; totam ipsam villam cum sylvis sibi subjectis, et cum omnibus appendiciis suis quarum hæc sunt nomina. Villa quæ vocatur Bardellus super Igaunam fluvium, cum molendinis et piscatione, cum pratis, vineis, terris cultis et incultis, etc. Hæc omnia cum mancipiis desuper manentibus, mansis, domibus, ædificiis, cultiferis, mundiscapis, vineis, silvis, campis, pratis et pascuis, aquis aquarumque decursibus, totam et ad integrum rem inexquisitam cum omni soliditate,

ad prædictum monasterium ad honorem peculiaris patroni nostri Apostoli fundatum illis, qui ibidem die noctuque deinceps Deo famulari noscuntur, proficiat in augmento. Prœcipimus igitur atque statuimus idem monasterium, quod filia mea carissima fundare cupit (al. cœpit) cum omnibus ad se pertinentibus, sub nostra defensione atque maniburdio hujus nostræ regiæ auctoritatis confirmationem, ab omni strepitu et judiciariæ potestatis auctoritate adeo liberam et securam esse decernimus, ut nullus judex publicus, vel quilibet judicialis potestatis auctoritate suffultus, in ecclesias, aut loca, vel agros, seu aliquas possessiones, quas prœsenti moderno tempore, in quibuslibet territoriis infrà ditionem regiminis nostri justé et legaliter præfatum monasterium possidere videtur, vel in ea quæ deinceps ipsius monasterii dominio devenerint, ad causas audiendas, vel freda (mulcta) aut tributa exigenda, aut mansiones, vel paratas faciendas aut fidejussores aut homines ipsius monasterii, tam ingenuos quam servos, super ejusdem terram commanentes (al. commorantes) suà temeritate restringendas; nec ullas redhibitiones aut illicitas exactiones requirendas per laticos, nec teloniarios, nec rotaticos, nec portaticos, aut ripaticos tollendos, nostris vel futuris temporibus ingredi vel auferre præsumat; sed omnia sint secura et pacifica plenissima defensione; et sic ea teneant monachi, sicut antecessores mei Reges Burgundionum tenuerunt, securè et quietè et plenissima libertate absque ulla contradictione.

5. « Trado illi etiam ducem Basolum admodum (al. juvenem) superbum et tumidum, modò verò humiliatum, quem catenatum retineo (al. retinet) cum omni hæreditate sua, cum castellis, vicis, terris, ecclesiis, et reliquas possessiones suas, eo tenore, ut ab hodiernâ die et deinceps, totum et ad integrum rem inexquisitam, ad prœdictum monasterium S. Petri Senonensis, omnibus temporibus permanere decernimus, in alimoniam servorum Dei, qui ibidem per tempus successerint, et assiduam pauperum

Monnaies mérovingiennes et sceaux de Sens et de Mauriac.

1. Monnaie d'or de Sens : SENONAS. Buste à gauche. R.–-MARCOALDO M. Croix haussée sur un globule.
2. Tiers de sol d'or frappé à Mauriac. MAVRIACO VIC Tête de profil à droite. — R. -|- BERTO(ALDV)S. Dans le champ, le sigle AR (Arvernia).
3. Sceau de Pierre de Balzac, doyen de Mauriac (1488-1493.) — S. COnTRACTVVm DECANATus MAVRIACI Pro DomiNO Petro DE BALSACO DECANO.
4. Sceau du monastère de Sens sur une pièce de 1686.
. Sceau du monastère de Mauriac sur un titre de 1701.

acceptiónem, et luminaria continuanda, et sacrificium offerendum, vel ipsa domo Dei erigenda, ipsæ res in futuro permaneant. Sunt autem ipsæ res Basoli in Arvernia provincia, et in Lemovicino, et in Caturcensi pago, et Petragorico pago, et in Galvoduno pago (1).

6. « Postulo igitur ego Clodoveus, Rex Francorum, successores meos reges hanc donationem, quam contuli Deo et beatis apostolis ejus, et filiæ meæ carissimæ (reginæ) Techildi, monachisque ibidem Deo servientibus, ut firmam et stabilem permanere faciant per cuncta sœcula. Amen. Si quis autem contra hanc scriptionem venire (al. tenere) tentaverit, in primis iram Dei incurrat et nullo modo evadere valeat. Omnipotens autem Deus qui dixit : mihi vindictam et ego retribuam, ipse illum condemnet qui in hanc nostram chartam aliquam calumniam immiserit. Amen.

7. « Actum publicè in urbe Parisiaca coram filiis (anno Domini quincentesimo).

† Ego Clodoveus, in Dei nomine, rex francorum, manu propria firmavi et subscripsi.

† Ego, in Dei nomine, Crothildis, regina.

† Ego, in Dei nomine, Theodoricus, filius ejus, rex.

† Ego, in Dei nomine, Clodomirus, filius ejus, rex.

† Ego, in Dei nomine, Childebertus, filius ejus, rex.

† Ego, in Dei nomine, Clotarius, filius ejus, rex.

† Ego, in Dei nomine, Theodechildis, filia ejus carissima (al. regina).

† Ego, in Dei nomine, Eraclius, archiepiscopus Senonum.

† Ego, in Dei nomine, Remigius jam senex, Remorum episcopus.

† Ego, in Dei nomine, Principius, suessionis episcopus.

† Ego, in Dei nomine, Medardus, noviomensis episcopus.

† Ego, in Dei nomine, Vedastus, atrebatensis episcopus.

† Ego, in Dei nomine, Germanus, Parisiorum episcopus.

(1) Ici on avait intercalé, vers le IX° ou X° siècle, la liève du doyenné de Mauriac.

† Ego, in Dei nomine, Austregisilus, Bituricensis archiepiscopus.

† Ego, in Dei nomine, Genebaudus, Laudunensis primus episcopus.

† (Ego, in Dei nomine,) Aurelianus, consiliarius regis· Gellibertus hoc testamentum scripsit et subscripsit.

Data mense octobris, Indictione prima, in Dei nomine, Parisiis, in urbe regia. » (Bolland., 28 juin, *De Sancta Theodechilde*, n. 4-11.)

Cette charte a été publiée par René Choppin : *Traité des Droits des Religieux*, liv. I, titre III, n° 19 ; par Dom Yeppés : *Chronique générale de l'Ordre de saint Benoît*, t. I, centurie 1er, fol. 167 et 168 ; par le P. Dominique-de-Jésus : *Histoire de saint Marius*, c. X ; par le P. Labbe : *Miscellanea curiosa*, c. I, par. II ; par le P. Lecointe : *Annales ecclesiastici francorum*, t. II, p. 48 ; par les Bollandistes, t. VII, de juin, p. 328, et par beaucoup d'autres auteurs. Le texte édité par les Bollandistes a été pris sur deux copies fournies au P. Papebrock, par D. Toussaint du Carroy, supérieur de Sens ; l'une de ces copies était de 1368, l'autre de 1485. C'est ce texte que nous avons donné en mettant entre parenthèses les variantes de Dom Yeppès. Une copie sur parchemin était conservée au monastère de Mauriac avant la Révolution. Pierre Soustre, notaire et archiviste, atteste qu'elle était du XIIe siècle. Elle contenait de plus le dénombrement détaillé des châteaux, des églises, des villas dépendant du monastère de Mauriac, avec les noms des colons et l'indication des redevances en nature qu'ils devaient fournir aux moines. Ce dénombrement est tout simplement une lièvre du IXe ou Xe siècle, selon nous, que l'on avait insérée dans le diplôme de Clovis pour lui donner plus d'autorité. C'est du reste la remarque déjà faite au XVIIIe siècle par Dom Verdier Latour, sur une copie de cette époque, qui se trouve aux archives communales de la mairie d'Aurillac.

L'authenticité de cette charte a été admise sans difficulté jusqu'au XVIIe siècle. Mais depuis elle a exercé la critique des historiens, qui l'ont tour à tour admise ou rejetée. Parmi les auteurs qui la rejettent absolument, nous citerons : Mabillon ; *Gallia Christiana ;* Le Cointe ; Guérard : *Polyptique d'Irminon ;* le *Dictionnaire statistique du Cantal,* etc. Parmi ceux qui admettent son authenticité, au moins quant au fond, reconnaissant toutefois qu'elle a été altérée en plusieurs endroits : le P. Dominique-de-Jésus, D. Hugues Mathoud, D. Toussaint du Carroy, les Bollandistes ; M. Darras semble aussi l'admettre. Nous sommes de l'avis de ces derniers.

Le P. Lecointe et après lui le *Dictionnaire du Cantal* font quatre objections principales contre l'authenticité de la Charte de Clovis :

1° *Sur la date.* Au commencement on lit : « *La troisième année depuis que j'ai reçu la grâce du baptême.* » A la fin, est écrit : *L'an du Seigneur cinq cent, au mois d'octobre, indiction première.* Or, ces dates ne concordent nullement entre elles : l'an 500 ne correspond ni à la troisième année du baptême, ni à l'indiction première ; l'indiction de l'an 500 était la huitième.

Nous répondons : la mention de l'indiction a été sûrement ajoutée par des copistes ignorants, car cette manière de dater était entièrement inusitée dans les actes publics des rois de la première race. Du reste, tous les savants conviennent qu'il y a grand nombre d'actes sincères dont l'indiction est fautive ou très-embarrassante. L'an 500 de J.-C. n'était pas non plus exprimé dans l'original et a été manifestement introduit depuis ; ce n'est en effet que vers l'an 530 que Denis-le-Petit commença à compter les années à partir de l'Incarnation. Reste la date qui fixe la concession de la charte à la troisième année du baptême de Clovis. Or la troisième année correspond à l'an 499, mais à cette époque Théodechilde était trop jeune et l'Auvergne n'appartenait pas encore à Clovis. Pour répondre à cette difficulté, les Bollandistes pensent qu'il faut lire, par l'adjonction d'une seule lettre, la XIIIe année au lieu de la IIIe année du baptême. Pour nous, nous pensons que cette indication elle-même a été ajoutée postérieurement. Le diplôme de Clovis pour la fondation du monastère de Mici (Darras, XIV, p. 48), ne porte pas de date ; une autre charte donnée par Childebert à saint Germain, évêque de Paris, n'était pas non plus datée (Cartul. de Notre-Dame) ; il en était très-probablement de même pour celle de Sens, et c'est pour remédier à cette lacune que les copistes du moyen-âge ont ajouté, chacun à sa manière, des dates si peu en harmonie les unes avec les autres.

2º Objection *sur un passage relatif à Sens.* A la fin du premier alinéa, il est dit : *Je lui donne l'héritage qui me revient du côté de mon épouse, lequel héritage a autrefois appartenu à son père Chilpéric, roi des Burgondes.* A la fin du second alinéa, on lit aussi : *Comme mes prédécesseurs les rois Burgondes les ont tenus.* Le quatrième alinéa se termine encore par les mêmes paroles. Or il s'agit, dans tous ces cas, de la ville de Sens et de son territoire, qui n'ont jamais été soumis aux rois Burgondes.

Le P. Papebrock cherche à expliquer ce passage de cette manière : Clovis aura donné à Clotilde le territoire de Sens en échange du droit qu'elle avait sur le royaume de son père Chilpéric ; en sorte que, par une certaine fiction de droit, Clovis avait après cela un droit *direct* sur le royaume des Burgondes, et seulement un droit *indirect*, par sa femme, sur le territoire de Sens. Cet auteur restitue donc ainsi le passage en question : *Je donne à Théodechilde la partie de mon héritage qui vient dans le principal de mon épouse Clotilde, à la place de l'héritage qu'elle tenait de Chilpéric, roi des Burgondes.* Puis il corrige ainsi les deux autres passages : *comme les ont possédés mes prédécesseurs les rois Francs.* Mais le P. Papebrock n'a pas remarqué que chez les Burgondes, comme chez les Francs, les filles ne pouvaient hériter du trône de leur père (Darras, t. XVI, p. 18), et que par conséquent Clotilde n'avait aucun droit à céder à Clovis sur le royaume de Chilpéric. Il est plus simple et plus naturel de dire que ces trois passages ont été dénaturés, ou même entièrement interpolés par des copistes ignorants.

3° *Objection relative aux signatures.* La charte est signée par *Héraclius, archevêque de Sens;* or, Héraclius mourut en 507, d'après Baronius ; il n'a donc pu signer la charte donnée en 509, et de plus, le titre d'archevêque était encore inusité en Gaule à cette époque· — Nous répondons que Baronius s'est trompé sur cette date comme sur beaucoup d'autres. En effet, le frère d'Héraclius, Paul, lui succéda sur le siège de Sens, et vraissemblablement ne lui survécut que peu de temps. Son successeur immédiat fut Léon, qui n'est guère connu avant l'année 533. C'est à titre gratuit que Baronius a placé la mort d'Héraclius en 507 ; on peut parfaitement nier ce qui est affirmé sans preuve. Voici du reste la chronologie généralement admise aujourd'hui pour ces trois évêques : St Héraclius, 487-525 ; St Paul, son frère, 525-530 ; St Léon, 530-541 (1). Enfin nous voyons la signature d'Héraclius paraître encore sur le testament de Ste Théodechilde, en 520, testament dont l'authenticité est généralement admise. Quant au titre d'archevêque qu'on lui donne dans la charte, nous dirons qu'il a été introduit tout naturellemene par les copistes à la place de celui d'évêque, lorsque l'évêque de Sens porta de fait le titre d'archevêque. Pour l'époque où ce titre commença à être en usage dans les Gaules, voyez Mabillon (*Opera posthum*, t. II, p. 152).

On objecte enfin la signature des cinq derniers évêques qui ne furent élevés que plus tard à l'épiscopat. St Médard ne fut pas évêque de Noyon avant l'année 530 ; St Wast ne fut évêque d'Arras qu'après la mort de Clovis, en 512 ; St Germain, évêque de Paris en 555, et enfin St Austregisile, archevêque de Bourges, en 611 ; nous sommes loin de 509. Sans doute ces évêques n'ont pu signer l'acte au

---

(1) Lavernade. *Histoire de Sens*, 1835,

moment où il fut dressé ; mais nous répondons à cette difficulté, d'après Mabillon lui-même *(De re diplomatica*, lib. II, c. 20), en disant qu'ils l'ont signé dans la suite, comme cela se faisait alors, à mesure que les moines de Sens, ou même Ste Théodechilde leur présentaient la charte pour la faire approuver et confirmer, et cela sur l'espace laissé libre à cet effet entre la signature du dernier témoin et celles du conseiller, ou maire du palais, et du chancelier ou notaire.

Enfin, les Bollandistes font une suppostion qui n'est pas dénuée de probabilité. Il semble, disent-ils, que la charte de Clovis, telle que nous l'avons, ait été composée de deux chartes qui ont péri, dont on aura gardé la substance, mais dont les différentes parties ont été rajustées avec peu d'habileté. La première émanait du roi et de la reine, qui donnèrent à leur fille Théodechilde les possessions qu'ils avaient à Sens, pour y bâtir un monastère. La seconde fut donnée par Basolus qui, ayant été fait prisonnier, offrit à Théodechilde ses francs-alleux d'Auvergne et du Limousin pour sauver sa vie. Cette charte de Basolus est expressément mentionnée dans le testament de Ste Théodechilde. Plus tard on fondit ces deux chartes en une seule : le diplôme de Clovis en composa la première partie, et dans la seconde on aura conservé la donation de Basolus. Au reste, le style et les expressions mêmes sont identiques au style de la charte de Childebert dont nous avons parlé plus haut.

Quoi qu'il en soit, il nous répugne essentiellement d'admettre ce qu'osent avancer les adversaires de la charte, à savoir que cette pièce est tout entière de la composition des moines de Sens, qui l'auraient fabriquée pour donner plus d'importance à leur monastère et plus de garantie à leurs propriétés. D'après eux, ce serait un faux en écriture, ni plus ni moins. Nous ne pouvons croire à cette fourberie, ni même à sa possibilité. Des interpolations partielles introduites plutôt par l'ignorance que par la mauvaise foi, tant qu'on voudra ; mais une fausseté totale, un mensonge complet, une invention faite à plaisir, impossible. Du reste, nous avons pour nous une grave autorité, celle des Bollandistes, qui ont traité le sujet à fond, et n'aurions-nous que celle-là, nous ne nous croyons pas téméraire en la suivant.

Les lignes qui précèdent étaient déjà composées lorsque nous avons eu la bonne fortune de trouver la longue dissertation de D. Hugues Mathoud sur l'authenticité de la charte de Clovis (*De vera Senonum origine christianâ*, p. 42-124). L'auteur y dit que l'autographe de la charte se voyait encore à Sens, en 1620, époque à laquelle il fut envoyé à Paris pour un procès. Non content de donner d'excellentes raisons pour la véracité du diplôme, il réfute longuement et victorieusement les moindres objections soulevées par les critiques modernes ; nous ne pouvons que résumer les principaux chefs de preuve.

Les possessions des environs de Sens et de Mauriac, qui de toute antiquité ont appartenu à Saint-Pierre-le-Vif, n'ont pas et ne peuvent avoir d'autre origine que la charte en question. Les deux chartes de Clovis et de Théodechilde concordent parfaitement, se complètent l'une l'autre ; or puisqu'on admet l'authenticité de la dernière, pourquoi rejeter celle de la première ? D. Mathoud cite une charte de Philippe I (1064), où ce roi fait allusion aux chartes de ses prédécesseurs et reproduit même certaines expressions de celle de Clovis. Après lui Louis VI, dans une lettre adressée à l'évêque de Langres, appelle l'église de Saint-Pierre-le-Vif, *notre église*, et dans une autre lettre à l'évêque de Clermont, il dit en parlant de l'église de Mauriac : *C'est la chapelle des rois de France* ; or, tout ceci doit avoir un fondement ; quel est-il si l'on supprime la charte ?

Jacques Sirmond, Hadrien de Valois, Mabillon, Le Cointe, Jean Launois, qui rejettent la charte, diffèrent tous de sentiment sur Ste Théodechilde et la fondation de Saint-Pierre-le-Vif, parceque chacun d'eux prend dans le diplôme ce qui lui plaît ; nous sommes plus logique en l'acceptant tout entier : l'erreur est multiple, la vérité est une. — Le texte de Grégoire de Tours confirme à sa manière l'authenticité de cet instrument ; car on ne voit nulle part ailleurs la raison pour laquelle Théodechilde aurait eu des terres en Auvergne.

Mabillon admet le diplôme si on l'attribue à Thierri. Mais alors il devient inexplicable ; comment Thierri a-t-il pu donner à Théodechilde, sa sœur ou sa fille, comme on voudra, des terres éparses au nord et au midi, et situées quelques-unes dans les royaumes de ses frères ? Ce que Thierri ne pouvait faire est tout naturel chez Clovis seul monarque.

L'auteur raconte ensuite comme quoi le P. J. Sirmond, qui d'abord regardait la charte comme apocryphe, fit un voyage à Sens. Ayant déclaré qu'il admettrait la vérité du diplôme si on lui prouvait que Théodechilde fût fille de Clovis, les religieux lui exhibèrent tous leurs documents. Les ayant examinés, le P. Sirmond s'avoua vaincu et dit qu'il se rétracterait dans une autre édition qu'il n'eut pas le temps de faire. D. Mathoud ajoute : « Cette docilité et cette candeur d'esprit dans un Auvergnat âgé et pas facile à convertir, dénote un homme qui ne cherchait que la vérité. »

Les frères Sainte-Marthe vinrent aussi à Sens sans se faire connaître. D. Mathoud leur fait voir le monastère et se plaint de ce que le *Gallia christiana* renferme des erreurs sur Sens. Les frères déclinent leur nom et demandent à voir les vieilles chartes. A leur tour ils avouent qu'ils n'ont pas eu toutes les pièces en mains et qu'ils ont manqué de renseignements. Comme le P. Sirmond, ils reconnurent le bien fondé de l'opinion de D. Mathoud.

Quant à Mabillon on peut retourner contre lui ce qu'il dit lui-même : (*De re diplomaticâ*, lib. III cap. 6.) « Quand il s'agit d'anciens instruments, il est plus sûr de se prononcer en faveur de leur authenticité, lorsqu'ils ont pour eux une longue possession.... Une ou plusieurs défectuosités dans les chartes, pourvu qu'elles ne soient pas essentielles, ne préjudicie pas à leur vérité, puisque nous trouvons ces défauts dans les diplômes les plus sûrs... Les additions de dates à partir de l'incarnation, de l'indiction, *surtout dans les copies*, ne prouvent rien contre la vérité des instruments. »

Enfin D. Mathoud s'élève avec force contre ceux qui accusent les moines d'avoir interpolé sciemment, ou même fabriqué le diplôme. Le P. Papebrock avait sacrifié à la mode et suspecté la bonne foi des moines, disant que cette manie peu honnête des bons religieux avait commencé vers le XIe siècle. Mais on lui répond que les cloîtres ne furent jamais plus fervents, et par conséquent plus scrupuleux, qu'à cette époque. Mabillon, du reste, a relevé victorieusement cette accusation de mensonge, lancée sans preuve par une critique peu éclairée et jalouse. *(De re diplomaticâ* lib. I. cap. 6. et lib. III. cap. 5 et 6.)

Tel est le résumé succint de la savante dissertation de D. Mathoud. Le P. Papebrock qui lui-même avait d'abord, dans la préface du tome II d'avril, n° 125, attaqué la charte de Clovis et soulevé contre elle des objections, fut converti à son tour par la dissertation du prieur de Sens ; aussi, au 28 juin, soutient-il *mordicùs* l'authenticité du diplôme.

Par ce qui précède nous ne prétendons pas convertir tout le monde à notre opinion touchant la charte de Clovis, mais on voudra bien reconnaître qu'elle n'est pas sans des fondements sérieux, qu'il ne serait pas facile d'ébranler.

N° II.

Testament de sainte Théodechilde.

(520).

1. « Domino (et) sacrosancto monasterio, in honorem beatorum Apostolorum Petri et Pauli, sub oppido civitatis Senonum, nostro opere (a) fundamentis constructo. Ego in Dei nomine Theodechildis, filia Clodovæi quondam regis,

« Illud unusquisque ad mercedis augmentum sibi, Domino retribuente, confidat pertinere, si aliquid de rebus propriis, ergà loca Sanctorum, plena animi devotione, cum inspiratione divina futuris temporibus, in alimoniis servorum Dei vel pauperum, voluerit delegare. Igitur ego, pertractans casum humanæ fragilitatis, pro amore D. N. Jesu C. et meorum facinorum parentumque nostrorum abluenda discrimina, per hanc epistolam cessionis, cedo ad ipsum locum sanctum, cessumque in perpetuum esse volo, et de jure meo in jure et dominatione ipsius ecclesiæ, transcribo atque transfundo, hoc est, rem proprietatis meæ, quæ a progenitoribus nostris in hæreditatem nobis successit; id est Massiliaco subteriore et Planca, vel quod in circuitu in ipso vico S. Petri habere et possidere videor, seu in pago, tàm de comparato vel de quolibet attracto, ad nos noscitur pervenisse. Item villas, quarum nomina sunt: Soliniaco, Sauciacas, Vicidias, Cicunias, Fontanas, Villacato, Curtemauro Fusciaco, Villare, Tresmonte, Parido, Vogrado, Baionæ medietatem. In Geminiaco ecclesiam in honore S. Petri, et quidquid ibidem aspicere videtur cum integritate; Baniaco cum integritate; aream quoque piscatoriam in Igauna fluvio, subtùs pontem, habentem perticas XL et VI, et dextros duos, quam genitore meo præfato Clodovæo pro hoc ipso impetravi. In pago Maglidonensi, villa quæ vocatur Villa-Vetus Campaniæ, Silviniaco cum integritate; et in pago Althiodrense locello cognominato Misciaco. Hæc omnia cum mancipiis desuper manentibus, mansis, domibus, œdificiis, curtiferis, vineis, campis, sylvis, pratis, pascuis, aquis, aquarumve decursibus, totum ad prœdictum locum in honore peculiaris patroni nostri Petri apostoli fundatum, illis qui deinceps diù noctuque Deo ibidem famulari noscuntur, procifiat in augmentum.

2. « Illud quoque nobis in præsenti epistola cessionis addere complacuit ut res quas homo aliquis, nomine Basolus, pro redemptione vitæ suæ, in Aquitania nobis per suum instrumentum condonavit, in locis quorum nomina subtus conti-

nentur inserta, pleniter ad supradictum locum perpetualiter in Dei nomine proficiat in augmentum. Id est in pago Alvernico in vicaria Mauriacensi, in primis in ipso vico Mauriaco (ecclesia) in honorem S. Thirsi, martyris, constructa vel quidquid in ipso vico portio mea videtur ad integrum, et casam indominicatam, in loco nuncunpante Cuciniaco cum appendiciis, id sunt : Tarpiaco, Cartigias, Montefugo, Albolo, Viriliaco, Carice, Fagido, Farro, Albierolas, Ternesugo, Bolon, Crausino-Superiore cum integritate. Montetredente, Nova-Villa, Villa-Barbarorum, Carmina, Biaura, Arcas, Magniaco, Rigniaco, Surigniaco, Bion, Montesagis, Messiaco, Toleniaco, vel quidquid ad ipsa loca pertinere videtur, tam (in) mansis, domibus, œdificiis, servis et liberis, terris cultis et incultis, silvis, ingrediciis, pratis, pascuis, aquis aquarumque decursibus, totum et ad integrum rem inexquisitam. Etiam et in pago ipso Alvernico, villa quæ vocatur Ursicide, cum mansis et servis ibidem commanentibus, et vineas indominicatas cum integritate.

3. « Similiter et in pago Lemovicino, Sancticiaco ecclesias quatuor, una in honore Sanctæ Mariæ, Sancti Petri et Sancti Sulpitii, alia in honore Sancti Joannis Baptistæ, tertia in honore S. Juliani martyris, quarta in honore S. Martialis; ad quas subjecta sunt loca denominata Loguazanicas, ubi casa indominicata memorato Basolo fuisse dignoscitur ; villa quæ vocatur Pungum super alveum Dornoniæ, Villa Rigato, Elusa, Vapra, Villa-Hibernalis, Monte-Majorinas, Casanica, item Monte Cisternas, Vuasado, Papulanias, Pomenas, Louena, Riberia, Eredia, Culippia, Luco, Fauzanicas, Eugavicas, Casanicas, Clauciaco ; item Montevilla quæ vocatur Latissima, Marimilla, Ursinanicas, Adilla, Fagia; item Jasunias, Marisco, Transmonte, Cabianias, Renfenias, Halmabras, Milla, Milla-Vetula, necnon etiam et in ipso pago Lemovicino Ingrafia, Cautelense, Brutia, Luco, Vuapra, Nubriaco, omnia et ex omnibus quidquid in prædictis pagis aut territoriis habemus, tam in mansis, coloniis, œdificiis, silvis, vineis, campis, pratis, pascuis,

aquis aquarumque decursibus, cum itibus, reditibus, ad ipsa loca superiùs nominata adspicientibus, totum et ad integrum rem inexquisitam, ad prœdictum monasterium S. Petri omnibus temporibus permanere decernimus, in alimonia Servorum Dei, qui ibidem per tempora successerint, et assidua pauperum receptione, in eleomosyna videlicet Domini et Genitoris mei Clodovei, et remedio animæ meæ, habeat luminaria Continuanda, vel ipsa Domo Dei dirigenda, ipsæ res permaneant.

4. « Si quis verò contra hanc conscriptionem nostram, qua supradicta ad memoratum monasterium plena et integra voluntate conscribere rogavimus et prœsentialiter tradidimus, ullo unquàm tempore de heredibus nostris, aut ulla opposita persona aliquid opponere aut repetere, vel contradicere tentaverit, imprimis iram Dei omnipotentis incurrat, et a populo christiano sequestratus, et a communione alienus fiat ; et insuper inferat partibus ipsius monasterii, distringente fisco, auri libras XV, argenti pondera L ; et nihilominùs quod cupit evindicare non valeat ; sed hæc cessio voluntatis nostræ, auctore Domino, perpetuum obtineat firmitatis vigorem, cum stipulatione subnexa.

5. « Actum Senon, in mense septembri, anno nono regnante Clotario, germano meo, indictione secunda, in Dei nomine feliciter. Amen.

« † Ego in Dei nomine Theodechilda, Deo devota, manu propria firmavi.

« † In Dei nomine Heraclius Senonens. Archiepiscopus. In Dei nomine Geritus, Episcopus rogatus. In Dei nomine Helatius, abbas. In Dei nomine Moschardinus, Archidiaconus. In Dei nomine Gualdebartus, abbas. In Dei nomine Tudebertus, diaconus. Sig. Guinemarus. Signum, Naldebertus. In Christi nomine Germanus, Parisiorum episcopus. In Dei nomine Medardus, episcopus Noviomensis.... Agedulphus. Sig, Doannus. Sig. Raguardo. Sig. Elario. Sig. Adrebertus. Sig. Ecreberti. Sig. Elerico. Sig. Aistulpho, comiti. Sig. Boniverto, defensori. Ego in Dei nomine Amalbertus peccator abbas, hoc testamentum rogante Domina mea Theodechilde scripsi. » (Bolland., 28 juin. *De sancta Theodechilde*, n° 20-24.)

Cette charte a été publiée par les Bollandistes, qui en ont donné le texte d'après une copie de l'an 1221. Elle a été publiée de nouveau récemment dans le Cartulaire de l'Yonne, par M. Quantin, archiviste (1). Il en existait une copie du XIV° siècle dans les archives du monastère de Mauriac. Voici l'opinion de l'auteur du *Dictionnaire du Cantal* : « On trouve dans cette charte plusieurs des caractères intrinsèques de l'époque mérovingienne : l'orthographe en est vicieuse, le style barbare ; elle se termine par des imprécations jointes à une amende pécuniaire, qui sont bien dans les mœurs franques..... Le testament comprend le nom de plusieurs manses qui, pour la plupart, ont toujours été dans les dépendances du monastère de Mauriac, et, sous ce rapport encore, il est empreint d'un caractère de sincérité. Enfin, Basolus n'y porte pas le titre de duc d'Aquitaine, mais c'est *un certain homme appelé Basolus*. Cependant ce titre n'est pas exempt de toute trace de falsification. » (2)

Voici les objections de peu d'importance qu'on fait contre l'authenticité du testament de Théodechilde, et les réponses qu'on peut leur donner.

Au second alinéa il est parlé de la *vicairie de Mauriac* ; or ce n'est, dit-on, qu'au VII° siècle que l'on trouve le nom de vicairie dans les titres. — La *vicairie* ou *viguerie* était un district ou une petite ville soumise à un juge ou *viguier*, qui y rendait la justice en première instance. « Les habitants des campagnes se réunissaient pour traiter leurs affaires ou échanger leurs produits, aux carrois ou carrefours formés par les principales voies de communication, dans certains champs consacrés par l'usage.... Ces carrefours ou ces champs de foire au bord des grandes routes sont deve-

(1) Auxerre. Perriquet, imprimeur. 1852-1854, p. 1.
(2) *Dictionnaire du Cantal*, t. IV, 213.

nus souvent le siège d'une paroisse, puis d'une viguerie, où un magistrat local rendait la justice à des époques déterminées, puis d'un bourg ou d'une commune (1). » La *viguerie* se composait de plusieurs villages. En admettant que ce nom n'ait commencé à être employé qu'au VIIe siècle, on peut dire que ce qualificatif, qui n'existait pas dans le testament original, aura été naturellement introduit dans les copies subséquentes et accolé au nom de Mauriac, lorsque de fait il y eut là un juge établi, ce qui ne put tarder beaucoup. Mais, du reste, il est constant que les *vicairies* existaient déjà au moins dans la seconde moitié du VIe siècle. Le concile de Mâcon, tenu en 585, parle de *viguiers* ou *vicaires*. Grégoire de Tours nomme aussi un *viguier* dans son *histoire : Hoc Animodi vicarii dolo qui pagum illum judiaria regebat potestate factum fuisse. Lib. X, cap. 5.* (V. Dict. de Ducange au mot *vicaria*). Les *viguiers*, non seulement rendaient la justice, mais étaient aussi chargés de percevoir les tributs. Celui de Mauriac devait exercer cette double charge.

A la ligne suivante il est dit qu'il y a : *in ipso vico Mauriaco* (*ecclesia*) *in honore S. Thirsi, martyris.* St Thyrse fut martyrisé en 250, sous l'empereur Dèce ; il est le patron de la ville de Sisteron. Or, c'est l'église d'Anglards-de-Salers, et non celle de Mauriac qui est dédiée à St Thyrse. Nous pensons qu'il y aura eu ici une substitution de mots et qu'un copiste aura mis *in vico Mauriaco*, dans le bourg de Mauriac, pour *in pago Mauriaco*, dans le territoire de Mauriac, ce qui devait être la version primitive. Une preuve que ce passage a été altéré, c'est que les Bollandistes ont cru nécessaire d'y ajouter le mot *ecclesia* pour le rendre intelligible.

On peut objecter au même endroit que le testament ne fait mention ni du monastère de Mauriac, dont la fondation était peut-être commencée alors, ni surtout de la chapelle votive, bâtie par sainte Théodechilde elle-même. A cela on

_____
(1) Lecoy de la Marche, *St Martin*, p. 217.

peut répondre : l'instrument est un acte de donation ; or, le monastère de Mauriac et la chapelle qui en dépendait appartenaient déjà au monastère de Sens dont il n'était qu'une succursale, le *doyen* de Sens étant supérieur-né de Mauriac. On peut dire encore que Théodechilde s'était réservé la propriété de Mauriac et de sa chapelle. Dans tous les cas, du silence de la charte de Théodechilde on ne peut inférer la non existence à cette époque du monastère et surtout de la chapelle de la Vierge dont la fondation est constatée d'ailleurs. Nous allons plus loin et nous disons que ce silence de la charte relativement aux établissements de Mauriac est une preuve de son authenticité : une charte inventée à plaisir pour prouver la fondation royale du monastère d'Auvergne et sa dépendance de Sens n'aurait pas manqué assurément de le mettre en première ligne.

Au troisième alinéa on mentionne une église du Limousin, dédiée *in honore S. Mariæ, S. Petri et S. Sulpitii*. Il y a plusieurs saints du nom de Sulpice. Sulpice-Sévère, disciple de S. Martin, mort en 420 ; Sulpice-le-Sévère, évêque de Bourges, mort en 591 ; et enfin Sulpice-le-Pieux, aussi évêque de Bourges, qui succéda à Austrégisile en 624. L'église dont il s'agit ici a pu être dédiée à S. Sulpice, disciple de S. Martin, et dans ce cas il n'y a aucune incompatibilité de dates. Mais il faut reconnaître que S. Sulpice-le-Pieux a été le plus renommé, et que c'est à lui que sont ordinairement dédiées les églises qui portent ce nom. Dans ce second cas, le nom de ce saint aurait été postérieurement introduit dans le testament. L'église de Sancticiac, dédiée d'abord conjointement à la Sainte Vierge et à saint Pierre, l'aura été plus tard à S. Sulpice, et l'on aura alors ajouté son nom dans les copies de la charte, à ceux des deux premiers patrons. Au reste, il peut très-bien se faire, et c'est même très-probable, que la plupart des noms de lieux, surtout ceux du Limousin, aient été insérés plus tard dans la charte de Théodechilde, comme on avait fait pour la charte de Clovis.

Au cinquième alinéa on lit la date : *anno nono. regnante Clotario*, la neuvième année du règne de Clotaire. Odoran, comptant les neuf ans à partir de 558, où Clotaire commença à régner seul sur toute la France, pense que le monastère de St-Pierre-le-Vif ne fut fondé qu'à cette époque, ce qui donnerait l'an 567 pour date du testament. Mais il n'est pas possible d'entendre ainsi ce passage, car Héraclius, à cette époque, était mort depuis longtemps, et c'était son troisième successeur, Constitutus, qui occupait alors le siège de Sens. De plus, Amalbert, premier abbé de Sens, qui a aussi signé l'acte de Théodechilde, devait être mort également. Enfin, ce qui est péremptoire, Clotaire ne régna que trois ans sur toute la France, étant mort en 561. Il faut donc entendre ce passage de la neuvième année de Clotaire régnant à Soissons, et compter depuis la mort de Clovis, en 511, ce qui donne l'an 520 pour date de la charte.

Indictione secunda, dit encore le texte. Cette indiction est fausse et ne correspond pas à l'an 520. Il faut appliquer ici ce que nous avons dit pour la charte de Clovis : l'indiction n'était certainement pas indiquée dans l'instrument primitif, et aura été introduite plus tard pour se conformer à la manière de marquer les dates.

Parmi les signatures nous remarquerons les suivantes qui donnent lieu à quelques observations : *Heraclius archiepiscopus Senonens*. Nous avons à faire sur le mot archevêque la remarque déjà faite pour la même signature dans la charte de Clovis. Ajoutons toutefois, avec D. Mathoud, qui en cite des exemples, que ce qualificatif était employé en France au VIe siècle. Mabillon avoue même qu'il commença dès le Ve siècle à être en usage en Occident. Ce mot peut donc être parfaitement authentique. *Geritus, episcopus*. Nous n'avons pu découvrir le siège de cet évêque. *Moschardinus, archidiaconus*. L'institution des archidiacres est fort ancienne. Au IVe siècle, S. Jérôme dit déjà que chaque église a son évêque, son archiprêtre et son *archidiacre*. Or, dès les premiers siècles de l'Église, Sens eut son évêque et son archiprêtre ; c'est donc aussi à ces premiers temps qu'il faut rapporter l'origine de ses archidiacres qui eurent, plus que partout ailleurs, des prérogatives et des pouvoirs très-étendus. *Germanus, parisiorum episcopus.... Medardus, episcopus Noviomensis.* Nous répéterons ici que ces deux signataires, élevés beaucoup plus tard à l'épiscopat, n'ont pu signer le testament au moment où il fut fait ; mais que, comme la plupart de ceux qui ont signé entre Héraclius et le secrétaire Amalbert, ils ont apposé leur signature successivement, à mesure que les moines de Sens leur présentaient le testament pour le leur faire confirmer.

Mabillon, (*De re diplomaticâ*, lib. II. cap. 21), nous apprend qu'il était d'usage de laisser un large espace à la fin des actes, pour y faire apposer plus tard d'autres signatures. Le notaire ou scribe signait toujours au bord inférieur du parchemin ; quelques témoins signaient aussi à cette place par humilité, laissant la place supérieure aux signataires futurs qui apposaient leur seing un peu au hasard et sans ordre ; ce qui fait que, dans les copies surtout, les signatures ne sont pas dans l'ordre chronologique. De là vient que dans la charte de Théodechilde on lit des noms d'évêques après des signatures d'abbés et de diacres.

Nous concluons comme le *Dictionnaire du Cantal*, en disant que s'il est impossible d'affirmer que cette charte soit pure de toute interpolation, on ne doit pas en inférer qu'elle est fausse dans toutes ses parties. Le fond en est vrai, et le savant archiviste de l'Yonne, M. Quantin, la croit « fort ancienne, sinon du commencement du VIe siècle. »

N° III.

Texte d'Odoran, Moine de Sens.
(1032.)

Post mortem Clodovœi, quatuor filii ejus, Theodoricus videlicet, Chlodomirus, Childebertus et Clotarius, regnum ejus inter se diviserunt. Adhuc autem Clotario juniore superstite, soror ejus, Teutechildis nomine, eo favente, in conspectu Senonensis urbis, ad instar illius quod genitor ejus Parisiis construxerat, in honorem supradictorum Apostolorum monasterium œdificavit, et ut sub sancta religione et abbatis imperio ibidem monachi Deo cunctis diebus deservirent instituit, corpusque suum ibidem sepulturæ tradere mandavit. Quidquid verò extrà Ligerim, id est in Francia, vel ultra Ligerim, id est in Aquitania, sive de possesso, sive de acquisito habere potuit eidem casæ Dei sub titulo testamenti contulit. Quod si quis ad planum nosse cupit id ipsius monasterii si reserata archivia illi fuerit pro certo nosse poterit. (P. Dominique-de Jésus : *Histoire de saint Marius*, p. 415. — Cardinal Maï : *Spicilegium Romanum*, t. IX, p. 62. — Bibliothèque historique de l'Yonne, t. II, etc.)

N° IV.

Texte de Clarius, moine de Sens.
(1108-1124.)

Anno 503 Clodovœus baptizatur a sancto Remigio Remensi archiepiscopo, et quatuor filii ejus, Theodoricus videlicet quem de concubina genuit et Clodomiris, Childebertus et Clotarius quos ex Clotilde christianissima Regina habuit, quique post eum regnaverunt. Fuit quoque præfato regi et reginæ filia nomine Techilda, quæ baptizata vovit Deo virginatem et tenuit, septuaginta quinque annis vivens. Quæ adhuc vivente patre, adjuvantibus matre et fratribus, cœpit œdificare ad orientalem plagam urbis Senonicæ cœnobium in honore Apostolorum sancti Petri et sancti Pauli. Regebat tunc Sedem Apostolicam Hormisdas papa, archipræsulatum Senonicæ Ecclesiæ. Beatus Heraclius, Remensam Ecclesiam supradictus Beatus Remigius jàm senex.

(Cardinal Maï : *Spicilegium Romanum*, t. II, p. 474. — Bibliothèque historique de l'Yonne, t. II.)

N° V.

Texte de Geoffroy de Courlon, moine de Sens.
(1293.)

Clodovœus christianissimus quatuor habuit filios... filiamque nomine Theodechildem quœ infra annos pueriles constituta, Deum colere studuit et amare. Videns autem pater ejus tantum amorem Dei in puellæ animo crescere, cœpit eam ampliùs adamare et ad virginitatis decus observandum exhortatione paterna diligenter exhortari. Quœ obtemperanter obaudiens, voluntarie se Dei servitio votum castitatis faciendo, cœpit ampliare (vel applicare) et ad cumulum suæ perfectionis, misericordiæ operibus insistere, et pauperum misericordiis insudare. Pater vero, ipsius puellæ bonis operibus delectatus, dedit ei possessiones, promittens ampliora, si inceptis perseverantiam exhiberet. His bonis operibus perseverans prædicta sancta Theodechildis, voluntate sui patris cœpit œdificare monasterium S. Petri, in vico qui Vivus dicitur ; quod perfecit, Deo concedente, ibique monachos instituit qui Deo deservirent, vivendo sub abbatis imperio...

In diebus illis regebat apostolicam sedem vir vitæ admirabilis sanctus Felix papa. (Hujus nominis IV, ab anno scilicet DXXVI, ad annum DXXX.) Misit autem sancta Theodechildis nuntios, cum legatis fratris sui Clotarii, regis illustrissimi Francorum, ad prædictum sanctum Felicem, pro reliquiis Apostolorum et Martyrum obtinendis. Cujus preces suscipiens sanctus Felix , quod mandaverat ipsa virgo et rex per nuntios studuit adimplere. Susceptas vero sacras reliquias prædicta Theodechildis jussit in monasterio S. Petri reverentissimè conservari.... Quæ Virgo et

Deo sacrata extitit a pueritiâ, vitam virginalem ducens, in justitia et sanctitate permanens, dignum habitaculum sui cordis Spiritui sancto prœbuit perseverans. Fuit eleemosynis larga, jejuniis, abstinentiis, disciplinis et orationibus dedita, mitissimoque corde Deo serviebat. Quæ postquam cursum vitæ hujus laudabiliter explevit, migravit a sœculo, vivens in Christo, et sepulta fuit in monasterio suo Sancti-Petri-Vivi Senonensis, ad sinistrum latus majoris altaris, quod a Deo et angelis dignoscitur consecratum. Dies anniversarii memoriæ ejus ducitur in vigilia apostolorum Petri et Pauli. Postea vero D. Gaufridus, abbas (1240-1281) qui novum opus monasterii construi fecit, sacrum corpus sanctæ Virginis transtulit in locum in quo est, et honorificè caput ipsius Reginæ in argento ad modum cujusdam faciei fabricato voluit conservari.

(*Tractatus de reliquiis Sancti-Petri-Vivi.* mss. p. 65-69. Cité par les Bollandistes, 28 juin, *De sancta Theodechilde*, n°s 41-44.)

(1298.)

De Clodovœo, uxore sua et filiis suis.

Clodovœus iste primus fuit rex gloriosus. Adhuc paganus genuit ex concubina Theodoricum filium suum primogenitum. Postmodo vero consilio suorum, Crochildam christianam, filiam regis Burgondionum, habuit in uxorem, ex qua genuit tres filios, Clodomirem, Childebertum et Clotarium, et quamdam filiam nomine Theodechildam. Hos pueros fecit mater, patre adhuc pagano, baptizari. Scribitur in *Pentheon* [1] quod Crochilda regina, in prima nocte nuptiarum impetravit a rege ut tribus vicibus, genibus flexis, ante suum lectum oraret, ut per celestem gratiam suum posset agnoscere Creatorem....

Post victoriam (Clodovœus) venit Remis et a beato Remigio baptizatur, communicatis episcopis, inter quos fuit

[1] *Le Panthéon*, chronique de Godefroy de Viterbe qui s'arrête à l'année 1186.

Beatus Eraclius, archiepiscopus Senonensis qui jam ad baptizandum regem affuerat... Prœdictus rex ab ecclesiarum prœlatis petiit coronari... Crogilda vero regina fuit illo tempore coronata...

De Theodechilda, filia regis et regine, et de fundatione monasterii Sancti-Petri-Vivi et primo abbate Sancti-Petri-Vivi.

Post hec vero, Theodechilda, filia regis, vovit Deo virginitatem quam tenuit septuaginta quinque annis, vivens religiosè. Que, vivente patre, adjuvantibus matre et fratribus, cepit edificare in vico, qui Vivus dicitur, monasterium Sancti-Petri-Vivi circa annos Domini quingentos et septem (1). Regebat tunc Sedem Apostolicam Hormisdas papa, sanctus confessor, et Beatus Eraclius regebat ecclesiam Senonensem, qui tunc fide et meritis, ut in Remensibus historiis continetur, per Gallias pregaudebat. Perfecit nominata virgo Theotechilda monasterium Sancti-Petri, primum abbatem nomine Amalbertum, virum Deo amabilem, sanctum ac religiosum et floribus sapientie et philosophie multum ditem, volens et instituens, ut sub ipso monachi Deo deservirent secundum normam Leuxonensis monasterii regulam.

De Duce Basolo.

Debellatis igitur Clodoveus rex principibus multis, Basolum ducem Aquitanie, in carcerem senonicam carceravit. Sed virgo Theotechilda precibus a patre obtinuit ut eum in monasterio Sancti-Petri faceret monachum tonsuratum. Et ipse dux tunc monasterio Sancti-Petri-Vivi dedit Mauriacum, vicum in Arvernia, sponte et propria voluntate.

De sancto Eraclio.

Circa hec tempora, sanctus Eraclius fundavit monasterium et quia virginitatem diligebat, in honore Beati apostoli et evangeliste et virginis Johannis fundavit, ibidem sancti-

---

(1) C'est peut-être 517, car le pape Hormisdas ne monta sur le trône pontifical qu'en 514.

moniales virgines apponendo propè metas Sancti-Petri-Vivi. Permanserunt vero ibi sanctimoniales usque ad tempus cujusdam proepositi nostræ majoris ecclesiæ, qui ibi imposuit canonicos regulares. Sanctus Eraclius sobrius, castus et quietus migravit a sœculo, vivens in Xpristo. Sepultus fuit in suo monasterio, et ibi fuit per longum tempus...

Illis temporibus, Clotarius solus regnabat in Frantia, filius Clodovei primi, et illo tempore soror sua Germana, sancta Thechildis obiit ; in monasterio suo Sancti-Petri-Vivi sepelitur.

Cronica fratris Gaufridi de Collone, publiée avec une traduction, Sens, 1876, p. 188-206.)

N° VI.

Exordium Urbis Mauriacencis.
(XV° siècle.)

Rememoranda semper proborum vetustas, quæ traditur in archivis inclyti monasterii villæ Mauriaci, Claromontensis diœcesis apud Arvernos, ne propemodum antiquitate chartarum depereat memoria, et sequatur dubitatio. In eo igitur loco quo sita est, et permanet villa, tanta erat sylvarum densitas ut ferarum hominumque sylvestrium reclinatorium esset. Ab hinc quasi milliare, et in cuspide vallis aquæ fluvialis Ausæ prominebat terribilis expugnandi castri acies, quod infidelis dux Basolus potens tenebat in Baroniam. Eo itaque tempore Clodovœus Proto-Christianus, Francorum imperium regebat, qui ut professam fidem adaugeret in regno, Alaricum, Gothum ac Turcam, ab Aquitanià expulit, prout etiam egit ejus regia filia Clotildis (Theodechildis) (1) erga ipsum Ducem Christiani nominis inimicum, summoto sibi castro per insidias. Hæc per sylvam venans in foveam decubantis leœnæ cum suis leunculis incidit : sicque ferocitate leœnæ perterrita, ne decerperetur, Clotildis vovit Domino,

(1) Cette correction est du P. Dominique-de-Jésus.

se eodem in loco monasterium erecturam in honorem sancti Petri-Vivi, et dotaturam illud instar alterius, quod nuper construxerat ejus Pater in colle Leucotitio qui modo Parisiis S. Genovefæ dicitur et appellatur. Divino autem præsidio (ut res clareret miraculis) leœna cum leunculis procul aufugit, et sic evasit filia in comitatu suo. Quæ mox data opera monasterium inibi regia magnificentia struxit lapidibus Castri, ac illius facultatibus dotavit et decanum cum religiosis loco Baroniæ præficiens sub habitu monachali Divi Benedicti. Populus undique illùc confluens in labore non modico succisarum arborum, et diruptorum saxorum, domum domui conjungens, villam et suburbia Mauriaci muro, pontibus et fossatis œdificant, ad quod consecrandum monasterium posterioribus annis deproperavit frater Guido, Arvernorum episcopus (1250-1286), Domino in omnibus cooperante, cui laus, potestas, imperium, cum gratiarum actione per infinita sœcula sœculorum. Amen.

(P. Dominique-de-Jésus : *Histoire de S. Marius*, p. 394-396. *Ex scheda mss. monasterii Mauriacensis.*)

Ce mémoire, que le P. Dominique-de-Jésus déclarait être fort ancien, se trouvait en plusieurs exemplaires dans le monastère de Saint-Pierre de Mauriac. Le nom de *Turc* donné à Alaric ; le nom d'*évêque d'Auvergne*, au lieu d'*évêque de Clermont*, donné à Guy de la Tour, et enfin l'expression *posterioribus temporibus, dans les derniers temps, dans les temps les plus récents*, nous feraient croire que ce mémoire remonte au XIVe, ou tout au moins au XVe siècle.

N° VII.

Texte d'Urbain Reversey, Chanoine de Sens.
(1565.)

Anno Domini D, multis decurrentibus annis, Clodovœus regnum Francorum administravit. Rex quidem invictissimus qui adhùc paganus existens ex concubina Theodoricum primogenitum genuit. Postmodum verò consilio suorum Chlotildem christianam, filiam Gondobaldi, regis Burgundiorum habuit uxorem, ex quâ filios tres genuit, Clodomirum, Childebertum, Clotarium et quamdam filiam nomine Theodechildem. Quæ Theodechildis, cum vovisset virginitatem quam tenuit septuaginta annis, vivens religiosè ac sanctè, tandem veniens Senonas, ubi mater ejus construxerat ecclesiam infrà urbem in honorem Beati Petri apostolorum Principis, quæ ecclesia nuncupatur *de Arce* (Saint-Pierre-le-Donjon), sepulchra beatissimorum virorum Saviniani sociorumque ejus devotissimè frequentabat. Postquam autem visitasset ecclesiam Beati-Petri-Vivi multorum sanctorum pignoribus ditatam, atque excellenti modo, tempore et œdificatione constructam; postulavit patrem maxima cum pietate ut ei aliquam partem, quæ sibi jure patrimonii sui contingebat elargiri dignaretur, et eidem ecclesiæ Beati-Petri-Vivi donaret, Deoque, B. Mariæ Virgini et B. Petro, Sanctisque martyribus ibidem die nocteque deserviret; ad cujus postulationem pater aurem suam inclinans filiæ suæ charissimæ multa prœdia, villasque et alia condonavit, ut quod devota mente agere disposuerat, Deo annuente perficere mereretur. (L'auteur donne ensuite la charte de Clovis abrégée; il continue :)

Anno DX, Clodoveus, debellatis multis principibus, Basolum Ducem Aquitaniæ in carcerem Senonicum misit. Quem Virgo Theodechildis precibus a patre obtinuit, ut eum in monasterio B.-Petri-Vivi efficeret monachum tonsuratum, quod et fecit. Tum ipse Dux monasterio B.-Petri-Vivi Vicum Mauriacum in Arvernia devotionis gratia, spontè et propria voluntate delegavit. Vixit autem religiosè sub abbatis imperio militando. Obiit autem XVII februarii, et in oratorio Beati Bartholomœi, quod nunc est B. Mariæ Virginis et Beati Andreæ apostoli sepelitur, super cujus sepulchrum hoc epigramma positum fuit :

> Consulis hic artus recubant, Arvernia tellus
> Magnifici Basoli, quem dedit esse suis.

Dux Aquitanensis felix, quod rura beavit,
  Pacis in augmento consolidans populos.
Francorum regem Clodovœum corpore vincens
  Abdicat esse suum hunc proprium Dominum.
Artibus et variis tandem Rex quem proditorem
  Constrictum tenuit carceris in tenebris.
Regia sed meritis proles Regina Thechildis
  Ereptum precibus constituit monachum.
Rex proprii juris firma sub lege reliquit
  Petri cœnobio, subque suis monachis.
Pagus Aquitaniæ, vel quantum Arvernia tellus
  Hujus habebat opes, contulit hic monachis.

(*Annales Ecclesiæ Senonensis*, mss. en cinq volumes existant au XVIIe siècle dans la bibliothèque du président de Thou. Extrait du t. 1, cité par le P. Dominique-de-Jésus, *Histoire de S. Marius*, p, 405 et 413, et par Justel, *Histoire généalogique de la maison d'Auvergne*. Preuves, p. 321).

Reversey a confondu l'église de St-Pierre-le-Vif avec celle de St-Pierre-le-Donjon. Celle-ci fut bâtie par Ste Clotilde et visitée par Ste Théodechilde; tandis que l'église de St-Pierre-le-Vif dut sa première fondation à Ste Théodechilde.

Nous croyons devoir ajouter ici le texte de la seconde épitaphe de Basolus, composée au XIIIe siècle et mise alors sur son nouveau sépulcre, dans l'église de St-Pierre-le-Vif.

† Dux Aquitanensis monachus tandem Senonensis
  Hic tegitur Basolus, Petre Beate, tuus,
Quem, Techilda, tuus pater et rex dat Clodoveus,
  Cum multis patriæ rebus Aquitaniæ
Quas tibi qui tulerit paradisi flore carebit
  Augens hec, habeat cum Basolo valcat.

(Bolland., 28 juin : *De sancta Theodechilde*, n° 26.)

N° VIII.

Extrait de la chronique rimée de Louis Mourguyos, prêtre de Mauriac.

(1644)

. . . .
Il fut jadis un duc qu'on appelait Basole
Rogue, fier et hautain de fait et de parole,
De foy, de loi, de secte et de créance arrien
Et par ainsin exclus du règne Olympien,
Que l'Auvergne, o lecteur, fit en son terroir naître
Pour estre, comme il fut, son gouverneur et maître,
Et de fait tant qu'il eut ce pays sous ses loix
Il le sceut dextrement bien heurer de la paix
Et d'une vigilance aimable et paternelle
Le régir et tenir doulcement en icelle.
Cet illlustre seigneur d'estoq et de nation
D'origine Auvergnat, Goth de profession,
Mais au reste vaillant et rusé capitaine,
Quoique jeune d'aage, était duc d'Aquitaine,
Ainsy que vont marquant les anciens monuments
Et Cayers manuscrits de Mauriac et de Sens,
Qui s'estant cantonné, pour estre en assurance,
Garantir sa personne et faire résistance
Aux armes des Gaulois (1) dans un château très-fort,
De difficile accès et dangereux abord,
Qui estoit lès Mauriac, et duquel fort l'assiette
Estoit dans un détroit, au bord et sur le faîste
De la vallée d'Auze, auprès de deux forêts,
Dessous un villageot qu'on appelle Escoliers,
Qu'il tenoit sous le titre et nom de baronie,
Et d'où il éludoit la puissance ennemie,

(1) Mourguyos met ici les Gaulois pour les Francs.

Ne redoutait en rien Clovis ni sa valeur,
Ny de son fils Thierry le magnanime cœur.
Et de fait se croyant en grandeur et puissance
En force et en valeur plus que le roy de France,
Se témoigna rebelle et désobéissant,
Et faisant du testu, du rodomon, du grand,
Refusa de se rendre et de le reconnaistre [maistre],
Pour son prince et son roy, pour son seigneur et
Estimant plus mourir résistant vaillamment
Que de se laisser prendre et vaincre honteusement.
Il fut pourtant enfin par astuce et fallace
Débusqué, quoique caut, de cette sienne place,
Fait esclave et captif, puis conduit tout lié
Dans une chattre à Sens, pour estre chatié,
Et deuement puni de ses outrecuidances,
De ses rebellions et désobéissances,
Comme très criminel de lèze-majesté
Et digne d'estre ainsyn à très-bon droit traité.
La prise de ce Duc illustre et signalée
Fut, ainsyn que l'on tient, deuement exploitée
Par le prince sus-dit nommé Théoderic,
L'an après que son père eut défait Alaric,
Roy des Goths, et taillé en pièces son armée.
Or ce roy fut défait avec ses gens l'année
Cinq cent six, oubien sept, oubien neuf, comme dit
Saint-Grégoire de Tours, homme de bon esprit,
Au tôme qu'il a fait de l'Histoire de France,
Où il le faict paraistre, ensemble sa science.
Ce choq fut en un lieu dit et qualifié
Par son nom Vocladen, ou Civaux, ou Vouillé,
Villotte laquelle est de Poitiers éloignée
Cinq lieues, ou entour, célèbre et renommée
Pour le dessus dit choq et conflict glorieux
Où Clovis et ses gens furent victorieux.
Cette gent n'a depuis plus paru dans la Guienne,
Non plus que dans le sol et terroir de l'Auvergne

Qu'elle avait possédé quatre vingt et quinze ans,
Sçavoir depuis l'an douze après deux fois deux cent.
Basole estant ainsy dans la peine et souffrance,
Dans les fers et les liens et dans la repentance,
De rogue rendu souple et bien humilié,
Honteux, morne, confus et tout mortifié,
Dieu, qui dispose tout pour sa plus grande gloire
Et pour nostre meilleur, comme nous faut le croire,
Le touche et l'illumine intérieurement
Par cette affliction et triste évènement,
Si que reconnaissant les astuces du monde,
Son instabilité, les maux dont il abonde,
Fait résolution et dessein de bailler
A y celluy du pied et de se dépouiller,
Comme il fit par après, de toutes ses richesses,
Terres, vignes et champs, places et forteresses,
Pour suivre J. C., si son aime bonté
Daignait de l'affranchir de sa captivité.
Théodechilde alors, vierge très-pitoyable,
Visita les prisons, comme il est vraissemblable,
Pour consoler cet haut, insigne et puissant sieur.
Digne de tout respect et de toute faveur,
Pour, par ses bons avis et conseils salutaires,
Ses dévôts entretiens et discours méritoires,
Alléger le mesaise et incommodité
Qu'il allait endurant en sa captivité,
Et sonder s'il voudrait, en se tirant de peine
Et sortir de prisons, volontiers rendre moine
Dans le couvent royal qu'elle voulait bastir
Avec l'ayde de Dieu bientôt, et l'assortir
De moyens richement, à l'honneur de Saint Pierre,
Vicaire et lieutenant de Dieu jadis en terre,
Ce qu'elle fit de faict après dans quelquetemps
Vis-à-vis et tout près de la ville de Sens.
Comme elle eut reconnu par les humbles réponses
Que Basole faisait à ses humbles semonces

Et aux points proposés, la résolution
Qu'il avait, s'il pouvait échapper de prison,
De se rendre et fermer dedans le monastère
Qu'elle avait résolu de faire au plustôt faire ;
Elle tâcha pour lors d'enflammer son désir
D'animer son courage et de bien l'affermir
Par ses persuasions et paroles pieuses
En ses intentions sainctes et glorieuses.
  Pour le retirer donc lors de captivité
Et le restituer en pleine liberté,
Elle aborda Clovis son très-honoré père,
Lequel la chérissait d'une amour singulière,
Et le prie humblement d'avoir compassion
De cet illustre Duc et brave champion,
Et de considérer sa grandeur et Altesse
Qui semblait l'obliger à l'oster de détresse,
Veu même qu'il voulait estant tiré des liens
Et de prison sacrer sa personne et ses biens
Au service de Dieu, notre Seigneur et maistre
Dans l'enclos et pourpris de quelque pieux cloistre,
Qu'il luy plût de donner ce sien serf et captif
Pour le consigner moyne à Saint-Pierre-le-Vif.
Cette aimable princesse et vierge débonnaire
Fit encore prière audit Clovis son père
De luy vouloir donner cet auguste et sainct lieu
Pour y faire bastir avec l'aide de Dieu,
Comme elle prétendait, à l'honneur de Sainct Pierre,
Ainsy qu'a esté dit, un royal monastère,
Comme aussi des moyens pour pouvoir accomplir
Ce saint œuvre, selon son vouloir et désir,
Ce qu'elle vint à faire en l'an dix neufvième
De son aage, treize ans après le saint baptême
Dudit Clovis, sçavoir l'an qu'on comptait cinq cens
Et onze du Seigneur, comme on lit, auquel temps
Elle pria de plus ce prince incomparable
De vouloir se montrer enclin et favorable

A ses intentions et d'agréer le vœu
Que poussée d'en haut elle avait faict à Dieu
De vivre et mourir vierge en son culte et service,
Dedans le lieu susdit sortable a la milice
Qu'elle allait entreprendre en l'honneur de son doux
Redempteur Jésus-Christ, son très-aymable espoux,
Où elle s'enferma du veuil de sondit père
Aussi bien que du cil de sa pieuse mère
Et y gaigna Basole après qu'il eut esté
Faict chrestien et meu de toute piété.
 Clovis ayant ouy la requête civile
De sa religieuse et bien aimée fille
Se sent touché d'en haut et vient à lui livrer
Basole, son captif, esclave et prisonnier,
Avec tous ses moyens qu'il avait en Auvergne
Et au sol Aquitain, comme l'histoire enseigne.
Il luy donna de plus, outre ce sien captif,
Le temple et tout le sol de Saint-Pierre-le-Vif,
(Temple ainsy appelé par ce qu'il fut en terre
Edifié du temps et vivant de Saint Pierre, (1)
Comme aussi plusieurs cens, devoirs et revenus,
Maints domaines et champs qui lui estaient venus
Et acquis du costé de sa bonne et très-chère
Clotilde, son espouse et dame singulière,
Pour la fondation de cet alme couvent
Que d'y faire au plustôt elle allait concevant.
 Basole estant ainsy par le soin de la sage
Théodechilde affranchi de son dur esclavage,
Pour n'estre point ingrat du bien par luy receu
De l'insigne faveur premièrement de Dieu,
Puis de Clovis son roy, par le cordial office
De cette sienne bonne et chère rédemptrice,

---

(1) C'est une erreur de Mourguyos et de beaucoup d'autres : nous avons dit plus haut d'où venait le nom de Saint-Pierre-le-Vif.

Vint à donner Mauriac et tout son autre bien,
Où qu'il fut situé, sans qu'il réservât rien,
A Saint-Pierre-le-Vif pour ce beau monastère
Qu'elle allait méditant d'y faire pour lors faire.
　Or comme il eut esté formé cattéchisé,
Et instruit en la loy chrestienne et baptisé (1),
Par le zèle, le soin et par la vigilance
De la susdite vierge et princesse de France,
Vint ci se sevrer de ce monde boueux,
Il se rendit après bientost religieux
Pour y finir le cours de ses ans au service
De son Dieu qu'il avait ressenti si propice,
Ayant daigné l'oster par sa bénignité
De son affliction et incommodité.
Et de faict, il est dit qu'il mena dans l'enceinte
De ce couvent royal une vie très-sainte,
Et y mourut enfin illustre en piété
Et en opinion et bruit de sainteté
Second chef d'icelluy, selon que la chronique
Qu'Yepès a tissue de son ordre almifique
Nous le va rapportant, parlant de ce captif
En la fondation de Saint-Pierre-le-Vif.
Car celuy qui en eut le premier la conduite
Ce fut un Amalbert, homme de grand mérite,
Lequel ensuite y fut le premier directeur
De sainte Teudechilde et de son chaste cœur.
Le corps de ce bon Duc, très-fidèle ministre
Et serviteur de Dieu, gist au côté sinistre
Du chœur de ce saint lieu, sçavoir est, dans le mur
D'icelly, attendant le jugement futur,
Enclos dans une niche au-dessous d'une pierre
Qui va couvrant icelle, ainsi que dit l'histoire,

(1) Mourguyos suppose ici que Basolus était payen, après avoir dit plus haut qu'il était arien, ce qui est plus probable. Dans ce cas il n'eut pas besoin d'être baptisé.

Et sur laquelle on voit l'épitaphe et le nom
De cet insigne héros et vaillant champion.
   Théodechilde donc, vierge dont la mémoire
Vit et vivra sans fin, fonda le monastère
De Saint-Pierre-le-Vif des biens et revenus
De l'illustre Basole, et encore de ceux
De sa très-honorée et très aymable mère
Qui lui furent donnés par Clovis son cher père,
Ainsy que les escrits qui nous en ont estés
Laissés vont faisant foy de cette vérité.
Et de faict, cette dame et princesse accomplie
En ses dicts, en ses faits, en son geste, et remplie
D'un cœur tout enflammé du feu de charité,
Et qui ne respirait que toute sainteté
Pour vivre à son espoux plus conjointe et unie
Vint à prendre l'habit dedans cette abbaye
Ou elle milita sous l'enseigne du grand
Et glorieux saint Benoît très courageusement
Y menant une vie étroite et bien austère
Et emportant sur soy une insigne victoire.
   Cette fille de Dieu, vray lys de chasteté,
L'exemple et parangon de toute piété
Et de toute vertu, fit pareillement faire
Saint-Pierre de Mauriac, comme on tient, de la pierre
Du château sus nommé dont Basole autrefois
Estoit baron et dont il bravait les Gaulois,
Et le dota des fonds de cette seigneurie
Et des grands revenus dont elle estoit munie,
Ordonnant que dès lors il fut mis sous l'appuy
De Saint-Pierre-le-Vif, et l'abbé d'icelluy
A eu, comme nous peint l'histoire manuscrite,
Sur celluy de Mauriac depuis droit de visite.
Ces couvents furent faits sous le consentement
Et placet qu'elle obtint du Pape deuement,
Comme pour cet effet requis et nécessaire,
Par le soin et moyen de son bien aymé père

Qui tâchait d'applaudir et de contribuer
D'affection et d'âme à son zèle et vouloir;
Lorsqu'elle eut obtenu, tout ainsy que nous marque
L'histoire, cet aveu du Saint Pape Symmaque,
Elle mit à Mauriac, l'an onze après cinq cens,
Pour doyen un certain homme de fort bon sens
Et de bon jugement, de cœur et de courage,
Très-dévot et zélé, discret, accort et sage,
Qu'on nommait Dom Michel, nepveu de Gondebaud,
Monarque de Bourgogne, hardi, vaillant et caut,
Son cher cousin second, et ainsy que l'histoire
Nous dit, cousin germain de Clotilde sa mère.
Appelle et faict venir ensuite les enfants
Du glorieux Saint Benoît, (1) qui allait en ce temps
Illustrant le terroir et pourpris d'Italie
Par l'éclat lumineux de leur très-sainte vie,
Pour, selon son dessein, mettre ces bonnes gens
Au couvent de Mauriac et à celuy de Sens,
Comme elle fit, et lors Dom Michel presta au père
Bénédictin Ferrier, grand prieur, comme l'histoire
Rapporte, dudit Sens foy de religion
Avec le serment deu à cette action,
Ce que pareillement avec luy vint à faire
Son petit escadron et troupeau militaire,
Se soumettant tretous à sa correction,
A son obédience et reformation,
Et de toujours dès lors icelluy reconnoistre
Pour leur vray supérieur, justicier et maistre.

    Elle y mit donc les fils du glorieux saint Benoît,
Ce qui fut accompli, ami lecteur et faict
Selon nos manuscrits, du vivant de son père
Ou ainsy qu'Odoran va marquant sous Clotaire,

---

(1) Les premiers religieux de Sens et de Mauriac ne purent être bénédictins, saint Maur n'étant venu en France qu'en 547

Ou comme quelques uns ont pensé, tôt après
Que saint Maur fut venu au terroir des Français,
En laquelle saison le sacré monastère
De Mauriac estoit faict, comme assure l'histoire,
Car il fut commencé l'an treize après cinq cens
Et après achevé dedans vingt-quatre ans,
L'an cinq cens trente huit, auquel temps l'oratoire
De la Vierge sacrée et le dit monastère
Avaient esté ja ceints de plusieurs bastiments,
Mauriac fut nommé ville au gré de ses enfants.
Ce magnifique temple et royal monastère
Estant faict et parfait, on commença de faire
Ensuite tost après les autres bâtiments
Du doyenné, pendant qu'on travaillait à Sens.
Fut faict le temple aussi qu'on dict de Nostre-Dame
Des Miracles, l'asile et du corps et de l'âme,
Ditte ainsyn à raison des faits miraculeux
Jadis y opérés par la reyne des cieux,
Où cette mère sainte et reyne pitoyable
Estoit à ses dévots propice et favorable,
Et fut parachevé avec les bâtiments
Du susdit doyenné dedans vingt et trois ans,
Et le tout accompli et achevé de faire,
Selon qu'il est écrit, du vivant de Clotaire,
Qui mourut l'an soixante et quatre après cinq cens,
Après avoir régné roy de France cinq ans.
 Après que Teudechilde eut mené dans l'enceinte
De Saint-Pierre-le-Vif une vie très-sainte,
Elle vint à quitter ce monde vicieux
Pour s'en aller régner à jamais dans les cieux,
Vint à laisser, ostée par la mort, cette terre
Le vingt-huictième juin, comme atteste l'histoire,
Vierge aagée de dix et douze fois cinq ans.
L'année deux fois trente après trois et cinq cens.
Son auguste et saint corps fut, et non sans tristesse
Et grand deuil des Sénois, enclos dans une caisse

De plomb dedans le mur, à main gauche du chœur (1)
De ce temple royal marque de sa grandeur,
De la magnificence et insigne largesse
De cette vertueuse et très sainte princesse,
Ainsy que l'épitaphe honorable qu'on fit
Après son saint trespas et l'escrit que l'on mit
Et grava deuement, o lecteur débonnaire
Et bien aymé, dessus la grande et plate pierre
Dont sa niche est couverte, et le saint monument
Qu'on vint à lui dresser, indique clairement,
Disant : Cy gist le corps de la vierge Théchilde
Fille du roy Clovis et de sainte Clotilde,
Qui vécut et mourut céans pieusement.
D'où il fust puis tiré fort solennellement,
Avec hymnes, parfums et los au roy de gloire
Et seigneur tout puissant du ciel et de la terre,
Afin que l'on rendît tant à sa royauté
Qu'à ses rares vertus et à sa sainteté
Qui l'ont canonisée au ciel et dans la France,
Plus d'honneur, plus de culte et plus de révérence.
Ce transport-là fut fait par l'évêque de Sens
En l'an quarante-trois après mille six cens,
Le seizième d'octobre, auquel on le révère
Et dont on fait depuis à tel jour la mémoire.
L'un des os de ce lys de toute pureté,
De cet astre luisant de toute piété,
Le miroir des nonnains de son temps et la gloire,
Fut transmis pour présent lors à la Reyne-Mère ;
Plusieurs furent donnés aux églises de Sens,
Et les autres portés dévotement dedans
Le trésor sacro-saint de la dite abbaye,
Qu'on avait en ce temps de nouveau rebatie,

---

(1) Mourguyos confond ici le second tombeau de sainte Théodechilde avec le premier, qui était, non dans le mur de l'église, mais dans la terre.

Régnant pour lors Louis treizième de ce nom,
Le lustre et vrai miroir de la vrai dévotion
. . . .

(Extrait du manuscrit possédé par M. l'abbé Serres.)

N° IX.

Acte de donation d'une relique de sainte Théodechilde à la paroisse Saint-Romain, de Sens.
(27 juin 1646.)

In nomine X Domini. Amen. Anno a nativitate ejusdem millesimo sexcentesimo quadragesimo sexto, die vigesimâ septimâ mensis junii, in profesto sanctæ Theodechildis, virginis, filiæ Clodovœi primi Francorum regis, et huius monasterii Sancti Petri-Vivi propé Senonas fundatricis. De mandato R^{di} Patris D. Domini Octavii de Bellegarde, Senonensis Archopi Galliarum et Germaniæ Primatis, translatum est corpus prædicte S. Virginis ex arca in aliam decentiùs ornatam a D. Severino de Lanchy ejusdem monasterii priore et mè infra scripto Thesaurario et scriba capituli, ex qua quidem arca jussu prædicti Reverendissimi Archiepiscopi extractum fuit os istud pro ecclesia nostra parochiali sancti Romani in urbe, quando vicissim tria ex insignioribus ejusdem sancti ossibus nobis concedentur, iuxta tenorem concordati hac de re initi et a Dominis Paulo le Riche curato, Vezon de Guyot eiusdem ecclesiæ proxenetio subsignati die duodecimâ decembris anni millesimi sexcentesimi quadragesimi quarti. Cuius rei facturum fidem præsentem actum confeci et ex vi officii mei subsignavi sigilloque conventus munivi die et anno quibus supra.

De mandato R^{di} Prioris prœfati,
Frater Maurus du Rhu.

Locus † Sigilli.   Scriba Capti.

(Archives de l'église de Molosmes.) Parchemin de 0m,24 de largeur sur 0m,16 de hauteur. Sceau ovale en cire rouge, représentant deux clefs en sautoir, cantonnées de quatre fleurs de lis. Exergue : SIGILLUM. S. PETRI - VIVI. Il serait difficile de dire comment l'église de Molosmes se trouve en possession de cette pièce originale dont nous devons la communication à l'obligeance de M. l'abbé Prêtre, curé de cette paroisse; 7 novembre 1876.

N° X.

Acte du dernier enchâssement des reliques de sainte Théodechilde.
(28 juin 1648.)

Nos infra scripti Frater Severinus de Lanchy, humilis prior abbatiæ sancti Petri Vivi, Senonensis, ordinis S. Benedicti et congregationis S. Mauri ; assistente nobis Domno Mauro du Rhu, sacristano, presbytero professo ejusdem ordinis et congregationis ; certificamus omnibus quorum intererit quod hodiè xxviii juniii mdcxlviii, reliquiæ Sæ Theodechildis, filiæ Clodovœi I regis Franciæ christianissimi, et fundatricis hujus monasterii, fuerint a nobis positæ et locatæ intra hanc arcam, ut in eâ perpetuò conserventur. In quorum fidem, etc.

(Bolland., 28 juin. *De sancta Theodechilde*, n° 50.)

N° XI.

Acte de la première translation à Mauriac.
(30 juillet 1663.)

Ludovicus-Henricus de Gondrin, miseratione divinâ Senonensis archiepiscopus, etc... Dilectis nostris monachis, Priori et conventui monasterii S. Petri Mauriacensis, a monasterio S. Petri Vivi propè Senonas dependentibus, Salutem in eo per quem Sancti regnant in gloria.

Etsi venerandas ubique et ab omnibus christianis Sanctorum reliquias fide catholicâ profiteamur; œquum tamen est et omni rationi consentaneum ut ibi præcipuâ quâdam religione sacrâ eorum pignora colantur, ubi, dum vel in vivis agerent, virtutes maximæ effulserunt, vel ubi patratis quibusdam ad eorum commendationem miraculis, testatam Deus voluit et observatam eorum sanctitatem. Cum itaque, sicut accepimus, vestrum monasterium sanctæ Theodechidis, Clodovœi I, Francorum regis filiæ, dum adhuc inter mortales viveret, opibus ac pietate dotatum, Deo postmodum sub invocatione ejusdem sanctissimæ Virginis consecratum sit; desiderium vestrum tanquam pium et religiosum, laude dignum censuimus; quo instantissimè postulastis, a religiosis Priore et conventu sancti Petri Vivi, propè civitatem nostram Senonensem, ubi sacra ejusdem Virginis pignora observari huc usque venerandâ traditione creditum est, partem quamdam insignem ad vos transmitti, quæ vestram totiusque regionis incolarum in dictam S. Virginem devotionem fovere, vel etiam augere possit. Porrecto itaque Nobis ex parte D. Prioris et conventus S. Petri Vivi supplici libello, concessimus ut una vertebrarum jam seposita a prædecessore nostro fel. record. Octavio de Bellegarde, pro vobis monachis Mauriacensibus, die XVI octobris anni MDCXLIII, cum ejusdem sacræ Virginis ultimæ translationi operam dedit, ad vos mitteretur. Quam nobis a dicto Priore oblatam, interposito juramento eam ipsam esse affirmante, eidem D. Priori dedimus, ad vos majori quâ possit reverentiâ transmittendam cum prœsentibus nostris litteris; quas quidem Illustrissimo vestro Ordinario simul cum sacris reliquiis exhibebitis, ut non nisi cum ejus approbatione et consensu fidelibus christianis venerandas exponere possitis.

Datum in castro nostro de Nolone, die XXX mensis julii. A. D. MDCLXIII. S. S. : de Gondrin, A. Senonensis. De mandato, D'Aignan.

(Bolland., 28 juin, *De sancta Theodechilde*, n° 51.)

Voici quelques détails sur la translation de la relique de sainte Théodechilde, extraits d'un manuscrit de la Bibliothèque nationale, Fonds latin, 12683, intitulé : *Monasticon benedicti num.*

« Dom Ambroise Frégeat, prieur, tout plein de zèle pour la maison de Dieu... ayant recouvert une relique de saincte Théodechilde, fille de Clovis, premier roy chrestien des François et fondatrice du monastère, il l'enchâssa dans un beau reliquaire d'argent pezent douze ou treize marcs... (fol. 180.)

« Un vertèbre de saincte Théodechilde, fille de Clovis, vierge et fondatrice de ce monastère et de la ville, renfermé dans un grand buste ou demy corps d'argent sur un pied de bois, en façon d'ébène, supporté par huict grosses pommes d'argent et garni par le devant d'une belle lame de mesme matière, représentant la saincte sous son habit de religieuse, ayant néantmoins la couronne sur la teste, pour marquer sa royalle naissance ; où la translation, qui fust très solennelle, fut faicte par le R. P. prieur, Dom Ambroise Frégeac, le vingt neuviesme de juin, de l'année mille six cent soixante-quatre, qui fit dresser en mesme temps dans nostre esglize un autel en l'honneur de cette saincte, dont la relique fut tirée de l'abbaye de St-Pierre-le-Vif apprès qu'on y eust faict la découverte de son sacré corps, au costé droit du grand autel... » (fol. 197.) (1)

N° XII.

Procès-verbal de la translation à Molosmes.
(1ᵉʳ mai 1713.)

Frater Carolus Bagot, humilis Prior monasterii S. Petri Molosmensis, ordinis sancti Benedicti, Congregationis sancti

(1) Communication de M. Henri de la Tour, attaché au cabinet des médailles, 24 avril 1883.

Mauri, diœcesis Lingonensis, omnibus in futurum prœsentes litteras inspecturis Salutem, in Domino.

Cum ab Illustrissimo Reverendissimo in X_{to} Patre D. D. Francisco de Clermont-Tonnerre, episcopo diæcesano, necnon a R. P. D. Arnulpho de Loo, Superiore generali nostræ Congregationis licentiam sacras Sancti Candidi, martyris, Sanctæ Theodoræ, virginis, Sanctæ Theodechildis, virginis, ex capsâ minùs decente in novam nostris expensis et elegantiori formâ et materiâ pretiosiori confectam, transferendi accepissemus, diem primum maii anni currentis pro hujusmodi translatione indiximus, et ut fidelium populorum votis dicti loci incolarum devotionis abondantiùs fieret satis, hunc ritum publicum decrevimus, quod et populis annuntiandum curavimus. Die igitur præfatâ et primâ mensis maii, horâ circiter primâ pomeridianâ, delatis ad altare majus devotissimo cultu paratum novis ac veteribus dictarum reliquiarum thecis, pluribus accensis luminaribus, coram celebri monachorum conventu, qui nobiscum pretiosis pluvialibus et dalmaticis erant iuduti, assistente etiam maximâ populi utriusque sexus frequentiâ, flexis ad idem altare genibus, hymnum *Veni Creator* inchoavimus quem chorus prosecutus est. Cum præmissâ incensatione Capsulam veneravimus, in quâ reliquias sacras huc Senonis cum debitis attestationibus asportatas invenimus : os tibiæ scilicet sancti Candidi martyris, quasi integrum brachium sanctæ Theodoræ, virginis et martyris, et os non modicum sanctæ Theodechildis, virginis, filiæ Clodovæi primi, fundatoris hujus monasterii, quod os vulgò ex beneplacito medicorum vocatur *la rotule du genou* et ad cleri populique devotionem prædictas reliquias ostensas in novam capsam affabrè elaboratam priùs solemni benedictione a nobis initiatam transtulimus. His ritè peractis, facta est solemnis processio intra monasterii septa, et in eâ præfatæ reliquiæ sic de novo translatæ a duobus monachis delatæ sunt ; in cujus processionis reditu, hymno *Te Deum* pro more decantato, vesperas etiam ritu solemnissimo decantavimus.

Acta sunt hæc eâdem die et anno quibus suprà, præsentibus ad singula RR. PP. DD. Gabriele Quatrhommes, priore antiquo, Carolo Bagot, priore strictioris observantiæ, Gilberto Mangenet, priore Bæ Mariæ Molismensis, Zacharia Bouquin, priore Sancti Joannis Reomensis, Gabriele de la Cadre, priore Sancti Germani Autissiodorensis, Francisco Dardanne, priore Sti Michaëlis Tornodorensis, Francisco Goddard, superiore hujus monasterii, Firmino Dumoulin, priore de Charitate ad Lezinam, strictioris observantiæ, ordinis Cisterciensis, Arnulpho-Henrico Fourmy, subpriore et Cellerario de Quinciaco, Petro Hebert, monacho dicti loci, D. Edmundo Campenon, præfecto jurisdictionis hujus regalis abbatiæ, D. Edmundo Thomasin senatui patronus, et cœtéris ad præmissa vocatis, qui omnes in his originalibus instrumentis, hac de re confectis, nobiscum subsignarunt. *Suivent les signatures et après* : Scripta molismensis.

(Archives de Molosmes ; copie communiquée par M. le curé.)

N° XIII.

Acte de la seconde translation à Mauriac.
(10 mai 1877).

Victor-Felix Bernadou, miseratione divinâ, ac sanctæ Sedis Apostolicæ gratiâ, archiepiscopus Senonensis, episcopus Autissiodorensis, Galliarum et Germaniæ Primas, universis et singulis præsentes litteras inspecturis fidem facimus et attestamur, quod Nos ad majorem omnipotentis Dei gloriam, recognovimus costam Sanctæ Theodechildis, virginis, quam ex authenticis locis extractam reverenter collocari fecimus in tubulum crystallinum ab extremis partibus benè clausum, et funiculo aureo undique colligatum sigilloque nostro obsignatum, cum facultate, ad nutum nostrum revocandâ, apud se retinendi, aliis donandi et in quâcunque ecclesiâ, oratorio, aut capella nostræ diœcesis publicæ venerationi fidelium exponendi. In quorum fidem has litteras sub signo vicarii nostri generalis, sigilloque nostro et secretarii nostri subscriptione, expediri mandavimus.

Datum Senonis, anno Domini 1877, die verò mensis maii decimâ.

Locus † Sigilli.   Grandjean, vic. gén. Carlier, decanus capituli, sacr. reliq. custos.

(D'après le *Duplicata* déposé dans la châsse de Ste Théodechilde, à Mauriac.)

Reconnaissance de la relique par l'Ordinaire de St-Flour.
(16 mai 1877.)

Episcopatus Sti-Flori.— Reliquiæ recognitæ et dono datæ. Petrus-Antonius-Maria Lamouroux de Pompignac, Dei et sanctæ Sedis Apostolicæ gratiâ Episcopus Sti Flori, universis et singulis prœsentes litteras inspecturis notum facimus et testamur quod Nos, ad majorem Dei in sanctis suis mirabilis gloriam, ex authenticis locis, depromptas recognovimus sacras particulas, costam nempè ferè integram, Sanctæ Theodechildis, Virginis, Clodovei I Francorum regis filiæ, in Senonensi civitate quiescentis, ab Illustrissimo et Rev. D. D. Archiepiscopo Senonensi jàm recognitas et sigillatas, donoque datas parochiali Ecclesiæ B. M. V. a Miraculis, civitatis Mauriaci, quæ Sanctam Theodechildem ut fundatricem veneratur ; easque reverenter repositas in thecâ crystallinâ rotundâ funiculis aureis sericis colligatâ, benè clausâ, sigilloque Archiepiscopali signatâ, Mauriacum transmisimus, cum facultate illas in quâcunque ecclesiâ aut oratorio, publicæ fidelium venerationi exponendi, in capsâ ritè decoratâ inclusas. In quorum fidem has testimoniales litteras expediri mandavimus.

Datum Aurilaci, sub signo vicarii nostri generalis sigilloque nostro et secretarii generalis episcopatus nostri subscriptione, anno Domini millesimo octingentesimo septuagesimo septimo, die verò mensis maii XVI.

G. Bouange, proton. apost., vic. gen., archips. Sti Geraldi.

De mandato illustrissimi ac reverendissimi D. D. episcopi Sancti Flori. J. Lamouroux, c. h.

(D'après l'acte authentique déposé dans la châsse.)

LITURGIE

Prières en l'honneur de sainte Théodechilde.

§ 1.

Le premier Bréviaire romain officiel et obligatoire fut édité par S. Pie V, en 1568, par la bulle *Quod a nobis*. Il fut complété par Clément VIII, en 1602, par la bulle *Cum Ecclesia*. Le Bréviaire de Mauriac, dont nous avons parlé au chapitre X, fut rédigé, selon le rit romain, approuvé par un rescrit de Louis d'Estain, évêque de Clermont, en date du 27 juillet 1657 et imprimé à Toulouse l'année suivante. Voici l'office en l'honneur de sainte Théodechilde :

xxviii junii.	28 juin.
In festo Stæ Theodechildis, virginis.	*En la fête* de sainte Théodechilde, vierge.
Ad Vesperas.	**A Vêpres.**
Ant. ps. cap. hym. w. et ant. ad *Magnificat*, ut in communi Virginis Breviarii romani.	Comme au commun des saintes vierges dans le Bréviaire romain.
ORATIO.	ORAISON.
Deus, qui sanctæ Theodechildis, virginis tuæ, memoriam annua celebritate celebrem reddidisti; da nobis, ejus intercedentibus meritis,	O Dieu, qui par cette fête annuelle avez rendu célèbre la mémoire de sainte Théodechilde, vierge ; accordez-nous, par l'intercession de ses mérites, la grâce

de vous offrir toujours dans cette église, fondée par elle en l'honneur de votre divine Mère, des victimes de dévotion qui vous soient agréables, par J.-C. N. S.

ut in hoc templo quod in honorem Genitricis tuæ illa fundavit. placitas tibi semper devotionis hostias offeramus, per D. N. J.-C.

Au premier nocturne.

Leçons de l'Ecriture occurrente.

In I nocturno.

Lectiones de scriptura occurente.

Au second nocturne.

In II nocturno.

4ᵉ LEÇON.

LECTIO IV.

Théodechilde, fille de Clovis, roi très-chrétien des Francs, et de sainte Clotilde, fut illustre par l'intégrité de ses mœurs, sa constance dans la piété et par la fleur de la virginité qu'elle garda intacte. Aussi, après son bienheureux trépas, mérita-t-elle d'obtenir les honneurs réservés aux saints. Cette royale Vierge honorait d'un culte particulier le prince des apôtres, saint Pierre, en l'honneur duquel elle éleva à Mauriac un monastère qu'elle enrichit des biens dont Clovis avait dépouillé le comte Basolus, rebelle à ses armes, et cela du consentement de son père.

Theodechildis, Clodovœi Francorum regis christianissimi ex sancta Clotilde filia, vitæ integritate, pietatis constantia, flore virginitatis perpetuo nobilis, sacros Divorum honores post beatum ad Deum transitum consequi meruit. Singulari religionis cultu beatum Petrum apostolorum principem regia Virgo venerabatur, in cujus honorem Mauriaci monasterium ædificavit, quod etiam comitis Boboleni redditibus, quibus rebellem Clodovœus spoliaverat, ejusdem Clodovœi consensu locupletavit.

5ᵉ LEÇON.

LECTIO V.

Elle bâtit en outre, dans la même ville de Mauriac, une sainte chapelle en l'honneur de la T. Ste Vierge, chapelle qui devint bientôt illustre par de grands et fréquents miracles. Sainte Théodechilde l'avait élevée sur l'indice d'une lumière céleste et avertie par la voix même de Marie. Les infirmes et les malades y affluèrent de tous côtés, demandant leur guérison. Dès sa fondation cette chapelle fut tellement favorisée de la protection de l'Immaculée Mère de Dieu, que Marie y fut bientôt invoquée sous le titre de Notre-Dame des Miracles.

Ædificavit insuper in eadem urbe Mauriaci sacram œdiculam in honorem Deiparæ Virginis, quæ magnis et frequentibus miraculis deindè fuit nobilitata. Nimirum et cœlestis lucis indicio et manifesta Deigenitricis voce Theodechildis admonita, eam extruxit; ad quam confluentes undique ægri corporum sanitatem reciperent : quod ab ipsa fundata ecclesia tam prœsentis Immaculatæ Virginis Matris Dei favore factum est, ut eadem Deipara miraculorum illic Domina nuncupetur.

PRIÈRES EN L'HONNEUR DE SAINTE THÉODECHILDE.

LECTIO VI.

Sed et apud Senonas, beato Petro apostolo Virginum cœnobium dedicavit, cùjus basilica fuit ab angelis consecrata. Cum enim sanctus Heraclius Senonensis, aliique vicinarum civitatum episcopi pro ejus consecratione in ea vigilias celebrarent, celestem angelorum concentum audiverunt, maneque facto quatuor angulos mediumque altaris sanctissimæ crucis signo impressum oleoque sacro delibutum invenerunt. Eo in monasterio summà cum pietatis et pudicitiæ laude post quam diu vixit Theodechildis, meritis plena, tertio nonas junii, octogenaria virgo migravit ad sponsum.

6ᵉ LEÇON.

Elle éleva de plus, à Sens, un monastère de Vierges en l'honneur de saint Pierre, apôtre, dont la basilique fut consacrée par les anges. En effet, comme saint Héraclius, évêque de Sens, et les évêques des villes voisines étaient assemblés pour cette consécration et célébraient la veille sainte, ils entendirent un céleste concert formé par les Anges, et le lendemain matin ils trouvèrent les quatre angles et le milieu du maître-autel marqués du signe de la croix et oints de l'huile sainte. Après avoir longtemps vécu dans ce monastère avec une grande réputation de piété et de pureté, la vierge Théodechilde, déjà octogénaire, s'en alla, pleine de mérites, vers son céleste époux, le 3 juin (1).

In III nocturno.

Lectio sancti Evangelii secundum Matthœum (cap. 25).

Au troisième nocturne.

Leçon du saint Evangile selon saint Matthieu (chap. 25).

LECTIO VII.

In illo tempore, dixit Jesus discipulis suis parabolam hanc : Simile erit regnum cœlorum decem virginibus, quæ, accipientes lampades suas, exierunt obviam sponso et sponsæ. Et reliqua.

7ᵉ LEÇON.

En ce temps-là Jésus dit cette parabole à ses disciples : Le royaume des cieux est semblable à dix vierges qui, prenant leurs lampes, allèrent au-devant de l'époux et de l'épouse. Et le reste.

Homilia sancti Augustini, episcopi.
(Serm. 23 de verbis Domini.)

Intendat charitas vestra. Sapientium lampades ardebant de oleo interno, de conscientiæ severitate, de interiore gloria, de intima charitate. Ardebant tamen et illarum fatuarum. Quare tunc ardebant? Quia non deerant

Homélie de saint Augustin, évêque.
(23ᵉ sermon sur les paroles du Seigneur.)

Que votre charité soit attentive. Les lampes des vierges sages brûlaient alimentées par l'huile intérieure, par la pureté de conscience, par la gloire qui rejaillit au dedans, par l'intime charité. Elles brûlaient aussi, les lampes des vierges folles. Mais pourquoi

---

(1) C'est ici une erreur de date que nous avons relevée dans la note D de l'*Appendice*.

brûlaient-elles? Parce qu'elles avaient les louanges des hommes. Mais lorsqu'elles s'éveillèrent, ce qui désigne la résurrection générale, elles commencèrent à préparer leurs lampes, c'est-à-dire à rendre compte à Dieu de leurs actes. Et parce que alors il n'y aura personne pour nous donner des louanges, chacun étant assez occupé de sa propre cause, elles ne trouvèrent pas d'huile à acheter, et leurs lampes commencèrent à s'éteindre.

8ᵉ LEÇON.

La porte leur fut fermée et on leur dit : Je ne vous connais pas! Comment! il ne les connait pas, Celui qui connait tout? Qu'est-ce que cela veut dire : Je ne vous connais pas? « Je vous renie, je vous réprouve, je ne vous reconnais pas comme miennes : mes œuvres ne connaissent pas de défauts. C'est quelque chose de bien grand, mais de bien difficile que d'être sans défauts; or, je les exclus de tout ce que je fais, et partout où je les trouve, je les réprouve et je les condamne : ainsi, je ne vous connais pas. » Les cinq vierges prudentes entrèrent dans la salle. Plut à Dieu que parmi vous se trouvent ces cinq vierges prudentes, car ce nombre cinq appartient à cette prudence salutaire. L'heure viendra, en effet, et nous ne savons quand elle viendra. L'Evangile conclut ainsi : Veillez, parce que vous ne savez ni le jour, ni l'heure.

9ᵉ LEÇON.

Veillez par le cœur, veillez par la foi, veillez par l'espérance, veillez par la charité, veillez par vos œuvres. Et lorsque votre corps aura dormi dans la mort, le temps de vous réveiller vien-

LECTIO VIII.

Clausum est ostium et quid illis dictum est? Non novi vos. Non illas novit qui omnia novit? Quid ergo est? Non novi vos? Improbo vos, reprobo vos ; in arte mea non vos agnosco : ars mea nescit vitia : hoc est autem magnum, et nescit vitia : nescit faciendo, judicat arguendo. Sic ergo non novi vos. Ierunt, intraverunt quinque prudentes ; sint in vobis quinque prudentes. Ad istam prudentiam quinarii numeri sunt pertinentes. Veniet enim hora, et quando nescimus veniet. Sic clausit Evangelium : Vigilate, quia nescitis diem neque horam.

LECTIO IX.

Corde vigila, fide vigila, spe vigila, charitate vigila, operibus vigila. Et quando corpore dormieris, veniet tempus ut surgas. Cum autem surrexeris præpara lampades : tunc non extinguantur ; tunc interiore conscientiæ oleo vegetentur ; tunc sponsus ille incorporeis nexibus amplectatur : tunc te introducat in domum, ubi nunquam dormias, ubi nunquam possit tua lampas extingui. Hodiè vero laboramus ; et lampades nostræ inter ventos sœculi hujus tentationesque fluctuant : sed ardeant in rubore flammæ nostræ, ut ventus tentationis augeat ignem potiusquam extinguat.

dra. Lorsque vous serez ressuscités, alors préparez vos lampes ; mais qu'elles ne s'éteignent pas ; qu'elles soient alimentées par l'huile intérieure de la bonne conscience ; alors saisissez l'époux dans des enlacements célestes. Alors qu'il vous introduise dans sa maison, où vous ne dormirez plus, où votre lampe ne s'éteindra plus. Mais aujourd'hui nous luttons encore, et nos lampes sont agitées par les vents et les tentations du siècle, mais que leur flamme s'allume et brille plus ardente, et que le vent des tentations l'augmente au lieu de l'éteindre.

§ 2.

Office de sainte Théodechilde tiré du Propre du diocèse de Saint-Flour, supplément au Bréviaire romain, rédigé par les ordres de Mgr Lyonnet et approuvé par la Congrégation des rites, le 17 avril 1856.

Die vii junii.

In festo
Stæ Theodechildis, virginis.
(Duplex majus.)

Omnia ut in communi Virginum præter ea quæ sequuntur :

ORATIO.

Deus qui beatam Theodechildem virginem, et originis et virtutem splendore prælucere fecisti ; ejus meritis et intercessione concede, ut vitæ puritate tibi adhærere, et ad æternam regni tui hæreditatem pervenire valeamus. Per D. N. J.-C.

In I vesperis.

Ad Magn. antiph. — Quid mihi est in cœlo, et a te quid

7 juin.

Pour la fête
de sainte Théodechilde, vierge.
(Double majeur.)

Tout l'office se dit comme au commun des Vierges, excepté ce qui suit :

ORAISON.

O Dieu, qui avez rendu la vierge Théodechilde si illustre, à la fois par la noblesse de sa naissance et par l'éclat de ses vertus ; accordez-nous, par ses mérites et son intercession, la grâce de vous rester toujours unis par la pureté de notre vie, afin que nous puissions parvenir ainsi à l'héritage du royaume éternel. Par J.-C. N. S.

Aux premières vêpres.

Antienne du *Magnificat.* — Qu'y a-t-il pour moi au ciel, et qu'ai-je désiré sur la terre, si ce n'est vous, ô le Dieu de mon cœur et mon partage pour l'éternité?

volui super terram? Deus cordis mei et pars mea Deus in æternum!

Au premier nocturne.

In I nocturno.

Lecture du Livre de l'Ecclésiastique (chap. 51).

De libro Ecclesiastici (cap. 51).

1re LEÇON.

LECTIO 1.

Lorsque j'étais encore jeune, j'ai cherché la sagesse dans ma prière avec grande instance. Je l'ai demandée à Dieu dans le temple, et je la rechercherai jusqu'à la fin de ma vie. Aussi elle a fleuri en moi comme une vigne précoce, et mon cœur a trouvé sa joie en elle. Mes pieds ont marché vers elle en droit chemin, et j'ai tâché de la découvrir dès ma jeunesse. J'ai prêté humblement l'oreille et je l'ai écoutée; j'ai trouvé en moi-même beaucoup de sagesse et j'y ai fait un grand progrès par mon travail. A celui qui me donnera encore de la sagesse, je rendrai gloire, car je suis résolue à faire ce qu'elle me prescrit. J'ai été zélée pour le bien et je ne tomberai point dans la confusion. Mon âme a lutté longtemps pour atteindre à la sagesse, et je m'y suis affermie en faisant ce qu'elle ordonne.

Cum adhuc junior essem, quæsivi sapientiam palàm in oratione mea. Ante templum postulabam pro illa et usque in novissimis inquiram eam. Et effloruit tanquam præcox uva; lætatum est cor meum in ea. Ambulavit pes meus iter rectum, a juventute mea investigabam eam. Inclinavi modicè aurem meam et excepi illam. Multam inveni in meipsa sapientiam, et multum profeci in ea. Danti mihi sapientiam dabo gloriam. Consiliata sum enim ut facerem illam: zelata sum bonum et non confundar. Colluctata est anima mea in illa, et in faciendo illam confirmata sum.

2e LEÇON.

LECTIO II.

J'ai élevé mes mains en haut et j'ai déploré l'égarement de mon esprit. J'ai conduit mon âme droit à elle et je l'ai trouvée dans la connaissance de moi-même. J'ai dès le commencement possédé mon cœur avec elle; c'est pourquoi je ne serai point abandonnée d'elle. Mes entrailles ont été émues en la cherchant, et c'est pour cela que je posséderai un si grand bien. En récom-

Manus meas extendi in altum, et insipientiam ejus luxi. Animam meam direxi ad illam, et in agnitione inveni eam. Possedi cum ipso cor ab initio: propter hoc non derelinquar. Venter meus conturbatus et quærendo illam: propterea bonam possidebo possessionem. Dedit mihi Dominus linguam mercedem meam: et in ipsa lau-

PRIÈRES EN L'HONNEUR DE SAINTE THÉODECHILDE.

dabo eum. Appropiate ad me indocti, et congregabo vos in domum disciplinæ. Quid adhùc retardatis et quid dicitis in his? Animæ vestræ sitiunt vehementer.

pense le Seigneur m'a donné une langue savante qui me servira à le louer. Approchez-vous de moi, vous qui avez besoin d'être instruits, et assemblez-vous dans la maison de la discipline. Pourquoi tardez-vous encore? Et que dites-vous à ceci? Vos âmes cependant sont pressées d'une extrême soif de doctrine.

LECTIO III.

Aperui os meum et locuta sum : Comparate vobis sine argento, et collum vestrum subjicite jugo, et suscipiat anima vestra disciplinam : in proximo est enim invenire eam, videte oculis vestris quia modicum laboravi, et inveni mihi multam requiem. Assumite disciplinam multo numero argenti, et copiosum aurum posssidete in ea. Lœtetur anima vestra in misericordia ejus, et non confundemini in laude ipsius. Operamini opus vestrum ante tempus et dabit vobis mercedem vestram in tempore suo.

3ᵉ LEÇON.

J'ai ouvert ma bouche et j'ai parlé : Achetez la sagesse; vous le pouvez sans argent. Soumettez-vous à son joug; que votre âme se rende docile à ses enseignements; car elle est proche, et il est aisé de la trouver. Voyez de vos yeux qu'avec peu de travail je l'ai acquise moi-même, et me suis procuré un grand repos. Vous aussi recevez-là comme un grand trésor, et vous posséderez en elle un bien supérieur à tout l'or du monde. Que votre âme trouve sa joie dans la miséricorde du Seigneur, et en publiant ses louanges vous ne serez point confondus. Faites votre œuvre avant que le temps ne passe, et Dieu vous en donnera la récompense, lorsque l'heure sera venue.

In II nocturno.
LECTIO IV.

Theodechildis. Clodovœi francorum regis christianissimi ex sancta Clotilde filia, vitæ integritate, pietatis constantia, flore virginitatis perpetuo enituit. Singulari religionis cultu beatum Petrum, apostolorum principem regia virgo venerabatur; in cujus honorem Mauriaci monasterium œdificavit, quod etiam nobilis viri Basoli redditibus, quibus rebellem Clodovœus spoliaverat, ejusdem Clo-

Au deuxième nocturne.
4ᵉ LEÇON.

Théodechilde, fille de Clovis, premier roi très-chrétien des Francs, et de sainte Clotilde, se rendit illustre par la sainteté de sa vie, par sa constante piété et par la fleur de virginité qu'elle garda toujours intacte. Cette royale vierge honorait d'un culte particulier le bienheureux Pierre, prince des apôtres, en l'honneur duquel elle fit bâtir, à Mauriac, un monastère qu'elle enrichit des biens enlevés par Clovis au comte Basolus qui avait été rebelle à

ses armes, et cela du consentement de son père. Elle bâtit en outre, dans la même ville de Mauriac, en l'honneur de la T.-S. Vierge, Mère de Dieu, une pieuse chapelle qui devint illustre par les grands et fréquents miracles qui s'y opéraient.

dovœi patris consensu locupletavit. Œdificavit insuper in eadem urbe Mauriacensi sacram œdiculam in honorem Deiparæ Virginis, quæ magnis et frequentibus deindè miraculis fuit nobilitata.

5ᵉ LEÇON.

Cependant la pieuse vierge étant allée à Sens, où sa mère avait fait construire, proche de la ville, une église en l'honneur de saint Pierre, visita avec de grands sentiments de dévotion les tombeaux de saint Savinien et de ses compagnons, martyrs, ainsi que l'église du Prince des apôtres, qui était enrichie de beaucoup de reliques. Etant ensuite allée trouver son père, elle le pria de lui donner une portion de son patrimoine pour qu'elle pût le donner à son tour à l'église de Saint-Pierre-de-Sens, et lui demanda en même temps la permission de s'y retirer pour y servir Dieu toute sa vie. Clovis écoutant favorablement ses prières, donna à sa très-chère fille beaucoup de terres, bourgs et autres propriétés, afin qu'avec l'aide de Dieu elle pût accomplir ce qu'elle avait pieusement résolu, c'est-à-dire élever et doter ce saint monastère.

LECTIO V.

Sed et piissima virgo Senonas aliquando veniens, ubi mater ejus ecclesiam infra urbem construxerat in honorem beati Petri; sepulcra sanctorum Saviniani sociorumque ejus devoto affectu visitavit, necnon apostolorum Principis templum multorum sanctorum pignoribus ditatum. Patrem autem adiens supplicavit ut nonnihil patrimonii ipsi daretur quod Senonensi beati Petri ecclesiæ elargiri posset, et ut ibidem Deo ipsamet jugiter deserviret. Cui postulationi benigne annuens Clodovœus, charissimæ filiæ prœdia multa, villas aliaque dispensavit, ut, quod pia mente agere disposuerat, Deo favente, perficere mereretur, sacrumque cœnobium erigere et bonis amplisismis augere valeret.

6ᵉ LEÇON.

Or, Théodechilde ayant accompli ces œuvres de charité et de piété, après avoir persévéré environ soixante-dix ans dans le saint vœu de virginité, avec un grand renom de vertu, mourut octogénaire, le trois des nones de juin, et fut enterrée à Sens, comme elle l'avait recommandé, dans le monastère élevé par elle. L'Auvergne honore sa mémoire et son

LECTIO VI.

At vero Theodechildis, consummatis pietatis et charitatis operibus, postquam septuaginta fere annos, summa cum laude virtutis, in sancto virginitatis proposito degisset, octogenaria migravit ad sponsum, tertio nonas junii, et Senonibus ut mandaverat, in monasterio a se excitato sepulta est. Ejus autem sanctum nomen perennibus gratiis prosequitur Arvernia, præsertim vero Mauriacensis civitas, quæ, sin mimis primordium, at saltens incrementa, laudemque tantam, tum e cœnobio sancti Petri, tum præsertim e gloriosa Reginæ Miraculorum œde assumpsit.

saint nom est vénéré et exalté avec d'éternelles actions de grâces, surtout dans la ville de Mauriac, qui lui doit, sinon son origine, du moins son accroissement et la gloire qu'elle a tirée, soit du monastère de St-Pierre, soit surtout du sanctuaire illustre de Notre-Dame-des-Miracles.

In III nocturno.

(Tres lectiones ut supra in officio anni 1658, p. 205.)

Au troisième nocturne.

(Les trois leçons sont les mêmes que celles de l'office de 1658. Voir ci-dessus p. 205).

Ad laudes.

Ad Benedictus antiphona. — In diebus suis ædificavit domum et exaltavit templum sanctum Domino, paratum in gloriam sempiternam. (Eccli. 49.)

A laudes.

Antienne du *Benedictus*. — Durant les jours de sa vie mortelle, elle bâtit une maison sainte, elle éleva au Seigneur un temple sacré destiné à une gloire immortelle.

In II vesperis.

Ad Magnificat antiphona. — O quam pulchra est casta generatio cum claritate! Immortalis est enim memoria illius, quoniam et apud Deum nota est et apud homines. (Sap. 4.)

Aux secondes vêpres.

Antienne du *Magnificat*. — Oh! qu'elle est belle la génération chaste et illustre! Sa mémoire est immortelle, parce qu'elle est en honneur devant Dieu et devant les hommes.

§ 3.

Oraisons de la messe de sainte Théodechilde, extraites du supplément au *Missel*, approuvé pour le diocèse de Saint-Flour par la sacrée Congrégation des Rites, à la même date du 17 avril 1856.

Die VII junii.
In festo
Stæ Theodechildis, virginis,
(Duplex majus.)

Missa *Dilexisti* de communi præter sequentia.

7 juin.
Pour la fête
de sainte Théodechilde, vierge.
(Double majeur.)

On dit la messe *Dilexisti*, comme au commun des Vierges, à l'exception des trois oraisons suivantes :

COLLECTA.

Deus qui beatam Theodechildem virginem, et originis

COLLECTE.

O Dieu, qui avez rendu la vierge Théodechilde si illustre, à la fois par la noblesse de sa naissance et par l'éclat de ses vertus, accordez-nous, par ses mérites et son intercession, la grâce de vous rester toujours unis par la pureté de notre vie, afin que nous puissions parvenir ainsi à l'héritage du royaume éternel. Par J.-C. N. S.

et virtutum splendore prælucere fecisti ; ejus meritis et intercessione concede, ut vitæ puritate tibi adhœrere, et ad œternam regni tui hœreditatem pervenire valeamus. Per D. N. J.-C.

SECRÈTE.

Seigneur; que les prières de votre sainte vierge Théodechilde vous rendent agréable notre offrande, afin que, comme elle a préféré à toutes les joies du monde les noces de l'Agneau sans tache, ainsi nous ayons le courage de faire passer le désir des biens célestes avant toutes les choses de la terre. Par J.C. N. S.

SECRETA.

Oblationem nostram Beatæ virginis tuæ Theodechildis tibi Domine, commendet oratio ; ut, sicut illa immaculati Agni nuptias mundi prœtulit illecebris. ita nos cœlestibus, desideriis terrena cuncta postponere valeamus. Per Dominum Nostrum.

POST-COMMUNION.

O Dieu plein de miséricorde, réconfortés par la participation à votre divin sacrement, nous honorons la piété et la charité de sainte Théodechilde ; par son intercession, accordez-nous, Seigneur, de nous rendre dignes de célébrer éternellement vos merveilles dans le temple de votre gloire. Par J. C. N. S.

POST-COMMUNIO.

Largire, misericors Deus, ut dum sacramenti tui participatione refecti, Beatæ Theodechildis pietatem et charitatem colimus, ejusdem intercessione, in templo gloriæ tuæ mirabilia tua perenniter celebrare mereamur. Per Dominum Nostrum.

§ 4.

Litanies en l'honneur de sainte Théodechilde.

Ces litanies ne peuvent être chantées ni récitées publiquement dans une cérémonie religieuse ou dans une église ; mais les fidèles peuvent les réciter en leur particulier pour satisfaire leur dévotion, ou demander quelque grâce spéciale par l'intercession de sainte Théodechilde.

Seigneur, ayez pitié de nous.	Kyrie, eleïson.
Jésus-Christ, ayez pitié de nous.	Christe, eleïson.
Seigneur, ayez pitié de nous.	Kyrie, eleïson.
Jésus-Christ, écoutez-nous.	Christe, audi nos.
Jésus-Christ, exaucez-nous.	Christe, exaudi nos.

PRIÈRES EN L'HONNEUR DE SAINTE THÉODECHILDE.

Latin	Français
Pater de cœlis, Deus ; miserere nobis.	Père céleste, qui êtes Dieu, ayez pitié de nous.
Fili, redemptor mundi, Deus; miserere nobis.	Fils rédempteur du monde, qui êtes Dieu, ayez pitié de nous.
Spiritus Sancte, Deus, miserere nobis.	Esprit-Saint, qui êtes Dieu, ayez pitié de nous
Sancta Trinitas, unus Deus; miserere nobis.	Sainte Trinité, qui êtes un seul Dieu, ayez pitié de nous.
Sancta Maria, ora pro nobis.	Sainte Marie, priez pour nous.
Sancta Dei Genitrix,	Sainte Mère de Dieu,
Sancta Virgo virginum,	Sainte Vierge des vierges,
Regina Miraculorum,	Notre-Dame des Miracles,
Sancte Petre, princeps apostolorum.	Saint Pierre, prince des apôtres,
Sancta Clotildis.	Sainte Clotilde,
Sancta Theodechildis,	Sainte Théodechilde,
Sancta Theodechildis, filia Regum,	Sainte Théodechilde, fille des rois,
Sancta Theodechildis, virgo Deo devota,	Sainte Théodechilde, vierge consacrée à Dieu,
Sancta Teodechildis, virgo perennè fidelis,	Sainte Théodechilde, vierge toujours fidèle,
Sancta Theodechildis, beatæ Mariæ devotissima,	Sainte Théodechilde, très-dévote envers Marie,
Sancta Theodechildis beato Petro addictissima,	Sainte Théodechilde, très-dévouée à saint Pierre,
Sancta Theodechildis, tuæ matris imitatrix,	Sainte Théodechilde, imitatrice de votre mère,
Sancta Theodechildis, monasteriorum fundatrix,	Sainte Théodechilde, fondatrice de plusieurs monastères.
Sancta Theodechildis, capellæ Mauriacensis conditrix,	Sainte Théodechilde, fondatrice de l'église de Mauriac,
Sancta Theeodecildis, captivorum pia liberatrix,	Sainte Théodechilde, pieuse libératrice des captifs,
Sancta Theodechildis, lampas lucens in domo Dei,	Sainte Théodechilde, lampe luisante dans la maison de Dieu.
Sancta Theodechildis, lilium candidum in manu Dei,	Sainte Théodechilde, lis éclatant dans la main de Dieu,
Sancta Theodechildis, rosa rubicunda charitate,	Sainte Théodechilde, rose empourprée de charité,
Sancta Theodechildis, viola humilis in horto Domini,	Sainte Théodechilde, humble violette dans le jardin du Seigneur,
Sancta Theodechildis, cœlestibus visionibus recreata,	Sainte Théodechilde, favorisée de visions célestes,

Ora pro nobis. — *Priez pour nous.*

Sainte Théodechilde, qui avez toujours persévéré dans votre vocation,
Sainte Théodechilde, qui avez vu venir la mort avec joie,
Sainte Théodechilde, dont la mort fut précieuse devant Dieu,
Sainte Théodechilde, qui maintenant régnez heureuse avec votre céleste époux,
Sainte Théodechilde, dont l'intercession est si efficace,

Priez pour nous.

Agneau de Dieu, qui effacez les péchés du monde, pardonnez-nous, Seigneur.
Agneau de Dieu, qui effacez les péchés du monde, exaucez-nous, Seigneur.
Agneau de Dieu, qui effacez les péchés du monde, ayez pitié de nous, Seigneur.
Jésus-Christ, écoutez-nous.
Jésus-Christ, exaucez-nous.

℣. Priez pour nous, sainte Théodechilde;
℟. Afin que nous soyons rendus dignes des promesses de Jésus-Christ.

ORAISON.

O Dieu, qui avez rendu la bienheureuse vierge Théodechilde si illustre, à la fois par la noblesse de sa naissance et par l'éclat de ses vertus; accordez-nous, par ses mérites et son intercession, la grâce de vous demeurer toujours unis par la pureté de notre vie, afin que nous puissions parvenir à l'héritage du royaume éternel. Par J. C. N. S.

Si on récite ces litanies dans l'église de Mauriac, on pourra y ajouter l'oraison: O Dieu qui par cette fête annuelle......... (plus haut, p. 203.)

Sancta Theodechildis, in eodem statu permanens,
Sancta Theodechildis, quæ læta mortem vidisti,
Sancta Theodechildis, cujus mors pretiosa in conspectu Domini,
Sancta Theodechildis, quæ nunc cum sponso gaudes,
Sancta Theodechildis, cujus intercessio salutaris,

Ora pro nobis.

Agnus Dei, qui tollis peccata mundi, parce nobis, Domine
Agnus Dei, qui tollis peccata mundi, exaudi nos, Domine.
Agnus Dei, qui tolllis peccata mundi, miserere nobis.
Christe, audi nos.
Christe, exaudi nos.

℣. Ora pro nobis, Beata Theodechildis,
℟. Ut digni efficiamur promissionibus Christi.

OREMUS.

Deus qui Beatam Theodechildem, virginem, et originis et virtutum splendore prælucere fecisti; ejus meritis et intercessione concede, ut vitæ puritate tibi adhærere et ad æternam regni tui hæreditatem pervenire valeamus. Per D. N. J. C.

In ecclesia Mauriacensi dici potest alia oratio: Deus qui Beatæ Theodechildis.... (ut supra, p. 203.)

§ 5.

Prière à sainte Théodechilde.

Depuis bien longtemps, ô Théodechilde, vous jouissez dans le ciel de la vue du divin Époux que vous avez si fidèlement aimé sur la terre. L'Agneau que vous suivez partout, en compagnie des autres vierges, vos sœurs, vous prodigue à présent ses trésors célestes et vous inonde à jamais de ses ineffables délices. Souvenez-vous de nous qui sommes encore à travailler, à lutter et à souffrir sur cette terre d'exil. Votre vie ici-bas ne fut pas oisive, elle ne fut pas sans travail et sans souffrance; mais aujourd'hui vous avez trouvé pour toujours le repos parfait et le bonheur sans mélange. Ah! soutenez de vos prières ceux qui vous invoquent dans leur angoisse et leurs si nombreuses nécessités. Vous fûtes autrefois la mère des âmes. Combien dûrent à vos fondations pieuses leur perfection et leur salut! Aimez-les encore dans le séjour de la gloire, où vous brillez parmi les épouses du grand Roi.

La Reine du ciel n'eut pas de plus dévouée servante que vous, et après tant de siècles, les pélerins qui viennent encore la prier, dans le sanctuaire béni qui vous doit sa fondation, lui sont présentés pas vos mains; c'est vous qui les lui amenez, puisque c'est vous qui leur avez tracé la voie. Obtenez de la Mère des Miséricordes que nos cœurs croissent sans cesse dans son amour, jusqu'à ce qu'ils l'aiment autant que vous l'aimiez; alors ils en obtiendront des faveurs sans nombre, ils en obtiendront de nouveaux miracles.

Faites-nous part aussi de cet amour filial que vous aviez pour le Prince des Apôtres, de cette respectueuse déférence que vous témoigniez à ses successeurs sur la chaire de Rome. Nous aussi, nous voulons toujours aimer notre Mère, la sainte Eglise, toujours confesser notre attachement pour elle, ainsi que notre humble et entière obéissance à son chef infaillible.

Oublierez-vous, ô Vierge consacrée au Christ, oublierez-vous l'ordre illustre qui a gardé si fidèlement, pendant douze siècles, vos dépouilles sacrées ; qui n'a point quitté les mystérieuses retraites que vous lui aviez bâties, jusqu'à ce qu'une Révolution sacrilège vint renverser vos établissements tant de fois séculaires? Aujourd'hui encore cet ordre, comme tous les autres, est persécuté ; il a été expulsé avec violence des demeures saintes qu'il s'était rebâties. Ah ! ouvrez-lui de nouveau ces portes qui lui sont interdites, afin que, dans le silence et la paix du cloître, il puisse continuer ses glorieuses traditions de science et de sainteté.

Oublierez-vous ces deux cités, si éloignées l'une de l'autre, mais qui se rapprochaient dans votre cœur, se réunissaient dans vos affections ? Voici que leurs enfants se tournent vers vous comme vers leur insigne bienfaitrice. Plus puissante aujourd'hui, vous pouvez plus pour eux que pour leurs ancêtres. Par vos prières et vos mérites obtenez-leur de suivre toujours les sentiers de l'honneur et de la vertu, où vous avez marché d'un pas si assuré et si persévérant. Qu'ils se montrent dignes de vous, ô Théodechilde, dignes du Dieu que vous avez tant aimé et si bien servi !

Enfin, ô fille auguste du premier roi très chrétien, pourriez-vous oublier votre chère France, la fille aînée de l'Église, dont tant de fils, hélas! sont devenus les ennemis de leur sainte Mère ? Vous avez assisté au baptême de notre patrie ; obtenez du Christ, *qui aime les Francs,* que la foi revive chez eux plus forte que jamais ; que le sens chrétien, qu'on voudrait étouffer entièrement, se fortifie au contraire de plus en plus dans tous les cœurs ; que la paix et la prospérité temporelle soient la récompense de l'union des esprits revenus à l'amour de la vérité, de l'union de tous les cœurs convertis à la vertu. Ainsi-soit-il.

§ 6.

Pour aider la piété des fidèles, nous ajoutons ici les oraisons de quelques saints et saintes dont il a été fait plus particulièrement mention dans cette histoire.

Die 3 Januarii.

Sanctæ Genovefæ, virginis.

ORATIO.

Effunde super nos, Domine, spiritum agnitionis et dilectionis quo ancillam tuam Genovefam implevisti : ut sedula ejus imitatione tibi sincere obsequentes, fide tibi et opere placeamus.

(Ex proprio Parisiensi et Sanflorano.)

3 Janvier.

Sainte Geneviève, vierge
(Amie de sainte Clotilde et de sainte Théodechilde).

Répandez sur nous, Seigneur, l'esprit d'intelligence et de charité dont vous avez rempli votre servante Geneviève; afin que marchant fidèlement sur ses traces, et vous servant d'un cœur sincère, nous soyons agréables à vos yeux par notre foi et par nos œuvres.

(Tiré du propre de Paris et de Saint-Flour.)

Die 28 Martii.

Sancti Guntramni, confessoris.

Adesto, Domine, supplicationibus nostris, quas in Beati Guntramni, confessoris tui, solemnitate deferimus : ut qui nostræ justitiæ fiduciam non habemus, ejus qui tibi placuit, precibus adjuvemur.

(Ex communi confessoris).

28 Mars.

Saint Gontran, confesseur
(Neveu de Ste Théodechilde).

Écoutez favorablement, Seigneur, les supplications que nous vous adressons en la fête de saint Gontran, votre confesseur, afin que, quoique n'ayant aucune confiance en nos propres mérites, nous soyons aidés par les prières de ce saint qui a su vous plaire.

(Du commun des confesseurs.)

Die 1 Maii.

Sancti Sigismundi, martyris.

Da, quæsumus, Domine Deus, fidelibus tuis, intercedente sancto Sigismundo, martyre tuo, superbè non sapere, sed tibi placita humilitate servire : ut prava despicientes, quæcumque recta

1 Mai.

Saint Stgismond, martyr,
(Cousin de sainte Clotilde).

O Seigneur Dieu, par l'intercession de saint Sigismond, votre martyr, nous vous prions d'accorder à vos fidèles serviteurs la grâce de ne pas s'enfler d'un vain orgueil, mais de vous servir au contraire avec cette humilité qui vous est si agréable, afin que foulant aux pieds tous les vices, ils pratiquent tout ce qui est bien dans la liberté et la charité.

(Propre de Saint-Flour).

sunt libera exerceant charitate.

(Ex proprio Sanflorano.)

3 Juin.

Sainte Clotilde, veuve, reine de France
(Mère de sainte Théodechilde).

Nous vous conjurons, Seigneur, de regarder favorablement la nation française, et puisque vous nous avez accordé le don de la foi par les dévotes instances de sainte Clotilde, donnez-nous de plus par son intercession les vrais sentiments de la piété chrétienne.

(Propre de Paris et de St-Flour.)

Die 3 Junii.

Sanctæ Clotildis, reginæ et viduæ.

Respice, quæsumus, Domine, ad Francorum benignus imperium : et quibus per devotam sanctæ Clotildis instantiam donum fidei contulisti iisdem, per ejus intercessionem, tribue sincerum christianæ pietatis affectum.

(Ex proprio Parisiensi et Sanflorano.)

9 juillet.

Saint Héracle, évêque de Sens.

O Dieu tout-puissant, faites, nous vous en conjurons, que la vénérable solennité de saint Héracle, votre confesseur et pontife, augmente notre dévotion et assure notre salut.

(Propre de Sens.)

Die 9 julii.

Sancti Heraclii, episcopi.

Da, quæsumus, omnipotens Deus, ut beati Heraclii, confessoris tui atque pontificis, veneranda solemnitas, et devotionem nobis augeat et salutem.

(Ex proprio Senonensi.)

13 août.

Sainte Radegonde, veuve, reine de France.
(Belle-sœur de sainte Théodechilde).

O Dieu, pour l'amour de qui sainte Radegonde s'enfuit du tumulte de la cour dans la solitude, méprisant ainsi les vains attraits du monde; accordez-nous de mépriser, à son imitation, les choses de la terre et d'aimer les choses du ciel.

(Propre de Saint-Flour.)

Die 13 augusti.

Sanctæ Radegundis, viduæ.

Deus, cujus amore beata Radegundis ex aulæ tumultu, spretis mundi illecebris, in solitudinem evolavit, tribue nobis ex ejus imitatione, terrena despicere et amare cœlestia.

(Ex proprio Sanflorano.)

7 septembre.

Saint Cloud, confesseur.
(Neveu de sainte Théodechilde.)

C'est à cause de vous, ô mon Dieu, que saint Cloud a été hu-

Die 7 septembris.

Sancti Clodoaldi, confessoris.

Deus, qui beatum Clodoaldum propter te humiliatum in sœculo, et sacerdotii munere et virtutum splendore sublimasti ; tribue nos ejus exemplo et tibi digne ministrare, et per ejus intercessionem gratia semper et merito proficere valeamus.

(Ex proprio Parisiensi.)

milié dans le siècle ; mais en récompense vous l'avez honoré de la dignité du sacerdoce et orné de l'éclat des plus sublimes vertus ; accordez-nous de vous servir dignement à son exemple, et de pouvoir, par son intercession, croître toujours en grâce et en mérites devant vous.

(Propre de Paris.)

Du 1 octobris.

Sancti Remigii, episcopi.

Da, quæsumus, omnipotens Deus, ut beati Remigii, confessoris tui atque pontificis, veneranda solemnitas, et devotionem nobis augeat et salutem.

(Ex Breviario Romano.)

1 octobre.

Saint Remy, évêque.
(Il baptisa Clovis et toute sa famille.)

Faites, nous vous en conjurons, ô Dieu tout-puissant, que la vénérable solennité de saint Remi, votre confesseur et pontife, augmente en nous la dévotion et le salut.

(Bréviaire romain.)

Die 19 octobris.

Sancti Saviniani et ss. mm.

Omnipotens, sempiterne Deus, qui ad immortales triumphos Savinianum pontificem, Potentianum ac socios eorum martyres extulisti ; da ecclesiæ tuæ dignam pro tanta solemnitate lœtitiam ; ut quæ apostolorum tuorum prædicatione floruit, eorum et exemplis muniatur, et intercessionibus adjuvetur.

(Ex proprio Senonensi, 1851.)

19 octobre.

St Savinien et ses compagnons, martyrs.
(Premiers apôtres de Sens.)

O Dieu tout-puissant et éternel, qui avez appelé aux honneurs de l'immortel triomphe saint Savinien, évêque, saint Potentien et leurs compagnons, martyrs ; accordez à votre Eglise une joie en rapport avec une si grande solennité, et comme elle a fleuri par la prédication de ces saints, qui furent ses apôtres, faites qu'elle soit fortifiée par leurs exemples et secourue par leurs prières.

(Propre de Sens.)

Nous ne mettons pas ici de prières en l'honneur du B. Childebert et de la B^{se} Clotilde, frère et sœur de sainte Théodechilde, parce que, quoique leurs noms se lisent dans certains martyrologes, on ne les trouve pas dans le martyrologe romain, et qu'ils ne sont honorés, que nous sachions, dans aucune église particulière.

NOTICE

Sur Théodechilde-la-Jeune, reine des Varnes.
(523-598.)

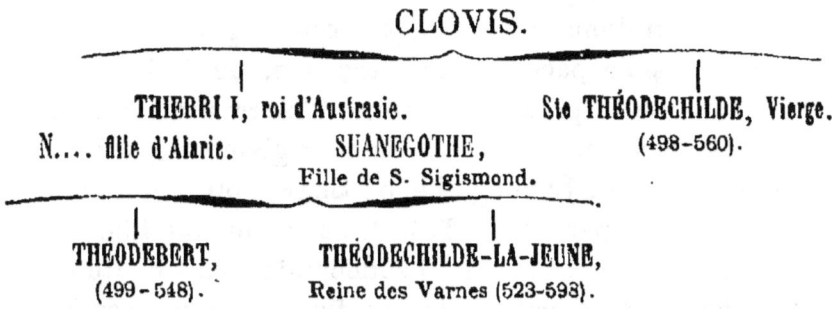

Sommaire : Naissance de Théodechilde-la-Jeune. — Elle est mariée d'abord à Hermégiscle, roi des Varnes, puis à son fils Radiger. — Répudiée, elle rentre en France. — Fortunat de Poitiers fait l'éloge de sa piété et de ses vertus. — Son épitaphe.

Nous avons fait l'histoire de sainte Théodechilde, fille de Clovis, fondatrice du monastère de Sens. Mais pour compléter cette étude, nous devons ajouter un mot sur une autre Théodechilde, nièce de la première, avec laquelle beaucoup d'auteurs l'ont confondue (1). Cette seconde Théodechilde, que nous nommerons, avec les Bollandistes, Théodechilde-la-Jeune, était petite-fille de Clovis, fille de Thierri, roi d'Austrasie, et fut, pendant peu de temps, il est vrai, reine des Varnes. Son existence, ainsi que le peu que nous savons de sa vie, nous est révélée par quelques courts passages de Procope, historien grec, qui mourut en 565, de Flodoard, historien français du Xe siècle, et enfin par deux pièces de vers de Venance Fortunat, écrivain contemporain. Nous allons donner, en tâchant de les coordonner, les quelques renseignements que ces trois auteurs nous ont laissés sur cette princesse.

(1) Voyez l'*Appendice*, note A.

Thierri I, fils aîné de Clovis, fut le premier roi d'Austrasie ; il régna depuis la mort de son père jusqu'en 534, époque où il mourut. Il avait d'abord épousé une fille d'Alaric, roi des Visigoths, dont l'histoire n'a pas conservé le nom et qui lui donna Théodebert, lequel régna après son père à peu près l'espace de quatorze ans, de 534 à 548. Après la mort de sa première femme, Thierri avait épousé en secondes noces une fille de saint Sigismond, roi de Bourgogne, nommée Suanegothe ou Suawegothe, qui était par conséquent sa parente (522). Il eut d'elle une fille qui reçut au baptême le nom de Théodechilde, sans doute en l'honneur de sa tante paternelle, qui fut peut-être aussi sa marraine. Il y a toute apparence qu'elle naquit à Metz, capitale des Etats de son père et qu'elle y passa sa première jeunesse. Nous fixerons sa naissance vers l'an 523. Elle épousa successivement deux rois des Varnes : Hermégiscle et Radiger. Voici en substance le récit de Procope.

Les Varnes étaient un peuple qui habitait entre le Rhin et la mer de Germanie. Le Rhin le séparait des Francs. Vers le second quart du VIe siècle, ce peuple était commandé par Hermégiscle qui, ayant perdu sa première femme, et voulant contracter une alliance qui affermît son pouvoir, fit demander la main de la sœur du roi des Francs, Théodebert. L'historien que nous suivons ne nous fait pas connaître le nom de la sœur de Théodebert ; mais Flodoard nous l'apprend, c'était Théodechilde. Celle-ci fut aussitôt accordée au roi des Varnes, qui l'épousa selon les coutumes du pays.

Hermégiscle avait eu de son premier mariage un fils nommé Radiger, déjà adolescent, qui avait été fiancé par son père à une jeune fille noble de la nation bretonne. Mais le roi des Varnes revint sur ce premier projet ; voici pourquoi. Peu après son mariage avec Théodechilde, Hermégiscle tomba malade et bientôt se sentit mourir, sans avoir eu d'enfant de sa seconde femme. Considérant alors qu'une alliance avec les Francs était plus avantageuse aux

Varnes qu'une alliance avec les Bretons, il eut la pensée de faire épouser à son fils Radiger, sa propre femme Théodechilde. C'était d'autant plus facile, que la coutume de ce peuple le voulait ainsi, et que Radiger n'était pas encore marié. Le roi fit donc assembler ses officiers et les grands de sa cour, et leur dit : « Ma volonté est que la jeune Brétonne à qui j'ai fiancé mon fils garde pour elle, comme dédommagement, tout ce qu'elle a reçu à l'occasion des fiançailles, ainsi que le porte le droit des gens, et que Radiger épouse sa belle-mère, comme le veut la coutume de notre pays. Je fixe l'époque de son mariage au quarantième jour après ma mort. » Cela dit, Hermégiscle mourut et son fils épousa sa veuve au temps fixé.

Mais tout ne fut pas fini : la jeune Bretonne, ayant appris qu'elle était répudiée, en fut excessivement froissée et résolut de tirer de cet affront une éclatante vengeance. Elle fit entrer dans son dessein son frère, qui était un seigneur puissant, ayant peut-être le titre de roi. Une armée considérable est levée ; on traverse la mer ; les Varnes, surpris et vigoureusement attaqués, sont complètement défaits ; Radiger lui-même est fait prisonnier. Il paraît chargé de chaînes et en suppliant devant la princesse, qui lui offre la vie, s'il consent à l'épouser, selon sa première promesse.

Le malheureux Radiger accepte la condition et ses fers tombent aussitôt. Il renvoie en France la sœur de Théodebert, veuve désormais du vivant même de son mari, et il épouse enfin celle à qui d'abord il avait donnné sa foi, et qui était venue en réclamer l'accomplissement les armes à la main (1). Ces faits, racontés par Procope, se passaient entre les années 534 et 548, pendant le temps que Théodebert régnait en Austrasie ; Théodechilde, sa sœur, pouvait avoir tout au plus 25 ans quand elle fut renvoyée de chez les Varnes.

Rentrée en Gaule dans de si malheureuses circonstances,

---

(1) Procope. *De Bello Gothico.* Lib. IV, cap. XX.

Théodechilde se retira à Metz, auprès de sa mère. Elle n'avait pas eu d'enfant de son premier mari ; l'histoire ne dit pas si elle en eut du second ; mais cela n'est pas probable, car son union avec Radiger dut être très-courte, et du reste, si elle eût été enceinte, le jeune roi se serait-il séparé d'elle aussi facilement ? Théodechilde convola-t-elle à de troisièmes noces ? Rien ne porte à le croire. Elle ne s'était pas trouvée si heureuse déjà de ses deux premiers mariages. Aussi, dégoûtée du monde, nous la voyons se livrer avec ardeur aux pratiques de la piété et des bonnes œuvres, dont sa mère du reste lui donnait l'exemple.

Du temps de Mapinius, qui fut évêque de Reims, de 559 à 572, la reine Suanegothe donna, par son testament, à l'église de Reims le tiers du village de Virisiac ou Verzy, où demeuraient des anachorètes. Il était naturel que Suanegothe fît du bien à l'église de Reims, qui était voisine et métropole de l'évêché de Metz. Après la mort de sa mère, Théodechilde demanda à l'évêque, par un titre écrit qu'on appelait *précaire* (precaria), de lui laisser, jusqu'à sa mort, la jouissance dudit village. Par un autre acte écrit appelé *prestaire* (prestaria), l'évêque la lui accorde, à condition qu'à sa mort le village concédé reviendrait, sans aucun préjudice, au domaine de l'église de Reims, dans l'état d'amélioration où lesdits biens se trouveraient (1).

Théodechilde-la-Jeune faisait du reste beaucoup de bien à d'autres églises. Nous n'en connaissons pas le détail, mais nous le savons d'une manière sûre par les poésies de Venance Fortunat qui ne tarit pas d'éloges sur la *Reine Théodechilde*, laquelle ne peut être que Théodechilde de Metz, comme nous le démontrerons bientôt. Né en Italie, mais venu en Gaule vers 565, Fortunat composa un grand nombre de poésies latines et chanta tour à tour les divers personnages, barbares ou Gallo-Romains, qui lui donnaient l'hospitalité. Il devint plus tard évêque de Poitiers et mourut

(1) Flodoard. *Historia Ecclesiæ Remensis*. Lib. II, c. I.

peu après, en 609. Le recueil de ses poésies contient deux pièces de vers en l'honneur de Théodechilde. La première est un éloge magnifique de sa noblesse et de sa munificence envers les églises et les pauvres. Nous allons en donner deux traductions, l'une littérale et l'autre en vers.

Elogium Theodechildis Reginæ.

Inclyta progenies, regali ex stirpe coruscans,
    Cui celsum a proavis nomen origo dedit ;
Currit in orbe volans generis nova gloria vestri,
    Et simul hinc frater personat, indè Pater.
Sed quamvis niteat generosa propago parentum,
    Moribus et vestris multiplicatur honor.
Cernimus in vobis quidquid laudatur in illis :
    Ornasti antiquum, Theodechilda, genus.
Mens veneranda, decens, solers, pia, chara, benigna,
    Cum sis prole potens gratia major adest.
Evitans odii causas : micat ampla potestas ;
    Quò terrore minùs, plus in amore venis..
Mitis ab ore sonus ; suavissima dicta resultant.
    Verbaque colloquii sunt quasi mella favi.
Fœmineum sexum quantum præcedis honore,
    Tantum alias superas et pietatis ope
Si novus adveniat, recipis sic mente benigna,
    Ac si servitiis jam placuisset avis.
Pauperibus fessis tua dextera seminat escas,
    Ut segetes fructu fertiliore metas.
Unde foves inopes, semper satiata manebis,
    Et quem sumit egens fit tuus ille cibus.
Pervenit ad Christum quidquid largiris egeno ;
    Et si nemo videt non peritura manent.
Cum venit extremus finis concludere mundum,
    Omnia dum pereunt, tu meliora petis.
Ecclesiæ sacræ. te dispensante, novantur ;
    Ipsa domum Christi condis, et ille tuam.
Tu fabricas illi terris, dabit ille supernis ;
    Commutas in meliùs, sic habitatura polos.
Stat sine fraude tuum quod mittis ad astra talentum :
    Quas benè dispergis, has tibi condis opes.

Quæ Domino vivis, summos non perdis honores :
Regna tenes terris, regna tenendo poli.
Sit modo longa salus, pro munere plebis, in urbe :
Felix quæ meritis luce perennis eris !

(Venantii Fortunati Carmina, lib. VI, c. 5. — Bolland., 28 junii,
De Sancta Theodechilde, n° 34.)

Eloge de la Reine Théodechilde.

« Fille illustre, sortie du sang royal, vos ancêtres, dès
« l'origine, vous ont donné un grand nom. Une gloire nou-
« velle jaillit de votre race et court dans le monde sur les
« ailes de la renommée ; c'est votre père, c'est votre frère
« dont les noms retentissent dans le monde.

« Mais bien que resplendisse l'éclat de vos nobles pa-
« rents, vos qualités doublent encore cet honneur.

« Nous discernons en vous ce qu'on célèbre en eux ;
« oui, Théodechilde, vous êtes l'ornement d'une race an-
« tique !

« Par votre caractère, vous êtes digne de vénération et
« d'honneur ; vous êtes spirituelle, pieuse, charitable,
« pleine de bonté ; et puissante par la naissance, vous êtes
« encore plus grande par la grâce.

« Vous avez évité toute cause de discorde ; en vous
« brille une autorité imposante ; moins vous êtes crainte,
« plus vous êtes aimée.

« Toute parole sort de votre bouche, pleine de douceur
« et de suavité ; vos entretiens ressemblent à des rayons
« de miel.

« Autant vous surpassez en honneur les personnes de
« votre sexe, autant vous leur êtes encore supérieure en
« piété.

« Si un étranger se présente, vous l'accueillez avec
« autant de bonté que s'il s'était rendu agréable à vos
« aïeux par ses services.

« En nourrissant les pauvres fatigués, votre main sème
« pour recueillir des moissons plus fertiles.

« Votre insatiable charité ne se lasse pas de secourir les
« infortunes, et la nourriture que l'indigent reçoit de vous
« devient votre nourriture.

« Vos largesses envers le pauvre retournent au Christ,
« et même invisibles, deviennent impérissables.

« Et tandis que le monde s'avance vers son dernier
« terme, tandis que tout périt, vous aspirez à des biens
« meilleurs.

« Grâce à vos bienfaits, les temples sacrés se renou-
« vellent; mais en même temps que vous préparez une
« demeure au Christ, le Christ vous prépare la vôtre.

« Vous travaillez pour lui sur la terre, lui vous le rendra
« dans les lieux supérieurs ; et l'échange vous est avanta-
« geux, puisqu'il vous mérite le ciel.

« Au ciel vous êtes sûre de retrouver le talent que vous
« y envoyez ; en dépensant si bien vos richesses, vous les
« affermissez.

« En vivant pour le Seigneur, vous ne perdez pas pour
« cela vos honneurs souverains; en régnant dans le ciel
« vous régnez toujours sur la terre.

« Vivez longtemps pour le bonheur de votre peuple
« ici-bas ! Vivez heureuse, vous dont les mérites sont
« immortels dans les cieux ! » (1).

Le même éloge en vers français.

Illustre rejeton d'une tige royale
Qui peupla l'univers de guerriers et de rois,
Ton nom brille partout, ta vertu sans égale
De tes braves aïeux seconde les exploits.
Tout ce qu'eurent de grand ces héros de ta race,
Qui furent de leur siècle et l'estime et l'amour,
Servit à ta vertu d'une éclatante trace
Pour aller à leur gloire offrir un nouveau jour.
Ta beauté, ta douceur, ton esprit qu'on admire

(1) Traduction de M. Buzy, professeur au lycée de Sens.

Est le charme des yeux et des cœurs de ta cour.
Ta grave majesté commande avec empire ;
Mais cet empire enfin est celui de l'amour.
Un parler agréable, une douce éloquence
Au cœur comme à l'oreille inspire tes discours.
Ta piété t'élève autant que ta naissance
Sur tout ce qui paraît de pieux en nos jours.
De l'hospitalité pratiquant l'exercice,
Les pèlerins chez toi trouvent autant d'accueil
Que s'ils avaient aux tiens rendu quelque service ;
Mais les pauvres surtout y sont vus de bon œil.
Théodechilde, apprends que Dieu voit les largesses
Que tu fais en secret, et que pour les bénir
Il saura remplacer et doubler tes richesses,
Et jamais tes neveux ne les verront finir.
De ces biens la nature abjecte et périssable
Ne périra jamais par cet heureux emploi.
Mais pousse encor plus loin ton zèle charitable
Et va sur les autels faire éclater ta foi.
Bâtis un temple à Dieu dont la riche structure
Soit de ta piété le digne monument ;
Ce Dieu te le rendra sans peine avec usure,
Par un échange heureux avec le firmament.
C'est là que l'on reçoit ce qu'ici-bas l'on donne ;
Là sont en sûreté nos trésors incertains.
Attendant que ce Dieu ta charité couronne,
Dans ta France jouis des honneurs souverains.
Que ton règne en ses ans égale ton mérite ;
Ce sont les vœux de ceux qui sont sous ta conduite,
Ajoutant que tes fils, par des exploits guerriers,
Accroissent sur leur front lauriers dessus lauriers.

(P. Dominique-de-Jésus : *La Monarchie sainte*, t. I, p. 63.)

Cette pieuse munificence louée par Fortunat, nous savons que Théodechilde l'exerça en particulier à l'égard de la cathédrale de Reims. Dans son testament, fait du temps de l'évêque Œgidius (572-590), outre le village de Verzy qu'elle tenait par précaire, elle légua plusieurs autres héritages à cette même église (1). Enfin elle mourut vers l'année 598, âgée de 75 ans, comme nous l'apprend Fortunat dans une seconde pièce de vers à sa louange, intitulée : *Epitaphe de la reine Théodechilde*. Nous en donnons, comme de la première deux traductions.

Epitaphium Theodechildis Reginæ.

Inclita nobilitas, genitali luce curuscans,
    Hic, properante diè, Theodechilda jacet.
Cui frater, genitor, conjux, avus atque priores
    Culmine succiduo regius ordo fuit.
Quamvis œtatis senio jam flecteret annos,
    Multorumque tamen spes citò rapta fuit.
Si precibus possent naturæ debita flecti
    Plebs ageret lacrymis hanc speresse sibi.
Gaudia quanta inopum tumulo sunt clausa sub isto!
    Votaque quot populis abstulit una dies!
Orphanus, exul, egens, viduæ, nudique jacentes
    Matrem, escam, tegmen hic sepelisse dolent.
Unica res placuit cumulo mercedis opimæ;
    Antea cuncta dedit quàm peteretur opem.
Occultans sua dona suis, ne fortè vetarent;
    Sed quæ clausa dedit, judice teste, docet.
Templorum Domini cultrix, pia munera præbens;
    Hoc proprium reputans quidquid habebat inops.
Una mori sors est, et terræ reddere terram;
    Felix cui meritis stat sine fine dies!
Actibus his instans, terrena in luce relata,
    Ter quino lustro vixit in orbe decus.

(Venant. Fortun. Carmina, lib. IV. — Bolland, 28 junii, n° 34.)

Epitaphe de la Reine Théodechilde.

« Femme noble, brillant par l'éclat de la naissance, ici
« repose Théodechilde trop tôt ravie par la mort !

« Par son frère, son père, son époux, son aïeul, ses an-
« cêtres, par une longue descendance, elle appartient à une
« famille de rois.

(1) Flodoard, *loc. cit.*

« Bien que ses ans eussent fléchi sous le poids de la
« vieillesse, elle nous ravit encore l'espérance d'un grand
« nombre de jours.

« Si les prières pouvaient triompher des décrets de la
« nature, le peuple par ses larmes l'eût contrainte à se
« survivre à elle-même.

« Que de joies les pauvres ont enfermées dans cette
« tombe ! Que de vœux populaires détruits en un seul
« jour !

« Orphelin, exilé, indigent, veuves, pauvres sans vête-
« ments, virent ici avec larmes ensevelie leur mère, leur
« nourriture, leur abri.

« Son unique plaisir inspiré par le comble de la charité,
« c'était de tout donner avant qu'on n'eût réclamé son
« secours.

« Elle cachait ses dons à ceux de sa famille de peur
« d'être arrêtée dans sa bienfaisance ; mais en donnant en
« secret, elle enseigne qu'un juge en est témoin.

« Elle aima les temples du Seigneur et les enrichit de
« ses dons pieux, se disant qu'elle n'avait en propre que
« ce qu'avait le pauvre.

« Le sort commun à tous, c'est de mourir, c'est de ren-
« dre la terre à la terre ; heureux celui à qui ses mérites
« assurent le jour sans fin !

« Dans l'exercice persévérant de ces œuvres, elle vécut
« l'honneur de la terre, jusqu'à son quinzième lustre et
« revit aujourd'hui dans l'éternelle lumière (1). »

La même épitaphe en vers français.

Quoique Théodechilde eût atteint un long âge, (2)
Chacun pleure et se plaint d'une si prompte mort.

---

(1) Traduction de M. Buzy.
(2) Le traducteur a fait une inversion : les deux premiers dis-
tiques latins sont traduits plus bas, vers 9°.

Si ces larmes pouvaient faire changer son sort,
Jusque là tout son peuple en retiendrait l'usage.
Ce cruel monument a, dans un même jour,
Enfermé pour jamais l'espoir des misérables,
Les délices du peuple et l'effroi des coupables,
Et dans un triste deuil plongé toute la cour.
Son sang si glorieux la rendit héritière
D'une suite de rois, d'illustres conquérants ;
Les pauvres exilés devenaient ses enfants ;
La veuve et l'orphelin la pleurent comme mère.
Son esprit plein de Dieu, charitable et content,
Au seul bien du prochain attachait ses pensées ;
Et pour renouveler ses charités passées
Elle donna beaucoup en secret en mourant.
Les temples qu'elle aimait sentirent sa largesse,
Ses hôpitaux chéris furent comblés de biens ;
La mort termine tout, mais par ces saints moyens
Son mérite survit et triomphe sans cesse.
Ainsi Théodechilde a prolongé ses jours
Jusqu'au quinzième lustre et terminé leur cours,

(P. Dominique-de-Jésus : *La Monarchie sainte*, t. I, p. 64.)

Il y a quelques observations à faire sur ces documents. Ces deux pièces de vers se rapportent-elles à la même personne ou à deux personnes différentes ? — Le P. Le Cointe prétend que l'*éloge* est adressé à Théodechilde, fille de Thierri, et l'*épitaphe* à l'honneur de Théodechilde, fille de Clovis ; mais il n'en donne aucune raison sérieuse. Nous croyons plutôt avec Mabillon, Adrien de Valois, le *Gallia christiana*, les Bollandistes et tous les autres, que les deux pièces s'adressent à la même personne. En effet, il ne faut pas une grande attention pour voir que ce sont, d'un côté et de l'autre, les mêmes éloges : sang royal, soin à orner les églises, charité et libéralité envers les pauvres ; des deux côtés même récompense promise. On croit même deviner que l'auteur, en composant l'*épitaphe*, avait sous les yeux l'*éloge* et s'en inspirait, tant il y a de rapports dans les idées et même parfois dans les expressions. Dans les deux pièces, Théodechilde, est fille d'un roi et n'a qu'un frère.

Mais, dit-on, l'*épitaphe* est placée au livre IV, avant l'*éloge* inséré au livre VI ; donc l'*épitaphe* a été faite avant l'*éloge*. — La conclusion est loin d'être rigoureuse, et l'on peut expliquer très-bien cette distribution. Le livre IV renferme en effet les épitaphes composées par Fortunat en l'honneur des princes et des rois décédés de son temps, tandis que le livre VI se compose tout entier des éloges adressés aux rois et aux reines encore vivants. Dans la distribution des livres et des pièces de poésie, on a pris pour règle, non l'ordre chronologique, mais la nature des sujets traités. C'est là évidemment ce qu'ont eu en vue ceux qui ont mis en ordre ces pièces de vers qui n'ont entre elles aucun lien logique. L'*éloge* peut donc être facilement antérieur de vingt ans à l'*épitaphe*.

Mais à quelle Théodechilde se rapportent ces deux pièces? Est-ce à la fille de Clovis? Est-ce à la fille de Thierri? — Au premier abord ces éloges semblent convenir à sainte Théodechilde, fille de Clovis ; sang royal, largesses aux pauvres, fondation d'églises, tout cela lui est parfaitement applicable. Mais il est des choses qui ne peuvent lui convenir et qui s'appliquent bien mieux au contraire à Théodechilde-la-Jeune. Ainsi, dans l'*éloge* le poète résume toute la gloire de la race de Théodechilde dans *son père* et *son frère*. Le troisième vers de l'*épitaphe* mentionne encore ce *frère* unique. Or, sainte Théodechilde eut quatre frères, tous rois, tous célèbres ; tandis que Théodechilde-la-Jeune n'eut qu'un frère, Théodebert. Et qu'on ne dise pas qu'en poésie le singulier s'emploie quelquefois pour le pluriel ; car il faut pour cela qu'il ne puisse y avoir d'erreur possible et qu'un motif quelconque, la quantité, par exemple, demande ce changement. Or, dans les deux cas qui nous occupent, le pluriel *fratres* avait absolument la même quantité que le singulier *frater*.

Dans l'*Épitaphe* le poète parle de l'époux de Théodechilde, *conjux*. Mais, nous l'avons prouvé, sainte Théodechilde ne fut jamais mariée. Théodechilde-la-Jeune, au contraire, épousa successivement deux rois des Varnes. Le poète se sert du singulier, probablement parce qu'il ne veut parler que de son premier mari Hermégiscle, et non du second qui la renvoya. D. Toussaint du Carroy, voulant appliquer l'*épitaphe* à sainte Théodechilde, donne du mot *conjux* une explication qui n'est pas admissible. Il prétend que l'auteur a voulu désigner par cette expression l'*épouse du père* de Théodechilde, sa mère par conséquent, et il donne pour raison que le poète ne pouvait employer l'expression commune *mater*, parce qu'elle n'avait pas la quantité voulue. Mais qui ne voit que c'est là une interprétation des plus forcées? Le poète pouvait prendre une circonlocution. C'est donc bien l'*époux* de Théodechilde qu'il a voulu désigner par le mot *conjux*.

On a aussi interprété faussement une autre expression contenue dans l'*éloge* : *prole potens*. Quelques uns ont traduit : *puissante par votre lignée*, soit qu'elle ait eu de nombreux enfants, soit que quelqu'un d'entre eux se soit rendu illustre. — Mais on ne peut l'entendre dans aucun de ces deux sens, parce que, dans le premier cas, Théodechilde n'aurait pu faire tant de largesses aux églises et aux pauvres, ce qui aurait été de la prodigalité plus digne de blâme que d'éloge ; et dans le second cas, l'histoire assurément nous aurait conservé le nom et les exploits de ces fils de Théodechilde. D'ailleurs, rien ne donne à penser que Théodechilde-la-Jeune ait jamais eu d'enfants, comme nous l'avons démontré. Nous embrassons donc ici l'opinion du P. le Coïnte qui dit que le mot *prole* se rapporte à la race dont Théodechilde était issue, à sa génération ascendante, et non à sa génération descendante ; et il démontre la légitimité de cette interprétation par un autre passage de Fortunat, où, parlant d'une autre femme issue de parents barbares, il dit qu'elle était *barbara prole*. Le P. Dominique-de-Jésus a donc mal interprété le texte, lorsque, à la fin de l'éloge, il traduit :

« Ajoutant que *tes fils* par des exploits guerriers
Accroissent sur leur front lauriers dessus lauriers (1). »

On objecte enfin que l'*épitaphe* ne peut s'adresser à Théodechilde-la-Jeune que nous faisons mourir en 598, attendu que Fortunat adressa son livre à Grégoire-de-Tours, mort en 595. — On répond à cela que Fortunat, après avoir envoyé ses poésies à l'évêque de Tours a pu, et a dû même composer jusqu'à sa mort, arrivée en 609, de nouvelles pièces de vers qui ont été insérées ensuite dans son livre.

Il reste donc acquis que les deux poésies de Fortunat s'adressent à Théodechilde-la-Jeune. Son nom et les éloges de l'évêque de Poitiers lui ont valu d'avoir été confondue avec sa tante par plusieurs auteurs, qui l'ont qualifiée de sainte et lui ont attribué à tort, la fondation de St-Pierre-le Vif. Mais nous croyons avoir suffisamment éclairci cette question dans la première note de l'*Appendice*.

(1) Bolland., n° 33-35. — Le Coïnte, *annales ecclesiastici*. T. II. p. 50.)

ERRATA

Nous rectifions ici les principales fautes qui se sont glissées dans l'impression de cet ouvrage.

P. 9, ligne 25,	au lieu de *sur les fonds*,	lisez :	sur les fonts.
P. 16, ligne 3,	— *509-515*,	—	509-511.
P. 22, ligne 6,	— *Malfiac-Bas*,	—	Malliac (*Malliacum*).
P. 22, ligne 28,	— *Sauceris*,	—	Sauceia.
P. 23, ligne 21,	— *Villa-Jaso*,	—	Villa-Cato.
P. 52, ligne 24,	— *Foissy-sur-Yonne*,	—	Foissy-sur-Vanne
P. 81, ligne 23,	— *Pays de Lassois* (*Lastcense*),	—	Pays-Lassois (Latiscence).
P. 88, ligne 4,	— *mourut vers 1295*,	—	mourut vers 1298
P. 102, ligne 10,	— *à Toulay*,	—	à Tanlay.
P. 114, note,	— *aux documents*, n° XIV, lisez : à l'Appendice, art. Liturgie.		
P. 124, note,	— *à l'Appendice*, n° XIV, lisez : à l'Appendice, art. Liturgie.		
P. 150, ligne 4,	— *rallier*,	lisez :	railler.
P. 153, ligne 19.	— *invraissemblable*,	—	invraisemblable.
P. 159, ligne 6,	— *Saucerys*,	—	Sauceias.
Id. ligne 19,	— *Masiliacum*,	—	Malliacum.
Id. ligne 23,	— *Vianaretum*,	—	Vicinias.
Id. ligne 25,	— *Villa-jaso*.	—	Villacato.
P. 199, ligne 4,	— *Benedicti nunc*,	—	benedictinum.
P. 201, ligne 20,	— *Acte*,	—	Actes.
P. 207, ligne 30,	— *virtutem*,	—	virtutum.
P. 208, ligne 30,	— *cum ipso*,	—	cum ipsâ.
Id. ligne 36,	— *conturbatus et*	—	conturbatus est.
P. 217, ligne 33,	— *Stgismond*,	—	Sigismond.

TABLE.

	Pages.
APPROBATIONS	V
AVANT-PROPOS	VIII
CHAP. I. — Naissance de sainte Théodechilde (498)	1
CHAP. II. — Enfance et première jeunesse de Ste-Théodechilde (498-509)	11
CHAP. III. — Fondation du monastère de St-Pierre-le-Vif de Sens (509-511)	16
CHAP. IV. — Sainte Théodechilde en Auvergne	27
CHAP. V. — Fondation du monastère de filles. — Testament ou charte de Ste-Théodechilde (511-520)	42
CHAP. VI. — Les douleurs de Ste Théodechilde (520-560)	56
CHAP. VII. — Mort de sainte Théodechilde. — Autres saints de la famille de Clovis (560-598)	69
CHAP. VIII. — Culte et reliques de sainte Théodechilde à Sens (560-1643)	80
CHAP. IX. — Culte et reliques de sainte Théodechilde à Sens (suite) 1646-1876)	95
CHAP. X. — Culte et reliques de sainte Théodechilde à Mauriac (1631-1882)	111

APPENDICE.

NOTES.

NOTE A. — Identité de sainte Théodechilde, fondatrice de St-Pierre-le-Vif, de Sens	139
NOTE B. — Basolus	144
NOTE C. — La légende Mauriacoise	148
NOTE D. — Date de la mort de sainte Théodechilde	154

DOCUMENTS.

N°	I.	— Charte de Clovis (509).............	157
N°	II.	— Testament de sainte Théodechilde (520).....	169
N°	III.	— Texte d'Odoran, moine de Sens (1032)......	177
N°	IV.	— Texte de Clarius, moine de Sens (1108-1124).	178
N°	V.	— Texte de Geoffroy de Courlon, moine de Sens (1293-1298)............................	179
N°	VI.	— *Exordium urbis Mauriaci* (XV° siècle)..,...	182
N°	VII.	— Texte d'Urbain Reversey, chanoine de Sens (1565).................................	183
N°	VIII.	— Extrait de la Chronique rimée de Louis Mourguyos, prêtre de Mauriac (1644)..........	186
N°	IX.	— Acte de donation d'une relique de sainte Théodechilde à St-Romain de Sens (1646)..	196
N°	X.	— Acte du dernier enchâssement des reliques de Ste Théodechilde (1648)................	197
N°	XI.	— Acte de la première translation à Mauriac (1663).................................	197
N°	XII.	— Procès-verbal de la translation à Molosmes (1713).................................	199
N°	XIII.	— Actes de la seconde translation à Mauriac (1877).................................	201
N°	XIV.	— LITURGIE : prières en l'honneur de sainte Théodechilde......	203
NOTICE sur Théodechilde-la-Jeune, reine des Varnes (523-598)...................................			220

FIN.

AURILLAC. — IMPRIMERIE DE L. BONNET-PICUT.

MONASTÈRE DE SAINT-PIERRE-LE-VIF LÈZ SENS.
(D'APRÈS LE Monasticon Gallicanum.)

LÉGENDE. — 1. Basilique majeure. — 2. Oratoire de St-Serotin. — 3. Grand clocher. — 4. Cloître. — 5. Dortoir. — 6. Réfectoire. — 7. Infirmerie. — 8. Hôtellerie. — 9. Cuisines. — 10. Réfectoire des domestiques. — 11. Petit cloître. — 12. Cellules du cellerier et du portier. — 13. Porte intérieure du monastère. — 14. Prétoire du bailli. — 15. Grande porte du monastère. — 16. Écurie. — 17. Grenier. — 18 Cour intérieure. — 19. Grange. — 20. Pressoir. — 21. Maison abbatiale. — 22. Ancien cimetière où sont enterrés de corps saints. — 23. Vigne. — 24. Jardin. — 25. Atelier pour travailler la laine. — 26. Chemin p allant à Sens. — 27. Cour intérieure du monastère. — 28. Cellule ou ermitage. — 29. Puits du cloître